教師甄試——
教育法規關鍵報告

陳　瑄　著

教師甄試——「教育法規」關鍵報告

（適用教師檢定考試）

作者序

> 讀書之，在循序漸進，熟讀而精思。（朱熹）

教師甄試中「教育綜合科目」科目，包含教育學術領域學門的相關知識，其範圍甚廣。基本上，可分為「基礎理論」與「教育實務」兩大範疇。

在基礎理論部分包括：「教育史、教育哲學、教育社會學與教育心理學」等四大理論基礎。而教育實務部分，包含「教育行政與政策、學校行政、各級各類學制、課程與教學與相關教育改革與教育法規」。

關鍵報告系列書籍之架構著重教育實務部分，以國民中小學學校制度為主，包含教育行政理論、學校行政、各級各類學制與相關教育改革政策與教育法規。

本書之呈現方式以當前重要教育法規介紹為主，書中羅列教育法規條文及相關試題之重點，內容清晰易懂，可提供欲報考教師甄試之教師，在最短時間內對此一領域作充足準備，輕鬆應試。並精選歷年各縣市重要試題於每段落文末，讓所有讀者能同時理解題目出處及相關試題之關聯，藉以瞭解教師甄試之考試趨向與命題重點，亦適合欲準備教師檢定考試之準教師準備相關試題之用。

　　個人從事教育工作多年，期以本書協助各位有志於教育服務行列之教師，在準備教師甄試歷程中，方向準確、高效學習，任憑考題變化，各位皆能輕鬆以對、事半功倍，出師必勝。

☆歡迎讀者透過電子郵件交流意見：educationbook@gamil.com

每個人都希望能在職場裏拔尖而出，但是準備要有績效，

重點不在學習艱難的內容，而是如何學習，

不能只是靠埋首苦讀，更要懂得用對方法，

不要讓花費的時間白白溜過，更不要忽視那些造成挫折的經驗，

從中分析探尋挫折背後的原因，走向成功的下一步指引就在其中，

其實，這樣努力就夠。

有充分準備的人，才有最佳機會。

陳瑄

教師甄試——「教育法規」關鍵報告

（適用教師檢定考試）

教學目標 如下：

一、知識與理解：理解當前教育法令及其內容。

二、分析：探析教育法令試題偏重之焦點。

三、綜合與應用：綜合所學概念並透過試題練習，做為參加教師學校甄選準備。

目次

最新教師甄試的考試訊息

一、教師檢定考試

　　教師資格取得有重大變革，92 年開始進入師範校院或修習教育學程、教育學分的學生，畢業後必須通過教師資格檢定考試，才能拿到教師證書，前往中小學應聘。

　　首屆中小學及幼稚園教師資格檢定考試於 94 年 4 月 9 日舉行，中小學及幼稚園教師資格檢定考試於 94 年 4 月 9 日舉行，考區共分為臺北、臺中、高雄及花蓮四個考區，教育部中教司長李然堯表示，新的師資培育法已經於 92 年修正公布，未來師範校院或修習教育學程、教育學分班的學生，必須在修畢師資培育課程後外加半年實習及格，才能畢業，畢業後並須參加教師資格檢定考試通過，才能取得教師證，具備中小學及幼稚園教師資格。

　　這是我國師資培育制度首度改以專業證照考試檢定方式取得教師資格，打破長期以來只要實習及格就可獲頒教師證書的慣例。為因應新制的實施，教育部決定委託國立教育研究院籌備處組成命題委員會，研擬「教師資格檢定考試命題總則」及各科命題原則。

　　根據命題總則草案，教師檢定考試分為幼稚園、特殊學校、國小及中等學校等四類科，各類科應考兩科共同科目、兩科專業科目。

　　草案並規定，除「國語文能力測驗」因為要考作文，考試時間較長，為一百分鐘，其他科目均考八十分鐘；考試題型包括測驗題及非測驗題兩大類，並由各科試題研發委員會訂定各

科命題內容及題型比例。

其中,「國語文能力測驗」選擇題與作文的配分比例為七比三、「教育原理與制度」選擇題及問答題比例為六比四。

官方強調,政府不會限制每年教師資格檢定通過的名額或比例,考不過的人可以一考再考,預計每年辦理一次,參加各校或各縣市舉辦的教師甄試,應聘至學校教書。

二、不具合格教師資格者,最快自九十六學年起,將不能再擔任代理代課教師

為提升中小學教育品質,且為消化流浪教師,教育部研議修訂「中小學兼任代課及代理教師聘任辦法」,要求代理代課教師須具備合格教師資格,不僅估計國內上萬名代理代課教師必須取得合格教師資格,未來學校需要代理代課教師,也須優先聘用合格教師。

依據「中小學兼任代課及代理教師聘任辦法」,代理代課教師原則上須具備合格教師資格、取得大學教育學程證書等,但為顧及部分學校聘請教師可能有困難,法規同時開放,只要高中職以上畢業、曾有三個月至一年不等代課經驗者,或是經偏遠、離島、特殊地區學校專案申請的大學以上畢業生,也可成為學校代理代課教師,因此不時傳出教學良莠不齊問題。

三、95 學年聯甄大變革 台北市國小教甄初試只考選擇題,複試加考作文

〔記者胡世澤/臺北報導〕2006/2/8

臺北市 95 學年國小聯合教師甄選將有重大變革,往年的初試採選擇題和申論題,今年一律考選擇題,報名費從 800 元降為 700 元,第二階段複試除了試教和口試外,還加考作文,報名費也加收 300 元,預估報名人數多達 1 萬 5000 人。

　　一律採網路報名，教育局國教科長施博惠表示，為節省考生現場報名等候時間，考生一律網路報名，再依電腦通知的網路報名流水號及預定時間順序，至指定地點現場繳驗證件完成報名手續，未完成網路報名者，不得辦理現場繳驗證件。

　　施博惠表示，今年教師甄選仍分兩階段進行，6月上旬先舉行筆試，考國語文及教育專業兩科，其中英語、體育、資訊等科目，<u>教育專業類科占40%</u>，該類科專門知能占60%。他指出，去年有9772名考生報考筆試，由於國語文含選擇題及作文、教育專業含選擇題及申論題，導致大學教授閱卷評分時，必須連夜趕工改考卷，大喊工作吃不消，因此今年考題形式一律採選擇題，考生須用2B鉛筆作答。

　　筆試成績不併入複試成績計算，僅作為初試錄取門檻，初試從原錄取缺額的3倍增為4倍，複試時間訂於6月中旬，包括作文、口試及教學演示，作文占20%，口試及教學演示合計占80%，系統管理師則加考電腦實務操作。

　　施博惠表示，受到少子化效應的影響，今年國小將減少班級數，估計教師缺額不到100人，另因北市是全台第一個舉辦教師聯合甄選的縣市，9000多名重考生加上今年應屆畢業生，估計今年報名人數將多達1萬5000人。

四、提升師資素質　教部推4年40億

　　教育部確定從2006年起，4年期間將投入40億元，推動「師資培育素質提升方案」，其中包括不適任教師的淘汰機制、教師換證及提高高中以下教師學歷及增加教師在職進修等。

1．教育部規劃，未來將修改教師法，檢討不適任教師的淘汰制度，依過去中教司的規劃，即有可能與教師評鑑掛鉤，在未來加強不適任教師的淘汰機制。

2．教育部也積極規劃教師換證，將在 96 年底之前組成「教師進階專案小組」，研擬教師換證事宜，但何時正式上路，尚無規劃。

3．為了加強教師進修，教育部也要求師培大學開設教師進修課程，提供現職教師有進修管道。另外，為了提高教師學歷，教育部計畫擴大辦理教學專業碩士制度，逐年提高中小學教師碩士學歷比例。

1	ABC	按照現行師資培育法的規定，師資職前教育課程包括：A.普通科目 B.教育專業科目 C.專門科目 D.教育實習（複選題）
2	ABC	中等教育學程負責培養下列那些師資？A. 綜合高中國中部 B.完全中學高中部　C. 高級職業學校附設普通類科　D.啟智學校國中部（複選題）
3	ABCD	擔任中小學教師需要經過那些程序？A. 修畢教育學程課程及專門科目學分　B. 畢業後參加一年教育實習 C. 參加教師資格檢定 D. 各校教師評審委員會審查通過後由校長聘任（複選題）

是非題：

| 4 | ✕ | 根據師資培育法，師資培育課程包括普通科目及教育專業科目。 |

公立高級中等以下學校教師甄選

作業要點

93 年 1 月 13 日台人（一）字第 0930000757 號函訂定
94 年 4 月 18 日台人（一）字第 0940042331 號函修正第 3、9 點

一、為落實教師法第十一條、教育人員任用條例第二十六條第
   一項第一款及高級中等以下學校教師評審委員會設置辦法
   （以下簡稱本辦法）之規定，以公平、公正、公開之原則
   辦理教師甄選，特訂定本要點。

二、各級學校暨具獨立編制之附設進修學校，教師職務出缺，
   除依規定分發、介聘或列入超額精簡、因應課程調整保留
   名額及依主管教育行政機關規定可保留名額外，其餘缺額
   應依規定辦理公開甄選。

   代理代課教師必要時得併專任教師甄選辦理。

三、各校辦理教師甄選，若經教師評審委員會（以下簡稱教評
   會）決議成立甄選委員會，其組織及作業規定，由教評會
   定之。

   前項教師甄選得以筆試、口試、試教、實作方式辦理，
   以二種以上方式綜合考評為原則，並由教評會或甄選委員
   會視需要決議推薦筆試、口試、試教、實作委員，密送校
   長或由其指定專人擇聘之，其中得包括校外委員。

四、教評會委員、甄選委員會委員及筆試、口試、試教、實作
   委員應確實保密，其本人或配偶、前配偶、四親等內之血
   親或三親等內之姻親或曾有此關係者報名應試，應依本辦

法第八條規定迴避之。

前項委員係校內報名參加甄選之實習教師之實習輔導教師或與報名參加甄選者曾有師生、同學關係者,均屬應行迴避之情形,不得擔任命題、評分工作。

第一項委員辦理甄選試務程序中,除基於職務上之必要外,不得與參加甄選者或代表其利益之人為行政程序外之接觸。

五、各校訂定甄選簡章,內容應包括:甄選類科、名額、甄選資格、報名日期、地點及程序、甄選時間、地點及方式、成績配分比例、甄試科目及範圍、錄取總成績計算及相同時之處理方式、成績通知方式、成績複查期限及方式、榜示日期及方式、報名費、申訴電話專線、信箱及附則等。

前項名額如有備取名額,以補足當次缺額為限。

六、各校辦理教師甄選,應擬訂甄選簡章提交教評會審查。

有關命題、製(印)卷、協助工作人員均應設法隔離作業,或比照典試法及其施行細則之規定,採入闈之方式處理。

七、各校甄選簡章及職缺等有關教師甄試之資訊,應於學校及主管教育行政機關網站公告,並視需要刊登於新聞紙;公告開始至報名截止期間不得少於五日(含例假日)。

八、各校依第三點第二項辦理教師甄選時,各項委員宜避免重複,並應建立明確之評分基準與紀錄。口試、試教、實作採分組方式辦理者,同類科委員分派之試場於考試前半小時抽籤決定。

口試、試教之評分設最高、最低標準分數,高於最高標準、低於最低標準或評分有變更時,評分委員應敘明理由,並簽名負責。

九、各校應將最終甄選成績書面通知應試者，採取二階段甄選時，應明列各階段各項成績、總成績及錄取標準等。

　　筆試採測驗題題型者，應於筆試後二日內公告試題及答案。

十、各校保存教師甄選作業有關資料，應參考檔案中央主管機關訂定之機關檔案保存年限區分參考表之規定辦理。

十一、主管教育行政機關應督導所屬學校辦理教師甄選，經發現違失且查明屬實者，應請改正，並議處有關人員或移送法辦。

十二、主管教育行政機關接受各級學校教評會委託辦理之教師聯合甄試，得準用本要點之規定辦理。

十三、為提升教師甄選作業成效，各級主管教育行政機關應為所屬學校教評會委員及其他與教師甄選作業相關人員辦理講習活動，並適時提供相關法規訊息。

教育法規試題如何準備

　　相信很多人在準備教師甄試過程中，一個很令人困擾的部分便是「教育法規」試題的準備。吾人皆認同法律素養並不是一朝一夕可以速成的。也因如此，教育從業人員在執行教育事務時，更須熟知相關教育法律知能作為行事依據，避免誤觸法律而有違法之虞，進而造成個人教學熱誠受到嚴重打擊。

　　準備教師甄試之教師對於教育法規的理解層次，相較於專研法律學理的學生而言，二者具有很大的差異。

（一）研讀教育法規的方法須注意幾個要點：

1．法律效力：憲法優於法律、優於命令，抵觸者無效。

2．時間順序：新法優於舊法原則。

3．法令類別：法律、辦法、命令、規則、準則等多樣化法規。

（二）教師甄試常見的教育法規試題，其命題切入點多半集中在：

1．時間：

　　（1）立法時間：如性別平等教育法於何時公布？

　　（2）最近一次修法時間：如最近一次師資培育法的修訂時間？

　　（3）限定通報時間（小時）：如在多少小時內，向主管機關報告？

　　（4）學校應開設多少時數課程：如國中每學年應實施幾小時以上的家庭教育課程及活動？

2．條文：常考內容為

（1）立法宗旨：如教育基本法第二條之內容。

（2）專有名詞界定：如終身學習之定義。

（3）各級機關名稱：如學校教師會、地方教師會及全國教師會。

（4）委員會成員：如性別平等委員會組成成員。

（5）比例（百分比）：如經費比例、特定成員之參與比例。

（6）組織職權：如中央政府之教育權限採列舉式，哪些屬之？

3．法規名稱：根據法規立法精神敘述出題，請選擇出該法規之正確名稱。如教師法。

　　然法律體系龐大而精深，並不能在此一書中道盡。因此本書僅摘取與教育相關之相關法律規範及歷年教師甄試之相關試題，作為學習對照與參考。除教育法規之外，各位教育第一線的教師，更可以透過學習管道，進階參考相關書籍，進而培養完整的法律素養。

進階參考書目
1.民法概要：王澤鑑，三民
2.刑法綜覽：林東茂
3.簡明小六法
4.媒體相關報導資料

教育法制架構

一、教育法令

1 · 教育法令的意義：教育法令係指政府為規範教育事務的有效運作，促進教育事業的健全發展，所頒布的教育法律和命令。教育法令的重要性在於，做為推動教育政策的依據、保障教育實施的品質和增加教育改革的成效。（吳清基，民89）

2 · 教育法令的重要性：鄧運林（民85）認為教育法令的重要性有：（1）實踐教育理想。（2）引導學術研究。（3）落實行政運作。吾人亦可將教育法令的重要性可歸納為：「（1）實踐教育理想的藍圖。（2）推動教育政策的依據。（3）促進教育改革的成功。（4）保障教育實施的品質。（5）落實行政運作的根據。」

3 · 教育法令的性質：

    （1）公法：凡規定權力關係、國家關係及統治關係者。

    （2）行政法：凡規定行政權的組織與作用者。

    （3）規範性的法規：係以保障國家權力，規範國家教育事務的法規，少有強制性的規定。

4 · 教育法令的種類：

    （1）法律：專指由立法機關經過立法程序所制定的法律，其名稱包括法、律、條例、通則。

    （2）命令：專指各機關依其法令職權或基於法律授權訂定之命令，可分為規程、規則、細則、辦法、綱要、標

準或準則。

規程：凡規定機關組織、處務準則者稱之。
規則：凡應行遵守或應行照辦的事項稱之。
細則：凡規定法規之施行事項或就法規另作補充解釋之。
辦法：凡規定辦理事物的方法、時限或權責稱之。
綱要：凡規定一定原則或要項者稱之。如，國民中小學九年一貫課程綱要。
標準：凡規定一定程度、規格或條件者稱之。如，國民小學課程標準。
準則：凡規定作為之準據、範式或程序者稱之。如，教師申訴評議委員會組織及評議準則。

5・教育法令制定的過程：

(1) 提案：由行政院向立法院提出法律案。因此多半由教育部依其權責，經教育法案的提出、組成專案小組研擬草案、進行意見徵詢、教育法案的審議、行政院法案審查，再經由行政院向立法院提出法律案。

(2) 一讀會：當立法院收到行政院送來的教育法案時，立法院院會會議決定不予審議、交付審查或直接二讀。

(3) 審查：主要針對法案之必要性、適切性、功能性或其他法律的關聯性進行審查並可主張　除、修正或增補。

(4) 二讀會：依程序將一讀會的審查結果送院會決定，由主席宣讀審查報告，再由該法案審查會的召集委員給予口頭補充說明，進行廣泛討論後可「逐條討論」。

(5) 三讀會：經二讀程序逐條討論、逐條表決通過後，進行三讀會的程序。

(6) 公佈施行：立法院三讀通過後，送請總統於十日內公佈。

二、我國教育行政制度之法源依據

1 · 我國教育法規體系可分為「中央教育法規」及「地方教育法規」兩個部分。中央教育法規系統包括憲法有關教育條文、教育法律、行政命令（包括授權命令與職權命令）三個層級。

（1）中央教育法規系統包括憲法有關教育條文、教育法律、行政命令（包括授權命令與職權命令）三個層級。目前我國教育法律層級至少有 27 種，大致可分為四類：

1 各級教育法	幼稚教育法、國民教育法、強迫入學條例、高級中學法、職業學校法、專科學校法、大學法、學位授予法、私立學校法	九個法律
2 各類教育法	教育基本法、原住民族教育法、補習及進修教育法、社會教育法、家庭教育法、藝術教育法、國民體育法、學校衛生法、特殊教育法	九個法律
3 教育人事	師資培育法、教育人員任用條例、教師法、學校教職員退休條例、學校教職員撫育條例	五個法律
4 教育行政與財政	教育部組織法、教育經費編列管理法、空中大學設置條例、國立大學校務基金設置條例	四個法律

（2）在地方教育法規系統方面，自 1999 年 7 月 1 日起，我國教育行政體制由原來的中央、省市、縣市三級制，改為中央與縣市二級，直轄市維持。

　　① 目前 25 個地方教育主管機關，包括 2 個直轄市 18 個縣 5 個縣級市。1999 年 1 月 25 日公布的地方制度法第二十五條規定，直轄市、縣（市）、鄉（鎮市）得

就其自治事項或依法律及上及法規之授權，制定自治
法規。

② 自治法規由地方行政機關訂定，並發布或下達者，稱
「自治規則」。

2・中華民國憲法相關條文：第 158-167 條

（1）中華民國憲法於 1947 年 1 月 1 日公佈，同年 12 月 25
日施行。

（2）第十三章「基本國策」中的第五節為「教育文化」，
從第一五八條至第一六七條，共有十條。

① 其內容可以分為六方面：「教育目標、教育機會均等、
基本教育之提供、國家對教育文化機關之監督、教育
經費之保障、教育工作者之保障與獎勵」。

② 憲法第二十一條規定，人民有受國民教育之權利與
義務。

③ 第一〇八條規定，教育制度為「中央立法並執行之，
或交由省縣執行之」事項。

④ 第一一〇條規定，縣教育「由縣立法並執行之」。

3・教育基本法：似教育領域之憲法，1999 年 6 月 23 日公布
教育基本法，全文共有十七條，該法旨在保障人民學習及
受教育之權利，確立教育基本方針，健全教育體制。

| 5 | 3 | 下列哪一項教育法規必需要交過立法院三讀通過，再由總統公布？①中小學兼任代課及代理教師聘任辦法②教師法實行細則③教育人員任用條例④教師申訴評議委員會組織及評議準則。 |
| 6 | B | 自 1999 年 7 月起，我國教育行政體系由原來中央、省市、縣市三級制，改為（A）中央、省市、縣市、鄉鎮四級制（B）中央、縣市二級制（直轄市維持）（C）中央、縣市、鄉鎮三級制（D）中央、鄉鎮二級制。 |

7	B	我國現行教育行政制度是採用：A. 地方分權制 B. 均權制 C. 中央集權制　D. 混合制
8	A	一國之教育事業採行同一步調，實現同一目標的是？（A）中央集權制　（B）地方分權制　（C）教會控制制　（D）均權制。
9	D	教育行政屬於典型中央集權的代表國家為：（A）德國　（B）英國　（C）美國　（D）法國。
10	③	以下何種教育行政制度易導致民眾對教育失去興趣而漠不關心？①分層負責制②地方分權制 ③中央集權制 ④均權制。
11	4	我國各主管教育行政機關目前係採「首長制」，下列何者是首長制的優點？（1）較能代表民意 （2）不易發生獨裁現象 （3）利益團體影響力大 （4）事權較為統一

4・學生獎懲：

（1）獎懲的方法與程序：

1	獎勵的方法主要有：勉勵、嘉獎、記小功、記大功、獎品、獎金、獎狀、獎章、榮譽卡、錦旗、留影紀念、加分、授以參加某些榮譽性活動的資格等。
2	獎懲的方法主要有：勸告、申誡、記警告、記小過、記大過、留校察看、勒令退學、開除學籍、扣分、留置及工作、剝奪權利等。
3	獎懲學生的程序： ①制定公布獎懲辦法：「一則可作為獎懲的依據，使獎懲制度化；二則引導學生表現辦法中規定的獎勵行為；三則具有嚇阻的預防功能」。 ②發現並查明合乎獎懲的行為 ③逐級呈核後公布獎懲

> ④ 通知學生、家長及相關人員
>
> ⑤ 實施追蹤輔導

（2）獎懲的原則：學務工作之實施，事前之預防，重於事後之糾正，需把握訓導原則。

　① 要客觀公平而合理：使獎懲制度化，且執行者態度要公平而不徇私；獎懲前應確實查明事實，以做到不枉罰不錯獎。

　② 應告知學生受獎懲的理由：「輔導代替懲罰」，獎懲學生是一種教育手段，旨在達到教育的效果。

　③ 獎懲案宜酌經正當法定程序：應包括通知學生、給予辯護及申訴機會三項。

　④ 有效獎勵，適當懲罰：物質（或生理）性的獎懲與精神（或心理）性的獎懲宜因時擇用，「其一，每位學生的需要情形不同，故獎懲之性質亦應隨學生之不同而異，其二，對同一個學生而言，則應由給予物質或生理的獎懲，逐漸改為給予精神或心理獎懲」。

　⑤ 個人獎懲和團體獎懲並用。

　⑥ 獎勵多於懲罰：獎懲適時且由連續漸變為間歇使用，「其一，獎懲應緊隨著學生受獎懲行為之後實施，其二，獎勵宜由連續使用變為間歇性使用」。

　⑦ 要追蹤輔導以達到獎懲的目的。獎懲學生只是一種教育手段，其目的在改善學生的行為。

　⑧ 公開獎勵，台下懲罰，維護學生自尊。

5．體罰：體罰的爭議性很大，有些國家法律上明令禁止，如法國、荷蘭、芬蘭、挪威、瑞典、丹麥等，有些國家則為完全禁止，如英國、美國、加拿大、澳洲等。

（1）定義：懲戒之內容係直接以受懲戒人之身體為對象。亦即以侵害身體為懲戒之內容或予以備懲戒者身體肉體上感到痛苦或極度疲勞。不以有形力為限，如常時間端坐或站立等。

（2）體罰之類型：（corporal punishment）我國以行政命令明文規定禁止，但對體罰之方式未有明確界定，大抵分為四類：

　①鞭打：如打手心、打臀部、打耳光等

　②維持特定姿勢：如長時間罰站、半蹲、舉重物等

　③激烈運動：罰跑步、青蛙跳等

　④過度從事特定行為：過度勞動服務、罰抄等

（3）我國政府明令禁止體罰，且在我國法律中，亦未有教師得以體罰學生的相關規定。教師對學生體罰，可能須負行政、民事及刑事責任。

12	D	下列關於體罰的描述，何者為是？　（1）鞭打、如打手心、打耳光、打臀部（2）維持特定姿勢，如長期罰站、半蹲、罰舉重物（3）激烈運動，如過度跑步、伏地挺身、青蛙跳（4）過度從事特定行為，如過度勞動服務、過度抄寫課文（A）12（B）123（C）124（D）1234
13	A	某學生上課不守秩序，教師多次制止無效，罰站時仍然繼續干擾上課，教師除強拉該生，大聲責罵外，並掌摑該生，結果造成該生臉龐紅腫，眼鏡破裂，若家長提出告訴，教師應負有哪些法律責任？（1）普通傷害罪（2）公然侮辱罪（3）毀損器物罪（4）妨害自由罪　（A）123（B）134（C）234（D）1234
14	A	體育課時，因某學生多次服裝不整，態度散漫，教師命他慢跑操場一周；但該生誤聽為必須跑到教師命其停止為止，而教師上課後未再注意該生情況，致該生因跑步過久而暈倒。若家長

		提出告訴，教師應負有哪些法律責任？ （A）過失傷害罪（B）公然侮辱罪（C）毀損器物罪（D）恐嚇罪
15	B	許多教師為管教學生，會要求學生或家長簽署『同意教師管教（或體罰）承諾書』，後來發生管教衝突問題時，該承諾書是否成為法律上的阻卻違法事由？ （A）是（B）否（C）由簽署者認定（D）由教師認定
16	D	根據目前有關學生體罰的規定，下列何者為真？（A）由全校人員及家長會代表共同決定本校是否實施體罰及如何實施（B）教師可以在專業判斷之下實施適度的體罰（C）在家長的書面同意下教師可以適度的實施體罰（D）學校不能實施體罰。
17	C	以下何者不是教師處理學生違規與暴力行為較常使用的方式？（A）使用行為改變技術 （B）採用社會技巧訓練 （C）請求司法介入處理 （D）進行家長諮商輔導。
18	D	下列敘述何者不符合處罰的原則？（A）處罰學生時應保持冷靜（B）訂定處罰標準 （C）如果無效就不要處罰 （D）處罰是教師所不可或缺的手段。
19	D	教師能否對學生「體罰」一事，教育主管機關的規定是如何？（A）家長同意後即可實施 （B）校長同意後即可實施 （C）學校行政會議通過後即可實施 （D）嚴格禁止。

【體罰學生之刑事法律責任】

不具有普通傷害故意之懲罰行為（但可能因過失至受罰者受到傷害）		具有普通傷害故意之懲罰行為					體罰行為類型
過失致死罪	過失傷害獲致重傷罪	不純粹瀆職罪	毀損器物罪	暴力公然侮辱罪	普通傷害致死或重傷罪	普通傷害罪	可能觸犯之刑事責任　罪名
二年以下有期徒刑、拘役或二千元以下罰金	致傷害，處六月以下有期徒刑、拘役或五百元以下罰金。致重傷者，處一年以下有期徒刑、拘役或五百元以下罰金	依假借職務上之權力、機會或方法所犯之罪，加重其刑至二分之一	二年以下有期徒刑、拘役或五百元以下罰金	一年以下有期徒刑、拘役或五百元以下罰金	致死者，處無期徒刑或七年以上有期徒刑。至重傷者，處三年以上十年以下有期徒刑	三年以下有期徒刑，拘役或一千元以下罰金	刑度
刑法第276條第一項	刑法第284條第一項	刑法第134條	刑法第354條	刑法第309條第二項	刑法第277條第二項	刑法第277條第一項	適用法規
非告訴乃論之罪	需告訴乃論	非告訴乃論之罪	需告訴乃論	需告訴乃論	非告訴乃論之罪	需告訴乃論	追訴要件

教育法令

本書中僅羅列出五十餘種與教師甄試試題相關之教育法規作為介紹，讀者需詳加瞭解各法律與其施行細則間之關係及相關實施辦法，才能掌握教育法規命題之趨勢。（以下排列由上至下，由左至右）

1 中華民國憲法教育文化專節	13 教育人員任用條例施行細則
2 中華民國憲法增修條文第十條	14 強迫入學條例
3 教育部組織法	15 強迫入學條例施行細則
4 國民教育法	16 執行強迫入學條例作業要點
5 國民教育法施行細則	17 國民中小學中途輟學學生通報及復學輔導辦法
6 教育基本法	18 高級中等以下學校及幼稚園教師資格檢定辦法
7 教育經費編列與管理法	19 國民小學及國民中學生成績評量準則
8 教師法	20 托兒所設置辦法（已廢止）
9 教師法施行細則	21 幼稚教育法
10 師資培育法	22 幼稚教育法施行細則
11 師資培育法施行細則	23 幼稚教育法部分條文修正草案
12 教育人員任用條例	24 兒童及少年福利法

25 兒童及少年福利法施行細則	39 教師申訴評議委員會組織及評議準則
26 特殊教育法	40 教師輔導與管教學生辦法（已廢除）
27 特殊教育法施行細則	41 國民小學與國民中學班級編制及教職員員額編制標準
28 身心障礙及資賦優異學生鑑定標準	42 教師請假規則
29 特殊教育相關專業人員及助理人員遴選用辦法	43 教育部推動認輔制度實施要點
30 兒童及少年性交易防制條例施行細則	44 各級學校法治教育實施要點
31 兒童及少年保護通報及處理辦法	45 中途學校實施辦法
32 性別平等教育法	46 原住民族教育法
33 性別平等教育法施行細則	47 原住民族教育法施行細則
34 家庭教育法	48 國民教育階段家長參與教育事務辦法草案
35 家庭教育法施行細則	49 公立高級中等以下學校教師成績考核辦法
36 公立高級中等以下學校校長成績考察辦法	50 學校衛生法
37 終身學習法	51 學校衛生法施行細則
38 終身學習法施行細則	

【中華民國憲法】（教育文化）

民國 36 年 01 月 01 日公布，36 年 12 月 25 日施行

第十三章　　基本國策　　第五節　教育文化

§158	教育文化，應發展國民之民族精神、自治精神、國民道德、健全體格、科學及生活智慧。
§159	國民受教育之機會一律平等。
§160	六歲至十二歲之學齡兒童，一律受基本教育，免納學費。其貧苦者，由政府供給書籍。已逾學齡未受基本教育之國民，一律受補習教育，免納學費，其書籍亦由政府供給。
§161	各級政府應廣設獎學金名額，以扶助學行俱優無力升學之學生。
§162	全國公私立之教育文化機關，依法律受國家之監督。
§163	國家應注重各地區教育之均衡發展，並推行社會教育，以提高一般國民之文化水準。邊遠及貧瘠地區之教育文化經費，由國庫補助之。其重要之教育文化事業，得由中央辦理或補助之。
§164	教育、科學、文化之經費，在中央不得少於其預算總額百分之十五，在省不得少於其預算總額百分之二十五，在市縣不得少於其預算總額百分之三十五。其依法設置之教育文化基金及產業，應予以保障。（本條文已凍結）
§165	國家應保障教育、科學、藝術工作者之生活，並依國民經濟之進展，隨時提高其待遇。
§166	國家應獎勵科學之發明與創造，並保護有關歷史文化藝術之古蹟古物。
§167	國家對於下列事業或個人，予以獎勵或補助： 一、國內私人經營之教育事業成績優良者。 二、僑居國外國民之教育事業成績優良者。

> 三、於學術或技術有發明者。
>
> 四、從事教育久於其職而成績優良者。

【中華民國憲法增修條文第十條】

中華民國 89 年 04 月 25 日修訂

§10　國家應獎勵科學技術發展及投資，促進產業升級，推動農漁業現代化，重視水資源之開發利用，加強國際經濟合作。

經濟及科學技術發展，應與環境及生態保護兼籌並顧。

國家對於人民興辦之中小型經濟事業，應扶助並保護其生存與發展。

國家對於公營金融機構之管理，應本企業化經營之原則；其管理、人事、預算、決算及審計，得以法律為特別之規定。

國家應推行全民健康保險，並促進現代和傳統醫藥之研究發展。

國家應維護婦女之人格尊嚴，保障婦女之人身安全，消除性別歧視，促進兩性地位之實質平等。

國家對於身心障礙者之保險與就醫、無障礙環境之建構、教育訓練與就業輔導及生活維護與救助，應予保障，並扶助其自立與發展。

國家應重視社會救助、福利服務、國民就業、社會保險及醫療保健等社會福利工作，對於社會救助和國民就業等救濟性支出應優先編列。

國家應尊重軍人對社會之貢獻，並對其退役後之就學、就業、就醫、就養予以保障。

　　教育、科學、文化之經費，尤其國民教育之經費應優先編列，不受憲法第一百六十四條規定之限制。

　　國家肯定多元文化，並積極維護發展原住民族語言及文化。

　　國家應依民族意願，保障原住民族之地位及政治參與，並對其教育文化、交通水利、衛生醫療、經濟土地及社會福利事業予以保障扶助並促其發展，其辦法另以法律定之。對於澎湖、金門、馬祖地區人民亦同。

　　國家對於僑居國外國民之政治參與，應予保障。

20	1	我國憲法中哪一條文規定了國家的教育目的（1）158　（2）159　（3）160　（4）161
21	B	在憲法的第一百五十八條，便開門見山的提出教育宗旨，其第一著為？（A）國民體格之訓練　（B）國民民族精神之發展　（C）國民道德之健全　（D）國民自治精神之發展。
22	A	國民教育法中規定「國民教育以養成五育均衡發展之健全國民為主旨」，其與評鑑的哪一種特殊性有關？（A）全面性（B）鑑鏡性　（C）發展性　（D）永續性。
23	3	教育部於民國八十六年公布「原住民教育白皮書」，揭示了原住民教育的七項基本政策。下列哪一項不包括在內：（張建成，多元文化教育，p11）（1）尊重文化差異，發展多元教育型態　（2）珍惜固有文化，建立族群自我認同。（3）重建部落歷史，振興原住民族語言。（4）廣開社會資源，拓展向上流動機會。

填充題：

| 24 | 健全體格 | 中華民國憲法第一五八條：教育文化，應發展國民之民族精神、自治精神、國民道德、【　　　】、科學及生活智慧。 |
| 25 | 國家 | 中華民國憲法第一百六十二條規定：全國公私立之教育文化機關，依法律受【　　　】之監督。 |

【教育部組織法】

民國 62 年 7 月 25 日修正

§1 教育部主管全國<u>學術</u>、<u>文化</u>及<u>教育行政</u>事務。
§2 教育部對於各地方最高級行政長官執行本部主管事務，有指示、監督之責。
§3 教育部就主管事務，對各地方最高行政長官之命令或處分，認為有<u>違背法令</u>或<u>逾越權限</u>者，得提<u>經行政院會議</u>議決後，停止或撤銷之。
§4 教育部設下列各司、處、室： 一、高等教育司。 二、技術及職業教育司。 三、中等教育司。 四、國民教育司。 五、社會教育司。 六、體育司。 七、邊疆教育司。 八、總務司。 九、國際文化教育事業處。 一〇、學生軍訓處。 一一、秘書室。
§5 教育部於必要時，得設各種委員會，其組織以法律定之。
§6 教育部為促進對外文教關係，得報准行政院，設駐外文化機構或工作人員。
§7 高等教育司掌理下列事項： 一、關於大學及研究所教育事項。 二、關於學位授予事項。

三、關於學術機關之指導事項。

四、關於其他高等教育事項。

§8 技術及職業教育司掌理下列事項：

一、關於技術學院及專科教育事項。

二、關於職業教育事項。

三、關於職業訓練事項。

四、關於建教合作事項。

五、關於其他職業及技術教育事項。

§9 中等教育司掌理下列事項：

一、關於<u>中學教育</u>事項。

二、關於<u>師範教育</u>事項。

三、關於地方教育機關之設立及變更事項。

四、關於其他中等教育事項。

§10 國民教育司掌理下列事項：

一、關於<u>國民小學及國民中學</u>教育事項。

二、關於失學民眾教育事項。

三、關於學前教育事項。

四、關於其他國民教育事項。

§11 社會教育司掌理下列事項：

一、關於民族文化之復興與宣揚事項。

二、關於補習教育及家庭教育事項。

三、關於學校辦理社會教育事項。

四、關於特殊教育事項。

五、關於視聽教育事項。

六、關於社教書刊之編譯事項。

七、關於藝術教育及文藝活動之獎助事項。

八、關於文化團體之輔導事項。

九、關於圖書館、博物館、科學館、藝術館及社會教育館等社教機構事項。

一○、關於文獻及古物保存事項。

一一、關於其他社會教育事項。

§12 體育司掌理下列事項：

一、關於學校體育之推行及督導事項。

二、關於國民體育之策劃及推行事項。

三、關於體育學術之研究發展事項。

四、關於國際體育活動事項。

五、關於其他體育事項。

§13 邊疆教育司掌理下列事項：

一、關於地方各級邊疆教育計畫及考核事項。

二、關於部轄各級邊疆學校之管理及考核事項。

三、關於邊地青年入學之獎勵及指導事項。

四、關於邊疆教育人才之儲備及訓練事項。

五、關於邊疆教育之調查及研究事項。

六、關於其他邊疆教育事項。

§14 總務司掌理下列事項：

一、關於文件之收發、分配、繕校及保管事項。

二、關於部令之發布事項。

三、關於典守印信事項。

四、關於編印公報及發行事項。

五、關於公產及公物之保管事項。

六、關於款項之出納事項。

七、關於事務管理事項。

八、關於其他不屬各司、處、室事項。

§15 國際文化教育事業處掌理下列事項：

一、關於國際文化交流及合作事項。

二、關於國際間交換教授及學生事項。

三、關於國外研究、考察及國際會議事項。

四、關於國外留學生選派及輔導事項。

五、關於外籍學人聯繫及來華學生輔導事項。

六、關於駐外文化機構或工作人員之考核事項。

七、關於國際出版品交換事項。

八、關於國際文化藝術活動事項。

九、關於其他國際文化及教育事項。

§16 學生軍訓處掌理下列事項：

一、關於高級中等以上學校學生軍訓之計畫、指導及考核事項。

二、關於學生軍訓課程及設備標準之擬訂與審核事項。

三、關於軍訓教官、教員之選拔、儲訓、介聘、考核及進修事項。

四、關於預備軍官訓練及兵役行政之連繫、合作事項。

五、關於學生軍訓器材及軍訓人員服裝、補給事項。

六、關於其他學生軍訓事項。

§17 秘書室掌理下列事項：

一、關於機要公文、密電之處理及保管事項。

二、關於文稿之撰擬、覆核及彙呈事項。

三、關於部務會報之議事事項。

四、關於年度施政方針、施政計畫及工作報告彙編事項。

五、關於施政之管制、考核及研究發展事項。

六、關於文書稽催及查詢事項。

七、關於資料蒐集及研究事項。

八、部長、次長交辦事項。

§18 教育部部長，特任，綜理部務，指揮、監督所屬職員及機關。

§19	教育部置政務次長一人,職位比照第十四職等;常務次長二人,職位列第十四職等,輔助部長處理部務。
§20	教育部置參事三人至五人,主任秘書一人,司長八人,處長二人,督學六人至十人,專門委員十一人至三十三人,職位均列第十至第十二職等;副司長八人,副處長二人,職位均列第九至第十一職等;秘書五人至七人,職位列第六至第九職等,其中三人,得列第十或第十一職等;科長三十一人至四十五人,視察五人至七人,專員二十八人至四十八人,技正一人或二人,職位均列第六至第九職等;科員三十一人至六十二人,辦事員八人至十六人,職位均列第一至第五職等,其中科員十八人至二十八人,得列第六或第七職等;技士一人或二人,職位列第三至第五職等;書記十七人至二十七人,職位列第一至第三職等。
§21	教育部設人事處,置處長一人,職位列第十至第十二職等;副處長一人,職位列第九至第十一職等,依法律規定,辦理人事管理事項。 　人事處所需工作人員,應就本法所定員額內派充之。
§22	教育部設會計處及統計處,置會計長一人,統計長一人,職位均列第十至第十二職等,依法律規定,分別辦理歲計、會計及統計事項。 　會計處及統計處所需工作人員,應就本法所定員額內派充之。
§23	第十九條至第二十二條所定各職稱人員,其職位之職系,依公務職位分類法及職系說明書,就一般行政管理、一般教育行政、學校教育行政、社會教育行政、圖書館管理、博物館管理、人事行政、文書、事務管理、會計、統計及其他有關職系選用之。
§24	教育部設法規委員會,由參事、有關業務單位主管及部長指定之專門人員組成,掌理法律及行政規章之修訂、審議、編纂及闡釋事項;所需工作人員,應就本法所定員額內派充之。

§25	學校及社教機構所用圖書、儀器及其他教育用品，由教育部審查、核定；其辦法由教育部定之。
§26	教育部處務規程，由教育部定之。
§27	本法自公布日施行。

26	D	依教育部組織法規定，與師資培育有關的業務，主要由哪個單位負責？（A）國民教育司（B）社會教育司（C）高等教育司（D）中等教育司。
27	3	教育部哪一個單位負責師資培育政策及規劃業務？①高等教育司②中等教育司③國民教育司④技術及職業教育司。
28	B	教育部中掌管師資培育的是哪個司？（A）社會教育司 （B）中等教育司 （C）國民教育司 （D）高等教育司。
29	3	教育部辦理師資培育工作的是哪一個單位？(1)高教司 (2)國教司 (3)中教司 (4)技職司。
30	C	我國國中教育階段業務的權責單位是教育部的哪一司？（A）社會教育司（B）中等教育司（C）國民教育司（D）技術及職業教育司。
31	A	處理國民中學的學校、教師及學生相關業務，在教育部主要是由那個單位負責？ （A）國民教育司 （B）中等教育司 （C）社會教育司 （D）中部辦公室。
32	D	我國聾啞學校等特殊教育在教育部的主管單位是：A. 高等教育司 B. 中等教育司 C. 國民教育司 D. 社會教育司

填充題：

33	教育特殊教育工作小組	我國教育部主管特殊教育行政的單位是【　　　　】。
34	中等教育	就我國現況而言，教育部各單位中掌理「師範教育」、「師資培育」相關業務的單位是【　　】。

【國民教育法】

民國 68 年 5 月 23 日令公布

民國 88 年 2 月 03 日增訂

民國 95 年 2 月 03 日修正

§1 國民教育依中華民國憲法第一百五十八條之規定，以養成德、智、體、群、美五育均衡發展之健全國民為宗旨。
§2 凡六歲至十五歲之國民，應受國民教育；已逾齡未受國民教育之國民，應受國民補習教育。 　　六歲至十五歲國民之強迫入學，另以法律定之。
§3 國民教育分為二階段：前六年為國民小學教育；後三年為國民中學教育。 　　對於資賦優異之國民小學學生，得縮短其修業年限。但以一年為限。 　　國民補習教育，由國民小學及國民中學附設國民補習學校實施；其辦法另定之。
§4 國民教育，以由政府辦理為原則，並鼓勵私人興辦。 　　公立國民小學及國民中學，由直轄市或縣（市）政府依據人口、交通、社區、文化環境、行政區域及學校分布情形，劃分學區，分區設置；其學區劃分原則及分發入學規定，由直轄市、縣（市）政府定之。 　　前項國民小學及國民中學，得委由私人辦理，其辦法，由直轄市或縣（市）政府定之。 　　為保障學生學習權，國民教育階段得辦理非學校型態之實驗教育，其辦法，由直轄市或縣（市）政府定之。 　　補習及進修教育法所定之短期補習教育，不得視為前項非學校型態之實驗教育。

§5 國民小學及國民中學學生免納學費；貧苦者，由政府供給書籍，並免繳其他法令規定之費用。

　　國民中學另設獎、助學金，獎助優秀、清寒學生。

　　國民小學及國民中學雜費及各項代收代辦費之收支辦法，由直轄市、縣（市）政府定之。

§5-1 國民小學及國民中學應辦理學生平安保險，其範圍、金額、繳費方式、期程、給付標準、權利與義務、辦理方式及其他相關事項之規定，由直轄市、縣（市）政府定之。

§6 六歲之學齡兒童，由戶政機關調查造冊，送經直轄市、縣（市）政府按學區分發，並由鄉、鎮（市）、區公所通知其入國民小學。

　　國民小學當年度畢業生，由直轄市、縣（市）政府按學區分發入國民中學。

　　政府派赴國外工作人員子女、僑生及外國學生進入國民小學、國民中學就學，其資格、方式及其他相關事項之辦法，由教育部定之。

　　國民小學及國民中學學生學籍資料，應以書面或電子方式切實記錄，永久保存並依法使用；其學籍管理辦法，由直轄市、縣（市）政府定之。

§7 國民小學及國民中學之課程，應以民族精神教育及國民生活教育為中心，學生身心健全發展為目標，並注重其連貫性。

§8 國民小學及國民中學之課程綱要，由教育部常設課程研究發展機構定之。

§8-1 國民小學及國民中學設備基準，由教育部定之。直轄市或縣（市）政府亦得視實際需要，另定適用於該地方之基準，報請教育部備查。

§8-2 國民小學及國民中學之教科圖書，由教育部審定，必要時得編定之。教科圖書審定委員會由學科及課程專家、教師及教育行

政機關代表等組成。教師代表不得少於三分之一；其組織由教育部定之。

國民小學及國民中學之教科圖書，由學校校務會議訂定辦法公開選用之。

§8-3 國民小學及國民中學選用之教科圖書，得由教育部或教育部指定之直轄市、縣（市）政府辦理採購；其相關採購方式，由教育部定之。

前項國民小學及國民中學藝能及活動科目之教科圖書，應免費借用予需要之學生；其相關借用辦法，由直轄市、縣（市）政府定之。

§9 國民小學及國民中學各置校長一人，綜理校務，應為專任，並採任期制，任期一任為四年。但原住民、山地、偏遠、離島等地區之學校校長任期，由直轄市、縣（市）政府定之。

國民小學及國民中學校長在同一學校得連任一次。任期屆滿得回任教職。

縣（市）立國民中、小學校長，由縣（市）政府組織遴選委員會就公開甄選、儲訓之合格人員、任期屆滿或連任任期已達二分之一以上之現職校長或曾任校長人員中遴選後聘任之。

直轄市立國民中、小學校長，由直轄市政府教育局組織遴選委員會就公開甄選、儲訓之合格人員、任期屆滿或連任任期已達二分之一以上之現職校長或曾任校長人員中遴選後，報請直轄市政府聘任之。

師資培育之大學附設實驗國民中、小學校長，由各該校組織遴選委員會就各該校或其附設實驗學校或其他學校校長或教師中遴選合格人員，送請校長聘兼（任）之，並報請主管教育行政機關備查。

前三項遴選委員會應有家長會代表參與，其比例不得少於五

分之一。遴選委員會之組織及運作方式，分別由組織遴選委員會之機關、學校定之。

§9-1　本法八十八年二月五日修正生效前，現職國民小學及國民中學校長得在原校繼續任職至該一任期屆滿為止，或依前條第三項、第四項或第五項規定參加遴選。

　　　　國民小學及國民中學校長有不適任之事實，經該管教育行政機關查明確實者，應予改任其他職務或為其他適當之處理。

§9-2　第九條第三項、第四項所稱公開甄選且儲訓之合格人員，指符合下列各款情形之一者：

　　一、本法八十八年二月五日修正生效前，由臺灣省政府或直轄市政府公開甄選且儲訓合格之校長候用人員。

　　二、本法八十八年二月五日修正生效後，由直轄市政府或縣（市）政府公開甄選且儲訓合格之校長候用人員。

　　三、本法八十八年二月五日修正生效前，經政府公開辦理之督學、課長甄選儲訓合格，並具有國中、國小校長任用資格之人員。

§9-3　依第九條第三項至第五項組織遴選委員會之機關、師範校院及設有教育院（系）之大學，應就所屬國民小學、國民中學校長辦學績效予以評鑑，以為應否繼續遴聘之依據。

§9-4　現職校長具有教師資格願意回任教師者，由主管教育行政機關分發學校任教，不受教師法、教育人員任用條例應經學校教師評審委員會審議相關規定之限制。

　　　　現職校長未獲遴聘，未具教師資格無法回任或具有教師資格不願回任教師者，直轄市、縣（市）政府得依下列方式辦理：

　　一、符合退休條件自願退休者，准其退休。

　　二、不符合退休條件或不自願退休者，視其意願及資格條件，

優先輔導轉任他職。
§10 國民小學與國民中學設<u>校務會議</u>，議決校務重大事項，由校長召集主持。 　　　校務會議以<u>校長、全體專任教師或教師代表、家長會代表、職工代表</u>組成之。其成員比例由設立學校之各級主管教育行政機關定之。 　　　國民小學及國民中學，視規模大小，酌設教務處、訓導處、總務處或教導處、總務處，各置主任一人及職員若干人。主任由校長就專任教師中聘兼之，職員由校長遴用，均應報直轄市或縣（市）主管教育行政機關核備。 　　　國民小學及國民中學應設輔導室或輔導教師。輔導室置主任一人及輔導教師若干人，由校長遴選具有教育熱忱與專業知能教師任之。輔導主任及輔導教師以專任為原則。 　　　輔導室得另置具有專業知能之專任輔導人員及義務輔導人員若干人。 　　　國民小學及國民中學應設人事及主計單位，學校規模較小者，得由其他機關或學校專任人事及主計人員兼任；其員額編制標準，依有關法令之規定。
§11 國民小學及國民中學教師應為<u>專任</u>。但必要時，得依法聘請兼任教師，或聘請具有特定科目、領域專長人員，以部分時間擔任教學支援工作。 　　　前項教學支援工作人員擔任教學支援工作之範圍、資格審查標準、認證作業程序、聘任程序、教學時間、待遇、權利及義務等事項，除法律另有規定外，其辦法由教育部定之。 　　　前項認證作業，由直轄市或縣（市）主管教育行政機關辦理，必要時，得委託教育部辦理。 　　　擔任教學支援工作人員經各該主管教育行政機關協議，得互

相承認已認證之資格。

中華民國九十一年六月三十日前,依教育部規定辦理之檢核及培訓成績及格者,具有第一項擔任教學支援工作之資格。

§12 國民小學及國民中學,以採小班制為原則,每班置導師一人,學校規模較小者,得酌予增加教師員額;其班級編制及教職員員額編制準則,由教育部定之。

國民小學及國民中學各年級應實施常態編班;為兼顧學生適性發展之需要,得實施分組學習;其編班及分組學習準則,由教育部定之。

§13 學生之成績應予評量,其評量內容、方式、原則、處理及其他相關事項之準則,由教育部定之;直轄市、縣(市)政府應依準則,訂定學生成績評量相關補充規定。

國民小學及國民中學學生修業期滿,成績及格,由學校發給畢業證書。

§14 (刪除)

§15 國民小學及國民中學應配合地方需要,協助辦理社會教育,促進社區發展。

§16 政府辦理國民教育所需經費,由直轄市或縣(市)政府編列預算支應,財源如下:

一、直轄市或縣(市)政府一般歲入。

二、直轄市或縣(市)政府依平均地權條例規定分配款。

三、為保障國民教育之健全發展,直轄市或縣(市)政府,得依財政收支劃分法第十八條第一項但書之規定,優先籌措辦理國民教育所需經費。

中央政府應視國民教育經費之實際需要補助之。

§17 辦理國民教育所需建校土地,由直轄市或縣(市)政府視都市計畫及社區發展需要,優先規劃,並得依法撥用或徵收。

§18 國民小學及國民中學校長、主任、教師之任用，另以法律定之；其甄選、儲訓、登記、檢定、遷調、進修及獎懲等辦法，由教育部定之。 公立國民小學及國民中學校長、主任、教師應辦理成績考核；其考核等級或結果、考核委員會之組職與任務、考核程序及其他相關事項之辦法，由教育部定之。
§19 師範院校及設有教育學院（系）之大學，為辦理國民教育各項實驗、研究，並供教學實習，得設實驗國民中學、國民小學或幼稚園。 實驗國民中學、國民小學或幼稚園校（園）長，由主管學校校（院）長，就本校教師中遴選合格人員充任，採任期制，並報請主管教育行政機關核備。 實驗國民中學、國民小學或幼稚園教師，由校（園）長遴聘；各處、室主任及職員，由校（園）長遴用，報請主管校、院核轉主管教育行政機關備查。
§20 私立國民小學及私立國民中學之學區劃分，由直轄市、縣（市）政府參照地方特性定之。 私立國民小學及私立國民中學之學生入學，由學校本教育機會均等及國民教育健全發展之精神，訂定招生辦法，報經直轄市、縣（市）政府核定。 私立國民小學及私立國民中學，除依私立學校法及本法有關規定辦理外，各處、室主任、教師及職員，由校長遴聘，送直轄市或縣（市）政府備查。
§20-1 直轄市、縣（市）主管教育行政機關應訂定學生獎懲規定。
§21 本法施行細則，由教育部定之。
§22 本法自公布日施行。

35	2	依「國民教育法」規定，國民小學教師之任用採取何種方式？①派任制　②聘任制　③分發制　④甄選制。
36	2	明訂「凡六歲至十五歲之國民，應受國民教育；已逾齡未受國民教育之國民，應受國民補習教育」的是（1）教育基本法（2）國民教育法（3）中華民國憲法（4）教師法。
37	3	依現行國民教育法第四條：為保障學生學習權，國民教育階段得辦理非學校型態之實驗教育，其辦法由下列何者定之？（1）以法律定之（2）由教育部定之（3）由直轄市或縣（市）政府定之（4）由學校定之報主管教育行政機關核備。
38	B	如果臺北縣內某個學校要進行一項教育實驗方案，其辦法應由（A）教育部訂定（B）臺北縣政府訂定（C）實驗學校訂立，報主管機關核備（D）視實驗方案性質而定
39	4	下列何者非現行國民教育法中教政府劃分學區之依據？（1）人口　（2）交通　（3）社區（4）經費。
40	2	依據國民教育法規定，對於資賦優異之國小學生，得縮短其修業年限，但以多少年為限？①半年②一年③一年半④二年。
41	2	依「國民教育法」規定，資賦優異的國民小學學生，得縮短其修業年限，但以幾年為限？　①半年　②一年　③一年半④二年。
42	①	國民教育法規定，對於資賦優異之國民小學學生，得縮短其修業年限，但以幾年為限？①一　②二　③三　④無限制。
43	2	義務教育最主要的特性是：（1）免費性　（2）強迫性　（3）全民性　（4）基礎性。
44	D	我國現行國民教育法在何時公布？（A）五十三年　（B）五十七年　（C）三十八年　（D）六十八年五月二十三日。
45	4	下列各項有關國民教育業務，何者非屬於縣市政府教育局之

		職權範圍？1.社會教育與體與保健 2.國民教育 3.學務管理 4.指使監督中小學教科書編印指導委員會。
46	4	校長是學校 ①一級主管 ②高級主管 ③首席主管 ④首長。
47	A	「國民教育法」第八條之二規定：國民小學及國民中學之教科圖書，由學校何種會議訂定辦法公開選用之？（A）校務會議 （B）教育會議 （C）學年會議 （D）課程委員會。
48	C	下列哪一項是國民教育的目標？（A）研究高深學術，養成專門人才 （B）培養青年生活之知識和生產技能 （C）以生活為中心，配合學生身心能力發展歷程，尊重個性發展，激發個人潛能，涵泳民主素養，尊重多元文化價值，培養科學知能，適應現代生活需要 （D）身心健康之訓練。
49	C	就教育的內容而言，國民教育是一種：（A）社會教育 （B）國語教育 （C）普通教育 （D）強迫教育。
50	B	就教育的任務而言，國民教育是一種：（A）社會教育 （B）國語教育 （C）普通教育 （D）強迫教育。
51	A	在國民教育上，所謂的「廣度」是指什麼？（A）提高就學的比率 （B）實施五育均衡的教育 （C）延長國民受教的年限 （D）改進現有的教育品質。
52	A	國民教育階段的主要教育功能為下列何者？（A）由統整到試探 （B）由分化到專精（C）由試探到分化 （D）由專精到統整。
53	AB D	六歲至十五歲的國民義務教育具有下列哪些特徵？A. 免試 B. 免繳學費 C. 免繳雜費 D. 強迫性（複選題）
54	A	依國民教育法的規定，國民中小學之課程綱要的訂定機關為（A）教育部 （B）縣市教育局 （C）學校課發會 （D）各學習領域課程小組。

55	A	根據國民教育法,國民中學之教科圖書由學校校務會議訂定辦法公開選用之。(A)是 (B)否
56	1	依據國民教育法的規定,國民中小學教科書,是由哪一個單位訂定辦法公開選用?(1)各校校務會議(2)縣市政府(3)教育部中部辦公室 (4)教育部。
57	4	依國民教育法規定:國民中小學的學生學籍資料,應切實記錄,並保存多久?①十年②十五年③二十年④永久保存。
58	4	國民中學學生學籍資料之保存年限為:(1)一年 (2)到畢業為止 (3)五年 (4)永久。
59	C	a.國小及國中校長任期一任為三年;b.補習及進修教育法所定之短期補習教育不得視為非學校型態之實驗教育;c.教科圖書審定委員會的教師代表比例不得少於1/3;d.校長遴選委員會的家長會代表比例不得少於1/4。前述有關現行國民教育法的規定,何者正確?(A)ab (B)ac (C)bc (D)cd。
60	B	「國民小學及國民中學應配合地方需要,協助辦理社會教育,促進社區發展。」是那一項法令的規定?(A)教育基本法 (B)國民教育法 (C)社會教育法 (D)家庭教育法。
61	B	國中、國小校長任期屆滿時得回任教師,乃依據下列哪一種法令?(A)教育基本法(B)國民教育法 (C)教育人員任用條例 (D)教師法。
62	A	對於不適任的中學教師,下列何者有權對其進行解聘之決議?(A)教評會 (B)教師會 (C)家長會 (D)教育審議委員會。
63	BC	下列有關目前國民中小學校長的敘述,何者是對的? A.由主管教育行政機關(如教育局)選拔適任者派任 B.採任期制,在同一學校得連任一次 C.任期屆滿時,得回任教師 D.任

		期屆滿時，由主管教育行政機關二次派至他校擔任校長（複選題）
64	A	依照國民教育法的規定，我國國民幾歲時應受國民教育？（A）六歲至十五歲（B）六歲至十六歲（C）七歲至十五歲（D）七歲至十六歲。
65	2	根據國民教育法，教科圖書審定委員會由學科及課程專家、教師及教育行政機關代表等組成。教師代表不得少於多少？（1）六分之一（2）三分之一（3）四分之一（4）五分之一。
66	④	根據「國民教育法」第七條之規定，我國國民教育之本質為：①道德教育與生活教育 ②基本教育與生活教育 ③基礎教育與終身學習 ④生活教育與民族精神。
67	AB	目前採學區制的學校，包括哪些？（A）國民小學（B）國民中學（C）高級中學（D）高級職業學校（複選題）
68	4	新增修之國民教育法規定校務會議之組成，下列何者不在擴增之成員中？（1）學校之職員 （2）學校之工友 （3）家長會 （4）地方民意代表。
69	4	根據民國 92 年 2 月 6 日修正之國民教育法，下列何者不可參加校務會議？（1）校長 （2）全體專任教師或教師代表 （3）家長會代表 （4）學生。
70	B	國民中小學課程綱要由哪一個機關所頒佈？（A）行政院（B）教育部（C）國立編譯館（D）國立教育研究院。
71	B	現行國民中小學課程綱要是由：(A)行政院 (B)教育部 (C)國立編譯館 (D)教育廳 所頒行。

填充題：

72	五分之一	國民教育法規定國民中小學校長遴選委員會應有家長會代表，其比例不得少於委員總數的【　　】

簡答題：

國民小學是義務教育，義務教育有那些特性？
答：全體國民均需就學（全民性）、旨在培養健全國民（生活性）、就學機會應受保障（權益性）、教育應為免費（免費性）

【國民教育法施行細則】

民國 71 年 07 月 07 日發布

民國 93 年 07 月 26 日修正

§1　本細則依國民教育法（以下簡稱本法）第二十一條規定訂定之。

§2　國民小學及國民中學之設置，除依本法第三條及第四條規定外，應依下列各款辦理：

一、以便利學生就讀為原則。

二、以分別設置為原則。

三、以不超過四十八班為原則。學校規模過大者，直轄市、縣（市）政府應增設學校，重劃學區。

四、交通不便、偏遠地區或情況特殊之地區，直轄市、縣（市）政府視實際需要與學習成效，選擇採取下列措施：

（一）設置分校或分班。

（二）依強迫入學條例第十四條規定提供膳宿設備。

（三）提供上下學所需之交通工具或補助其交通費。

（四）其他有利學生就讀及學習之措施。

§3　實施國民教育之學校名稱如下：

一、縣（市）立國民小學，應冠以縣（市）及鄉（鎮、市、區）之名稱；國民中學及合併設置之國民中小學，應冠以縣（市）立之名稱。

二、直轄市立國民小學，應冠以直轄市及行政區之名稱；國民中學及合併設置之國民中小學，應冠以直轄市立之名稱。

三、師資培育之大學依規定附設之實驗國民小學、國民中學或合併設置之國民中小學，應冠以師資培育大學之名稱。

四、私立國民小學、國民中學或合併設置之國民中小學，應依設

	置地區，冠以直轄市或縣（市）之名稱。
§4	本法第三條第三項所定國民補習教育，依補習及進修教育法及其有關規定辦理。
§5	直轄市、縣（市）政府依本法第四條第二項規定劃分學區時，相鄰直轄市、縣（市）地區之學區劃分，得由直轄市、縣（市）政府依實際狀況協商定之。
§6	本法第四條第四項所稱非學校型態之實驗教育，指學校教育以外，以實驗課程為主要目的、不在固定校區或以其他方式所實施之教育。 直轄市、縣（市）政府依本法第四條第四項訂定非學校型態之實驗教育辦法時，應邀請家長、教師、學校行政人員代表、教育學者專家及其他相關人士參與。
§7	國民中學依本法第五條第二項設置獎、助學金，其經費除由直轄市、縣（市）政府編列預算支應外，學校得自行籌措。
§8	國民小學及國民中學學生入學，除依本法第六條第一項、第二項及強迫入學條例第七條、第八條規定外，並依下列各款辦理： 一、學齡兒童入學年齡之計算，以入學當年度九月一日滿六歲者。 二、分發學生入學之通知應記載下列事項： （一）分發入學之學校名稱及地址。 （二）新生報到、學校開學、註冊及上課之日期。 （三）學生註冊須知及其他有關入學注意事項。 三、因故未入學之學生，其未超過規定年齡者，直轄市、縣（市）政府應輔導其入學。
§9	本法有關戶政機關之造冊，得以戶政資訊系統連結取得戶籍資料之方式代之。

§10 國民小學及國民中學應依本法第八條之二第二項規定選用教科
　　圖書，如無適當教科圖書可供選用時，得由直轄市、縣（市）主
　　管教育行政機關或學校依本法第八條規定之課程綱要編輯教材。
　　　　前項教材由學校編輯者，應報請各該主管教育行政機關備查。

§11 依本法第九條第三項至第六項規定組織之遴選委員會，應在校長
　　第一任任期屆滿一個月前，視其辦學績效、連任或轉任意願及其
　　他實際情況，決定其應否繼續遴聘。現職校長依本法第九條之三
　　規定評鑑績效優良者，得考量優先予以遴聘。

§12 本法第十條第一項所定<u>校務重大事項</u>，其內容如下：
　　一、校務發展計畫。
　　二、學校各種重要章則。
　　三、依法令規定應經校務會議議決之事項。
　　四、校長交議事項。

§13 國民小學及國民中學之訓導及輔導工作，應兼顧學生<u>群性及個性</u>
　　之發展，參酌學校及學生特性，並依相關法令之規定辦理。
　　　　校長及全體教師均負學生之訓導及輔導責任。

§14 國民小學及國民中學之行政組織，除依本法第十條、國民小學與
　　國民中學班級編制及教職員員額編制標準及其他相關法令之規
　　定外，得參照下列各款辦理：
　　一、各處（室）之下得設組。
　　二、每班置導師一人。
　　三、成立<u>課程發展委員會</u>，下設各學習領域課程小組；其規模較
　　　　小學校得合併設置跨領域課程小組。
　　四、實驗國民小學及實驗國民中學得視需要增設研究處，置主任
　　　　一人，並得設組。
　　　　國民小學及國民中學各處、室掌理事項，得參照下列各款辦
　　理：

一、教務處：課程發展、課程編排、教學實施、學籍管理、成績評量、教學設備、資訊與網路設備、教具圖書資料供應、教學研究、教學評鑑，並與輔導單位配合實施教育輔導等事項。

二、訓導處：公民教育、道德教育、生活教育、體育衛生保健、學生團體活動及生活管理，並與輔導單位配合實施生活輔導等事項。

三、總務處：學校文書、事務、出納等事項。

四、輔導室（輔導教師）：學生資料蒐集與分析、學生智力、性向、人格等測驗之實施，學生興趣成就與志願之調查、輔導及諮商之進行，並辦理特殊教育及親職教育等事項。

五、人事單位：人事管理事項。

六、主計單位：歲計、會計及統計等事項。

設教導處者，其掌理事項包括前項教務處及訓導處業務。

§15 國民小學及國民中學依本法第十五條規定協助辦理社會教育時，應依社會教育法第九條規定辦理。

§16 私立國民小學及私立國民中學經徵得其董事會及主管教育行政機關同意，得按公立國民小學及國民中學劃分學區之規定，分發學生入學，學生並免納學費；其人事費及辦公費，由直轄市、縣（市）政府依規定標準編列預算發給之，建築設備費，得視實際需要編列預算補助之。

§17 私立國民小學及私立國民中學應依本法第八條規定之課程綱要，本國民教育精神施教，並受主管教育行政機關視導監督。

§18 本細則自發布日施行。

| 73 | C | 國民小學設校長一人，負責綜理校務，並採任期制，校長之任期一任定為（A）二年（B）三年（C）四年（D）五年。 |
| 74 | B | 教育部為期能貫徹國中常態編班政策，保障學生受教權益， |

		同時兼顧學生之多元智慧，施以學科能力分組之適性教學，發揮其潛能，公布「教育部落實國民中學常態編班實施計畫」，請各縣市政府確實執行並督導各校加強辦理常態編班外，為賦予常態編班法源依據，預計修訂哪一項法規？（A）教育基本法（B）國民教育法（C）中學教育法（D）教育平等法。
75	E	依國民教育法施行細則規定，六歲學齡兒童是由下列哪一個單位調查造冊？（A）縣市社會局（B）縣市教育局（C）各學區國民小學（D）公私立幼稚園（E）戶政機關。
76	A	依據國民教育法施行細則規定，校務會議議決校務重大事項內容有四，分別是校務發展計畫、學校各種重要章則、依法令規定應經校務會議決議之事項及何者？（A）校長交議事項　（B）學校行政人員人事案（C）學校經費執行案（D）學校環境規劃案
77	B	有關國民小學及國民中學之設置，以下哪依敘述不符合規定？（A）交通不便地區，未設置國民小學或國民中學者，應設置分校或分班　（B）國民小學籍國民中學之規劃，以不超過七十二班為原則，規模過大時，應重劃學區　（C）國民教育以由政府為原則　（D）國民中小學以分別設置為原則，必要時得合併設置。

【教育基本法】

民國 88 年 06 月 23 日公布

民國 94 年 11 月 30 日修正公布

§1　為保障人民學習及受教育之權利，確立教育基本方針，健全教育體制，特制定本法。

§2　人民為教育權之主體。

　　教育之目的以培養人民健全人格、民主素養、法治觀念、人文涵養、愛國教育、鄉土關懷、資訊知能、強健體魄及思考、判斷與創造能力，並促進其對基本人權之尊重、生態環境之保護及對不同國家、族群、性別、宗教、文化之瞭解與關懷，使其成為具有國家意識與國際視野之現代化國民。

　　為實現前項教育目的，國家、教育機構、教師、父母應負協助之責任。

§3　教育之實施，應本有教無類、因材施教之原則，以人文精神及科學方法，尊重人性價值，致力開發個人潛能，培養群性，協助個人追求自我實現。

§4　人民無分性別、年齡、能力、地域、族群、宗教信仰、政治理念、社經地位及其他條件，接受教育之機會一律平等。對於原住民、身心障礙者及其他弱勢族群之教育，應考慮其自主性及特殊性，依法令予以特別保障，並扶助其發展。

§5　各級政府應寬列教育經費，保障專款專用，並合理分配及運用教育資源。

　　對偏遠及特殊地區之教育，應優先予以補助。

　　教育經費之編列應予以保障；其編列與保障之方式，另以法律定之。

§6 教育應本中立原則。學校不得為特定政治團體或宗教信仰從事宣傳，主管教育行政機關及學校亦不得強迫學校行政人員、教師及學生參加任何政治團體或宗教活動。

§7 人民有依教育目的興學之自由；政府對於私人及民間團體興辦教育事業，應依法令提供必要之協助或經費補助，並依法進行財務監督。其著有貢獻者，應予獎勵。

　　政府為鼓勵私人興學，得將公立學校委託私人辦理；其辦法由該主管教育行政機關定之。

§8 教育人員之工作、待遇及進修等權利義務，應以法律定之，教師之專業自主應予尊重。

　　學生之學習權及受教育權，國家應予保障。

　　國民教育階段內，家長負有輔導子女之責任；並得為其子女之最佳福祉，依法律選擇受教育之方式、內容及參與學校教育事務之權利。

　　學校應在各級政府依法監督下，配合社區發展需要，提供良好學習環境。

§9 中央政府之教育權限如下：

一、教育制度之規劃設計。

二、對地方教育事務之適法監督。

三、執行全國性教育事務，並協調或協助各地方教育之發展。

四、中央教育經費之分配與補助。

五、設立並監督國立學校及其他教育機構。

六、教育統計、評鑑與政策研究。

七、促進教育事務之國際交流。

八、依憲法規定對教育事業、教育工作者、少數民族及弱勢群體之教育事項，提供獎勵、扶助或促其發展。

　　前項列舉以外之教育事項，除法律另有規定外，其權限歸屬

地方。
§10 直轄市及縣（市）政府應設立<u>教育審議委員會</u>，定期召開會議，負責主管教育事務之審議、諮詢、協調及評鑑等事宜。 　　前項委員會之組成，由直轄市及縣（市）政府首長或教育局局長為召集人，成員應包含<u>教育學者專家、家長會、教師會、教師、社區、弱勢族群、教育及學校行政人員</u>等代表；其設置辦法由直轄市、縣（市）政府定之。
§11 國民基本教育應視社會發展需要延長其年限；其實施另以法律定之。 　　前項各類學校之編制，應以<u>小班小校</u>為原則，中央主管教育行政機關應做妥善規劃並提供各校必要之援助。
§12 國家應建立現代化之教育制度，力求學校及各類教育機構之普及，並應注重學校教育、家庭教育及社會教育之結合與平衡發展，推動終身教育，以滿足國民及社會需要。
§13 政府及民間得視需要進行<u>教育實驗</u>，並應加強教育研究及評鑑工作，以提昇教育品質，促進教育發展。
§14 人民享有請求學力鑑定之權利。 　　學力鑑定之實施，由各級主管教育行政機關指定之學校或教育測驗服務機構行之。
§15 教師專業自主權及學生學習權遭受學校或主管教育行政機關不當或違法之侵害時，政府應依法令提供當事人或其法定代理人有效及公平救濟之管道。
§16 本法施行後，應依本法之規定，修正、廢止或制（訂）定相關教育法令。
§17 本法自公布日施行。

78	2	有「教育憲法」之稱的是①大學法 ②教育基本法 ③國民教育法 ④師資培育法。
79	B	以下那一個法令首先賦予教育實驗的合法性？（A）高級中學法（B）教育基本法（C）國民教育法（D）教師法。
80	D	在相關教育法中，效力優於其他教育法規，而可稱為教育領域中的憲法為何？（A）教師法（B）國民教育法（C）師資培育法（D）教育基本法
81	2	為保障人民學習及受教之權利，規定人民為教育權之主體的法規是①國民教育法②教育基本法③幼稚教育法④兒童及少年福利法。
82	B	「人民為教育權之主體」之宣示，係在下列哪一項法規中規定？（A）國民教育法（B）教育基本法（C）憲法（D）師資培育法
83	C	教育基本法第二條所稱教育之主體是 （A）學生（B）學校（C）人民（D）社會大眾
84	D	教育基本法第二條所宣示「教育權之主體」為 （A）國家（B）學校（C）教育行政機關（D）人民。
85	A	教育基本法第二條規定教育權的主體為 （A）人民（B）學生（C）學校（D）家長 （E）國家。
86	③	教育基本法第二條指出什麼是教育權的主體？ ①教師②學生③人民④家長。
87	4	依教育基本法之規定，何者為教育權之主體？①學校 ②教育行政機關 ③國家 ④人民。
88	B	教育基本法規定以何者為教育權之主體？A、國家，B、人民，C、兒童，D、父母
89	②	教育基本法明文規定，何者為教育權之主體？①學生 ②人

		民 ③學校 ④家長。
90	C	教育基本法第六條規定,學校不得為特定政治團體或宗教信仰從事宣傳,教育應本著何項原則?(A)同化原則(B)均衡原則(C)中立原則(D)平均原則(E)本質原則。
91	A	教育基本法第九條規定,下列哪一項不是中央政府之教育權限?(A)課程規劃與設計(B)教育制度規劃與設計(C)教育統計、評鑑與政策研究(D)促進教育事業之國際交流。
92	A	臺北縣政府依據教育基本法第十條規定,特別設置哪一個委員會就全縣重大教育政策與相關教育改革事項,提供審議、諮詢、協調及評鑑事宜:(A)教育審議委員會(B)教育資源分配委員會(C)教育協調委員會(D)教育評鑑委員會。
93	1	教育基本法規定直轄市及縣市政府應設立下列哪一項機構,以負責主管教育事務之審議、諮詢、協調及評鑑等事宜?(1) 教育審議委員會 (2) 教育諮詢委員會 (3) 教育協調委員會 (4) 教育評鑑委員會
94	A	教育基本法中,教育審議委員會應定期開會,負責主管教育事務之審議、諮詢、協調及評鑑等事宜。基本上參與者「不」包括下列何者?(A)中央政府行政人員(B)縣市政府教育局局長(C)教育學者專家(D)弱勢族群(E)家長會代表。
95	3	家長參與的最高層級是 (1)參與教學 (2)協助班務 (3)課程協商 (4)觀察。
96	2	何者法令規定國民教育階段家長依法律參與學校教育事務之權力?(1)教師法(2)教育基本法 (3)師資培育法 (4)國民教育法。
97	D	「教育基本法」頒布於民國幾年?(A)民國八十七年 (B)

		民國八十五年　（C）民國六十五年　（D）民國八十八年。
98	A	我國「教育基本法」於何年公布？（A）民國八十八年　（B）民國八十九年　（C）民國九十年　（D）民國九十一年。
99	4	我國「教育基本法」於民國 ①89 年 ② 90 年 ③87 年 ④88 年 公布。
100	3	為保障人民學習及受教育的權力，以人民為教育權的主體，國家，教育機構、教師、父母皆應負協助的責任的是以下哪一個法的立法旨意？1.國民教育法2.教師法3.教育基本法4.師資培育法。
101	B	下列哪一項精神在「教育基本法」中並未提及：（A）各級政府應寬列教育經費（B）師資培育制度需多元化　（C）家長擁有參與教育事務的權力　（D）國民基本教育應視情形延長。
102	AC D	依據「教育基本法」規定，我國教育部之權限包括：　（A）教育制度之規劃與設計（B）設立縣市級教育審議委員會（C）中央教育經費之分配與補助（D）促進教育事務之國際交流。（複選題）
103	C	明確規範教育中立，保障教師專業自主，同時確立國民教育階段小班小校之原則，上述精神主要見之於何項教育法規？（A）國民教育法（B）師資培育法（C）教育基本法（D）教師法。
104	1	明定「在國民教育階段內，家長得為其子女之最佳福祉，依法律選擇受教育之方式」者，是規定在那一個法規？（1）教育基本法　（2）國民教育法　（3）教師輔導及管教學生辦法　（4）國民中學學生編班實施要點。
105	③	教育基本法的核心理念為何？①民主化 ②多元化 ③學習權

		④中立化。
106	④	特許學校（charter school）是美國中小學教育改革的一種嘗試，而國內對此一學校改革的型式亦方興未艾，下列哪一種教育法規為其法源依據：①教師法 ②學校組織法 ③國民教育法 ④教育基本法。
107	B	下列哪一種法律揭示了教育權之主體、教師專業自主權及學生學習權的保障？（A）教師法（B）教育基本法（C）國民教育法（D）強迫入學條例。

填充題：

108	父母	「教育基本法」第二條規定，為實現教育目的，國家、教育機構、教師、＿＿＿應負協助之責任。
109	人民	教育基本法第二條規定：【　　】為教育權之主體。
110	學習、受教育	教育基本法第一條明定為保障人民＿＿＿＿及＿＿＿＿之權利，確立教育基本方針，健全教育體制，特制定教育基本法。

是非題：

111	○	教育基本法於民國八十八年公布實施，確立我國教育基本方針，健全教育體制。
112	×	依據教育基本法之規定，中央政府應嚴加監督各直轄市、縣市教育局，推展地方教育事務。

簡答題：

教育基本法規定教育應本中立原則，其涵意如何？
答：學校不得為特定政治團體或宗教信仰從事宣傳，主管教育行政機關及學校亦不得強迫學校行政人員、教師及學生參加任何政治團體或宗教活動。

【教育經費編列與管理法】

民國 89 年 12 月 13 日公布

§1 為維護教育健全發展之需要，提升教育經費運用績效，特依教育基本法第五條第二項之規定制定本法。

教育經費之編列與管理，依本法之規定，本法未規定者，依其他法律之規定。

§2 本法所稱教育經費係指中央及地方主管教育行政機關與所屬教育機構、公立學校，由政府編列預算，用於教育之經費。

本法所稱主管教育行政機關：在中央為教育部；在直轄市為直轄市政府教育局；在縣（市）為縣（市）政府。

§3 中央、直轄市及縣（市）政府（以下簡稱各級政府）應於國家財政能力範圍內，充實保障並致力推動全國教育經費之穩定成長。

各級政府教育經費預算合計應不低於該年度預算籌編時之前三年度決算歲入淨額平均值之百分之二十一點五。

前項所稱歲入淨額為各級政府決算及特別決算中，不含舉債及移用以前年度歲計剩餘，扣除重複列計部分。

直轄市及縣（市）政府以其歲入總預算扣除上級政府補助為自有財源，並依教育基本需求，衡量財政狀況，優先支應教育經費，除自有財源減少外，其自行負擔之教育經費，應逐年成長。

§4 直轄市、縣（市）政府應依憲法增修條文第十條第十項規定，優先編列國民教育經費。

中央主管教育行政機關對於直轄市、縣（市）政府辦理國民教育績效優良者，或國民教育經費支出占該直轄市、縣（市）政府決算歲出比重成長較高者，於分配特定教育補助時，應提撥相當數額獎勵之。

§5 為兼顧各地區教育之均衡發展，各級政府對於偏遠及特殊地區教

育經費之補助，應依據教育基本法之規定優先編列。

§6 為保障原住民、身心障礙者及其他弱勢族群之教育，並扶助其發展，各級政府應依據原住民族教育法、特殊教育法及其他相關法令之規定，從寬編列預算。

§7 政府為促進公私立教育之均衡發展，應鼓勵私人興學，並給予適當之經費補助與獎勵。

§8 中央政府對地方政府之教育補助分為一般教育補助及特定教育補助：

一、<u>一般教育補助</u>，用於直轄市、縣（市）政府所需之教育經費，不限定其支用方式及項目，並應達成教育資源均衡分配之目的。

二、<u>特定教育補助</u>，依補助目的限定用途。

§9 行政院應設教育經費基準委員會，其任務如下：

一、教育經費計算基準之研訂。

二、各級政府之教育經費基本需求之計算。

三、各級政府之教育經費應分擔數額之計算。

　　前項委員會置委員十三人至十七人，由學者、專家、直轄市政府、縣（市）政府、行政院主計處、財政部、中央主管教育行政機關及相關機關代表組成，其中學者及專家人數不得少於委員總數三分之一；其組織及會議等相關事項，由行政院定之。

§10 行政院教育經費基準委員會應衡酌各地區人口數、學生數、公、私立學校與其他教育機構之層級、類別、規模、所在位置、教育品質指標、學生單位成本或其他影響教育成本之因素，研訂教育經費計算基準，據以計算各級政府年度教育經費基本需求，並參照各級政府財政能力，計算各級政府應分擔數額，報請行政院核定之。

　　各級主管教育行政機關應依前項核定之基本需求及分擔數

額，編列年度預算。各級政府編列之教育預算數額不得低於前項核定之基本需求。

中央政府應就第一項計算之直轄市、縣（市）政府教育經費基本需求，扣除直轄市、縣（市）政府應分擔數額後之差額，編列對於直轄市、縣（市）政府之一般教育補助預算。

§11 中央主管教育行政機關教育預算經完成立法程序後，除維持中央主管教育行政機關與所屬教育機構、公立學校運作所需者外，對於公、私立教育事業特定教育補助，應由中央主管教育行政機關教育經費分配審議委員會審議之。

前項委員會置委員十三人至十七人，由學者、專家、社會公正人士、中央主管教育行政機關及相關機關代表所組成，其中學者、專家及社會公正人士人數合計不得少於委員總數二分之一；其審議項目、程序及設置辦法，由中央主管教育行政機關定之。

§12 直轄市、縣（市）主管教育行政機關所屬教育機構、公立學校，應訂定中長程教育發展計畫，報請該管主管教育行政機關審查通過後，提送依教育基本法第十條第一項所設之直轄市、縣（市）政府教育審議委員會審議。

前項委員會審議通過後，應依第十條第一項核定之基本需求及分擔數額，提出直轄市、縣（市）主管教育行政機關所屬教育機構、公立學校之預算數額建議案，作為該管主管教育行政機關編列年度教育預算之依據。

§13 直轄市、縣（市）政府之各項教育經費收入及支出，應設立地方教育發展基金，依法編列預算辦理；其收支、保管及運用辦法，由直轄市、縣（市）政府定之。

§14 地方政府所屬學校得設置校務發展基金，其設置辦法由主管教育行政機關定之。

§15 各級主管教育行政機關，對公、私立學校及其他教育機構應依

法進行財務監督。 　　公、私立學校及其他教育機構，應定期造具財務報表，載明其經費收支使用情形，送請該管主管教育行政機關公告之。 　　各級主管教育行政機關，得依法派員或委託會計師查核公、私立學校及其他教育機構財務報表及經費收支狀況，並公告其查核結果，其有違反前項規定或其他法令者，應依相關法令規定辦理，並公告周知。 　　中央主管教育行政機關，得視前項情節輕重，停止公、私立學校及其他教育機構之特定教育補助一年至三年；直轄市、縣（市）主管教育行政機關對所轄學校、教育機構，得準用之。 　　第二項、第三項財務報表格式及公告方式，由中央主管教育行政機關定之。
§16 各級主管教育行政機關為提升教育經費使用績效，應建立評鑑制度，對於公、私立學校及其他教育機構進行評鑑。 　　前項評鑑工作得委託相關學術團體辦理，但應於評鑑前公布評鑑項目，並於評鑑後公布評鑑結果。評鑑工作之進行方式、程序及獎補助等相關事項，由各級主管教育行政機關定之。
§17 各級政府教育預算、地方教育發展基金及校務發展基金之全部項目及金額，應於年度決算後公開於資訊網路。
§18 本法自公布後一年內施行。

　　本法明定政府應於國家財政能力範圍內，充實、保障並致力推動教育經費之穩定成長。透過成立教育經費基準委員會，計算教育經費基本需求及編列教育經費。另透過教育經費分配審議委員會的機制，期能將我國各級學校、教育機構教育經費的收支運作加以規範，重新建立一套教育財政運作系統，以因應現代社會及教育發展趨勢，增進教育績效。

113	4	我國的教育經費編列與管理法規定，我國各級教育經費預算合計應不低於該年度預算編列之前三年度決算歲入淨額平均值多少百分比？①十五②十五點五③二十一④二十一點五。
114	①	為維護教育健全發展之需要，提升教育經費運用績效，我國所制訂的法律名稱為？①教育經費編列與管理法②教育經費編列與保障基準法 ③教育經費預算與分配法 ④教育財政收支劃分法。
115	C	為落實法律保障教育經費編列之規定，教育部乃積極研訂「教育經費編列與管理法」，請問下列哪一個不屬於「教育經費編列與管理法」的立法目標？（A）教育經費保障合理化 （B）教育經費編列制度化 （C）教育經費運用保密化 （D）教育經費分配公開化。
116	3	有關教育經費編列與管理法之敘述何者為真？（1）已經修定了2次 （2）主要是規範各級地方政府之經費運用 （3）至民國89年才公布 （4）於90學年度開始實施
117	C	我國現今教育經費的預算數額，主要是依據哪一個法規？（A）憲法 （B）教育基本法 （C）教育經費編列與管理法 （D）教育財政法。

【教師法】

民國 84 年 8 月 9 日公布全文 39 條

民國 92 年 1 月 15 日修訂

第一章　總　則
§1 為明定教師權利義務，保障教師工作與生活，以提升教師專業地位，特制定本法。
§2 教師資格檢定與審定、聘任、權利義務、待遇、進修與研究、退休、撫恤、離職、資遣、保險、教師組織、申訴及訴訟等悉依本法之規定。
§3 本法於公立及已立案之私立學校編制內，按月支給待遇，並依法取得教師資格之專任教師適用之。
第二章　資格檢定與審定
§4 教師資格之取得分檢定及審定二種：高級中等以下學校之教師採檢定制；專科以上學校之教師採審定制。
§5 高級中等以下學校教師資格之檢定分初檢及複檢二階段行之。 　　初檢合格者發給實習教師證書；複檢合格者發給教師證書。
§6 初檢採檢覆方式。 　　具有下列資格之一者，應向主管教育行政機關繳交學歷證件申請辦理高級中等以下學校實習教師之資格： 一、師範校院大學部畢業者。 二、大學校院教育院、系、所畢業且修畢規定教育學分者。 三、大學校院畢業修滿教育學程者。 四、大學校院或經教育部認可之國外大學校院畢業，修滿教育部規定之教育學分者。
§7 複檢工作之實施，得授權地方主管教育行政機關成立縣市教師複

檢委員會辦理。

　　具有下列各款資格者，得申請高級中等以下學校教師資格之複檢：

一、取得實習教師證書者。

二、教育實習一年成績及格者。

　　教師合格證書由<u>教育部</u>統一頒發。

§8 高級中等以下學校教師資格檢定辦法由教育部定之。

§9 專科以上學校教師資格之審定分初審及複審二階段，分別由學校及教育部行之。教師經初審合格，由學校報請教育部複審，複審合格者發給教師證書。

　　教育部於必要時，得授權學校辦理複審，複審合格後發給教師證書。

§10 專科以上學校教師資格審定辦法由教育部定之。

第三章　聘　任

§11 高級中等以下學校教師之聘任，分<u>初聘</u>、<u>續聘及長期聘任</u>，除依師資培育法第十三條第二項或第二十條規定分發者外，應經教師評審委員會審查通過後由校長聘任之。前項教師評審委員會之組成，應包含<u>教師代表</u>、<u>學校行政人員代表及家長會代表一人</u>。其中未兼行政或董事之教師代表不得少於總額<u>二分之一</u>；其設置辦法，由教育部定之。專科以上學校教師之聘任分別依大學法及專科學校法之規定辦理。

§12 高級中等以下學校教師之初聘以具有實習教師證書或教師證書者為限；續聘以具有教師證書者為限。

　　實習教師初聘期滿，未取得教師證書者，經教師評審委員會審查通過後得延長初聘，但以<u>一次</u>為限。

§13 高級中等以下學校教師聘任期限，初聘為<u>一年</u>，續聘第一次為<u>一</u>

年，以後續聘每次為<u>二年</u>，續聘三次以上服務成績優良者，經教師評審委員會全體委員<u>三分之二</u>審查通過後，得以長期聘任，其聘期由各校教師評審委員會統一訂定之。

§14 教師聘任後除有下列各款之一者外，不得解聘、停聘或不續聘：

一、受有期徒刑一年以上判決確定，未獲宣告緩刑者。

二、曾服公務，因貪污瀆職經判刑確定或通緝有案尚未結案者。

三、依法停止任用，或受休職處分尚未期滿，或因案停止職務，其原因尚未消滅者。

四、褫奪公權尚未復權者。

五、受禁治產之宣告，尚未撤銷者。

六、行為不檢有損師道，經有關機關查證屬實者。

七、經合格醫師證明有精神病者。

八、教學不力或不能勝任工作，有具體事實或違反聘約情節重大者。

有前項第六款、第八款情形者，應經教師評審委員會委員三分之二以上出席及出席委員半數以上之決議。

有第一項第一款至第七款情形者，不得聘任為教師。其已聘任者，除有第七款情形者依規定辦理退休或資遣外，應報請主管教育行政機關核准後，予以解聘、停聘或不續聘。

§14-1 學校教師評審委員會依第十四條規定作成教師解聘、停聘或不續聘之決議後，學校應自議作成之日起十日內報請主管教育行政機關核准，並同時以書面附理由通知當事人。教師解聘、停聘或不續聘案於主管教育行政機關核准前，其聘約期限屆滿者，學校應予暫時繼續聘任。

§14-2 教師停聘期間，服務學校應予保留底缺，俟停聘原因消滅並經服務學校教師評審委員會審查通過後，回復其聘任關係。教師依法停聘，於停聘原因未消滅前聘約期限屆滿者，學校教師評

	審委員會仍應依規定審查是否繼續聘任。
§14-3	依第十四條規定停聘之教師，停聘期間應發給半數本薪（年功薪）；停聘原因消滅後回復聘任者，其本薪（年功薪）應予補發。但教師係因受有期徒刑或拘役之執行或受罰金之判決而易服勞役者，其停聘期間之薪資，不得依本條規定發給。
§15	因系、所、科、組、課程調整或學校減班、停辦、解散時，學校或主管教育行政機關對仍願繼續任教且有其他適當工作可以調任之合格教師，應優先輔導遷調或介聘；現職工作不適任或現職已無工作又無其他適當工作可以調任者或經公立醫院證明身體衰弱不能勝任工作者，報經主管教育行政機關核准後予以資遣。
§15-1	學校或主管教育行政機關依前條規定優先輔導遷調或介聘之教師，經學校教師評審委員會審查發現有第十四條第一項各款情事之一者，其聘任得不予通過。主管教育行政機關依國民教育法所訂辦法辦理遷調或介聘之教師，準用前項之規定。
第四章　權利義務	
§16	教師接受聘任後，依有關法令及學校章則之規定，享有下列權利： 一、對學校教學及行政事項提供興革意見。 二、享有待遇、福利、退休、撫卹、資遣、保險等權益及保障。 三、參加在職進修、研究及學術交流活動。 四、參加教師組織，並參與其他依法令規定所舉辦之活動。 五、對主管教育行政機關或學校有關其個人之措施，認為違法或不當致損害其權益者，得依法提出申訴。 六、教師之教學及對學生之輔導依法令及學校章則享有專業自主。 七、除法令另有規定者外，教師得拒絕參與教育行政機關或學校所指派與教學無關之工作或活動。 八、其他依本法或其他法律應享之權利。

§17 教師除應遵守法令履行聘約外，並負有下列義務：

一、遵守聘約規定，維護校譽。

二、積極維護學生受教之權益。

三、依有關法令及學校安排之課程，實施教學活動。

四、輔導或管教學生，導引其適性發展，並培養其健全人格。

五、從事與教學有關之研究、進修。

六、嚴守職分，本於良知，發揚師道及專業精神。

七、依有關法令參與學校學術、行政工作及社會教育活動。

八、非依法律規定不得洩漏學生個人或其家庭資料。

九、擔任導師。

十、其他依本法或其他法律規定應盡之義務。

前項第四款及第九款之辦法，由各校校務會議定之。

§18 教師違反第十七條之規定者，各聘任學校應交教師評審委員會評議後，由學校依有關法令規定處理。

§18-1 教師因婚、喪、疾病、分娩或其他正當事由，得依教師請假規則請假。前項教師請假規則，應包括教師請假假別、日數、請假程序、核定權責與違反之處理及其他相關事項，並由教育部定之。

第五章　待　遇

§19 教師之待遇分本薪（年功薪）、加給及獎金三種。

高級中等以下學校教師之本薪以學經歷及年資敘定薪級；專科以上學校教師之本薪以級別、學經歷及年資敘定薪級。

加給分為職務加給、學術研究加給及地域加給三種。

§20 教師之待遇，另以法律定之。

第六章　進修與研究

§21 為提升教育品質，鼓勵各級學校教師進修、研究，各級主管教育

	行政機關及學校得視實際需要，設立進修研究機構或單位；其辦法由教育部定之。
§22	各級學校教師在職期間應主動積極進修、研究與其教學有關之知能；教師進修研究獎勵辦法，由教育部定之。
§23	教師在職進修得享有帶職帶薪或留職停薪之保障；其進修、研究及經費得由學校或所屬主管教育行政機關編列預算支應，其辦法由教育部定之。
第七章　退休、撫卹、離職、資遣及保險	
§24	教師之退休、撫卹、離職及資遣給付採儲金方式，由學校與教師共同撥繳費用建立之退休撫卹基金支付之，並由政府負擔最後支付保證責任。儲金制建立前之年資，其退休金、撫恤金、資遣金之核發依原有規定辦理。教師於服務一定年數離職時，應准予發給退休撫恤基金所提撥之儲金。 　　前項儲金由教師及其學校依月俸比例按月儲備之。 　　公私立學校教師互轉時，其退休、離職及資遣年資應合併計算。
§25	教師退休撫恤基金之撥繳、管理及運用應設置專門管理及營運機構辦理。 　　教師之退休撫卹、離職、資遣及保險，另以法律定之。
第八章　教師組織	
§26	教師組織分為三級：在學校為學校教師會；在直轄市及縣（市）為地方教師會；在中央為全國教師會。 　　學校班級數少於二十班時，得跨區（鄉、鎮）合併成立學校教師會。 　　各級教師組織之設立，應依人民團體法規定向該主管機關申請報備、立案。

地方教師會須有行政區內半數以上學校教師會加入，始得設立。全國教師會須有半數以上之地方教師會加入，始得成立。

§27 各級教師組織之基本任務如下：

一、維護教師專業尊嚴與專業自主權。

二、與各級機關協議教師聘約及聘約準則。

三、研究並協助解決各項教育問題。

四、監督離職給付儲金機構之管理、營運、給付等事宜。

五、派出代表參與教師聘任、申訴及其他與教師有關之法定組織。

六、制定教師自律公約。

§28 學校不得以不參加教師組織或不擔任教師組織職務為教師聘任條件。

學校不得因教師擔任教師組織職務或參與活動，拒絕聘用或解聘及為其他不利之待遇。

第九章　申訴及訴訟

§29 教師對主管教育行政機關或學校有關其個人之措施，認為違法或不當，致損其權益者，得向各級<u>教師申訴評議委員會</u>提出申訴。

教師申訴評議委員會之組成應包含該地區教師組織或分會代表及教育學者，且<u>未兼行政教師</u>不得少於總額的<u>三分之二</u>，但有關委員本校之申訴案件，於調查及訴訟期間，該委員應予迴避；其組織及評議準則由教育部定之。

§30 教師申訴評議委員會之分級如下：

一、專科以上學校分學校及中央兩級。

二、高級中等以下學校分縣（市）、省（市）及中央三級。

§31 教師申訴之程序分<u>申訴及再申訴</u>二級。

教師不服申訴決定者，得提起再申訴。學校及主管教育行政機關不服申訴決定者亦同。

§32	申訴案件經評議確定者，主管教育行政機關應確實執行，而評議書應同時寄達當事人、主管機關及該地區教師組織。
§33	教師不願申訴或不服申訴、再申訴決定者，得按其性質依法提起訴訟或依訴願法或行政訴訟法或其他保障法律等有關規定，請求救濟。

第十章　附　則

§34	本法實施前已取得教師資格之教師，其資格應予保障。
§35	各級學校兼任教師之資格檢定與審定，依本法之規定辦理。兼任、代課及代理教師之權利、義務，由教育部訂定辦法規定之。各級學校之專業、技術科目教師及擔任軍訓護理課程之護理教師，其資格依教育人員任用條例之規定辦理。
§36	本法各相關條文之規定，於公立幼稚園及已完成財團法人登記之私立幼稚園專任教師準用之。 　　未辦理財團法人登記之私立幼稚園專任教師，除本法第二十四條、第二十五條外，得準用本法各相關條文之規定。
§36-1	各級學校校長，得準用教師申訴之規定提起申訴。
§37	本法授權教育部訂定之各項辦法，教育部應邀請<u>全國教師會</u>代表參與訂定。
§38	本法施行細則，由教育部定之。
§39	本法自公布日施行。但待遇、退休、撫卹、離職、資遣、保險部分之施行日期，由行政院以命令定之。

118	4	規定我國教師資格檢定與審定、聘任、待遇等事項的法律是①師資培育法　②教育基本法　③國民教育法　④教師法。
119	B	下列哪一個法規的立法意旨在於「明定教師權利義務，保障教師工作與生活，以提升教師專業地位」？（A）教育基本

		法（B）教師法（C）師資培育法（D）教育人員任用條例
120	4	下列哪一個法規實施後，有助於保障教師工作和生活及提升教師專業地位，同時對於學校行政工作也有相當大的衝擊？（1）教育基本法（2）國民教育法（3）師資培育法（4）教師法。
121	C	下列哪一項是教師法中所明訂的教師組織基本任務？（A）辦理教師研習活動（B）維護學生受教權（C）研究並協助解決各項教育問題（D）參與政策決定
122	B	以下哪一項不是教師法設立的精神？（A）確立教師的權利義務（B）說明教師的任用遷調方式（C）保障教師的生活與工作（D）提昇教師專業地位。
123	2	據教師法規規定，下列哪一項是教師的權利，也是教師的義務？①擔任導師②進修研究③參加教師組織④對學校教師及行政事項提供興革意見。
124	A	學校聘任教師所依據的法源是（A）教師法（B）國民教育法（C）師資培育法（D）教育基本法
125	1	為明定教師權利義務、保障教師工作與生活，以提昇教師專業地位的是（1）教師法（2）師資培育法（3）教育基本法（4）國民教育法。
126	3	依據教師法規定，教師之待遇分本薪、加給與獎金，下列哪一項不包括在加給之中？①職務加給②學術加給③類科加給④地域加給。
127	D	下列何項，不屬於學校教師評審委員會任務？（A）教師聘任之審查（B）教師之解聘審議（C）教師資遣原因之認定審查（D）主任聘任之審議（E）教師長期聘任聘期之訂定。

128	B	在臺北市公立國民小學服務的教師，認為學校行政單位不當處理時，應先向哪個單位提出申訴？（A）服務學校之申訴評議委員會（B）市政府申訴評議委員會（C）教育部申訴評議委員會（D）視事情的性質與嚴重程度決定。
129	4	依「高級中等以下學校教師評審委員會設置辦法」規定，下列何者為教評會委員？　①教師代表　②家長會代表　③學校行政人員代表　④以上皆是。
130	D	下列何項，不屬於學校教師評審委員會任務？（A）教師聘任之審查（B）教師之解聘審議（C）教師資遣原因之認定審查（D）主任聘用之審議（E）教師長期聘任聘期之訂定。
131	E	現行規定，中小學教師五年內必須完成在職進修至少（A）50　（B）60　（C）70　（D）80　（E）90 小時。
132	A	教師因行為不檢而有損師道或教學不力有具體事實者，應經教師評審委員會如何決議方可給予解聘、停聘或不續聘？（A）委員三分之二以上出席、出席委員二分之一以上之決議（B）委員三分之二以上出席，出席委員三分之二以上之決議（C）委員二分之一以上出席，出席委員二分之一以上之決議（D）委員二分之一以上出席，出席委員三分之二以上之決議
133	B	高級中等以下學校教師聘任期限，初聘為幾年？（A）半年（B）一年（C）二年（D）三年
134	1	國民小學教師之初聘為　①一年　②二年　③三年　④四年。
135	A	專任教師不得在何處兼任教師？（A）補習班教師（B）私立學校教師（C）校內課後托育班教師（D）校內課輔教師（E）公立學校教師。

136	4	我國現行的法制中，國民小學教師未享有下列何種權利？（1）結社權 （2）受益權 （3）參政權 （4）罷教權。
137	1	依民國九十二年一月十五修訂之教師法下列何種教師義務需由校務會議訂定辦法？（1）輔導或管教學生 （2）課程安排 （3）學生資料管理 （4）教學研究、進修。
138	4	教師法於民國何年公布：①81 ②82 ③83 ④84。
139	③	某國民小學有六十位合格專任教師，其教師評鑑委員會有十五位委員，請問依規定該校教師評審委員會委員中，至少應有幾位未兼行政教師之代表？①六位 ②七位 ③八位 ④九位。
140	ABD	下列何者是「教師法」中對教師義務的規定？（A）擔任導師（B）從事與教學有關之研究、進修（C）參加教師組織，並參與其他依法令所舉辦之活動（D）積極維護學校受教之權益。（複選題）
141	ABC	下列哪些屬於教師法規定的教師義務？（A）遵守聘約 （B）輔導及管教學生 （C）實施教學活動 （D）辦理選務工作。（複選題）
142	D	依「教師法」之規定，下列何者為正確？ （A）大學教師資格之取得採檢定制（B）國外大學校院畢業可逕行取得實習教師資格（C）國民中學教師初聘為一年，續聘每次為二年（D）修畢中等學校教育學程結束後者，應向教育部中部辦公室申請初檢。
143	D	依「教師法」之規定，教師之待遇分為哪幾種？（A）本薪和加給二種（B）本薪和獎金二種（C）本薪、加給和鐘點費三種（D）本薪、加給和獎金三種。
144	C	下列何者不是「教師法」明訂教師所應遵守的義務？（A）擔任導師（B）維護校譽（C）對學校發展提供興革意見（D）

		參加學校學術、行政工作與社會教育活動。
145	C	下列何者不是教師受學校聘任後，遭受解聘、停聘或不續聘的理由？（A）受有期徒刑一年以上判決確定，未獲宣告緩刑者 （B）經合格醫生證明有精神疾病者 （C）蓄意處罰學生且未知會校方者 （D）不能勝任教學工作且有具體事實或違反聘約情節重大者。
146	1	教師應遵守法令履行聘約外，並有擔任導師之義務，此規定出自於：(1)教師法；(2)師資培育法；(3)國民教育法；(4)教育人員任用條例。
147	1	學校教師評審委員會在審議教師教學不力，不能勝任工作，有具體事實或違反聘約情節重大者，應有全體委員多少人以上出席、多少人以上通過，始得決議？（1）2/3 出席、1/2 通過；（2）1/2 出席、1/2 通過；（3）1/2 出席、2/3 通過；（4）2/3 出席、3/4 通過。
148	④	下列哪一項不是教師法對學校產生的衝擊？①家長正式參與重要校務運作 ②教師與政府從公法關係轉為私法契約關係 ③校務行政運作過程改變 ④教師權益無法受到保障。
149	①	民國九十二年一月十五日公布修正的教師法第十七條，新增哪一項教師應盡的義務？①擔任導師 ②積極維護學生受教的權益 ③輔導或管教學生 ④遵守聘約規定，維護校譽。
150	4	根據民國 85 年 10 月 9 日發布之教師進修研究獎勵辦法，教師參加全時進修、研究者，其服務義務期間為帶職帶薪時間的幾倍？（1）4 倍　（2）3 倍　（3）1 倍　（4）2 倍。
151	B	現行法令規定中小學教師每年必須參加多少小時的研修（A）12 （B）18 （C）24 （D）30。

152	C	依教師法第十四條之規定：教師聘任後，如教學不力或不能勝任工作，有具體事實或違反聘約情節重大者，應經教師評審委員會委員 （A）二分之一以上出席及出席委員半數以上 （B）二分之一以上出席及出席委員三分之二以上 （C）三分之二以上出席及出席委員半數以上 （D）三分之二以上出席及出席委員三分之二以上之決議方得給予解聘、停聘或不續聘。
153	2	國中教師參加學校的教師會是採（1）義務制（2）自願制（3）代表制 （4）推薦制。
154	①	依據教師法規定，「教師評審委員會」之組成，其中未兼行政或董事的教師代表，不得少於總數之多少？①二分之一 ②三分之一 ③三分之二 ④四分之一。
155	④	某所中學的教師評審委員會成員共十七人，請問未兼行政或董事的教師依法至少需有多少位？①六 ②七 ③八 ④九。
156	B	家長參與是改善教育環境的重要因素之一。請問依照現行的辦法，家長在各校教評會的名額為：A. 至少佔一半以上 B. 至少一名 C. 至少二名 D. 至少三名
157	B	我國國民中學教師涉及其權益，而提出的申訴制度分成幾級？（A）一級 （B）二級 （C）三級 （D）四級。
158	D	下列有關各級教師會組織的說明何者正確？（A）依據教育人員任用條例而設立的 （B）所有教師均須入會 （C）主要用以規範公立學校教師 （D）根據人民團體法向主管機關報備立案。
159	A	下列那一項組織不在學校行政的正式體系中？（A）學校教師會 （B）教評會 （C）課程發展委員會 （D）教職員考績委員會。

| 160 | A | 依「教師法」的精神，教師的退休金是由學校與教師共同撥繳費用所建立的基金來支付，如果各級公立學校教師的退休金支付出現問題時，應由下列何者來負擔最後支付保證責任？（A）政府（B）學校（C）教師會（D）學校與教師。 |

填充題：

161	一	教師法規定：高級中等以下學校教師聘任期限，初聘為一年，續聘第一次為＿＿（1）＿＿年。
162	家長	高級中等以下學校教師評審委員會之組成，應包含教師代表、學校行政人員代表及【　　】代表一人。
163	教師法	如果要推動教師專業評鑑，應在哪一法案中中訂定，以確立其法源基礎？【　　】
164	隱私權	教師未經當事者同意，無權將學生輔導的個案資料提供給無關的第三者，此是保障學生的何種權利？【　　】
165	遵守法令履行聘約	根據教師法規定，國小教師最主要的義務是：一、【　　】；二、【　　】。
166	地方教師會／全國教師會	依「教師法」第二十六條，教師組織分：學校教師會、【　　】與【　　】等三級。

簡答／申論題：

| 中小學教師評審委員會由哪些人員代表所組成？ |
| 條列敘述國小教師應負的職責？ |

【教師法施行細則】

中華民國 85 年 8 月 31 日訂定發布全文 31 條

民國 <u>93</u> 年 1 月 20 日修正

§1 本細則依教師法（以下簡稱本法）第三十八條規定訂定之。
§2 （刪除）
§3 軍警學校依教育人員任用條例規定聘任之專任教師，除法律另有規定者外，適用本法。
§4 本法第五條第二項所稱實習教師證書，應記載下列事項，並粘貼最近三個月一吋半身正面相片及加蓋鋼印。 一、姓名。 二、出生年、月、日。 三、國民身分證統一編號。 四、初檢結果。 五、證書字號。 六、發給證書之年、月、日。 　　前項實習教師證書之格式，由直轄市政府教育局及縣（市）政府訂定，並製發。
§5 本法第七條第一項所稱複檢工作，由直轄市政府教育局及縣（市）政府設教師資格檢定委員會辦理。
§6 本法第七條第三項所稱教師合格證書，應記載下列事項，並粘貼最近三個月一吋半身正面相片及加蓋鋼印： 一、姓名。 二、出生年、月、日。 三、國民身分證統一編號。 四、檢定結果。

五、證書字號。
六、發給證書之年、月、日。
§7 本法第九條所稱教師證書，應記載下列事項，並粘貼最近三個月 　　一吋半身正面相片及加蓋鋼印： 　　一、姓名。 　　二、出生年、月、日。 　　三、國民身分證統一編號。 　　四、審定等級。 　　五、證書字號。 　　六、年資起算。 　　七、送審學校。 　　八、發給證書之年、月、日。
§8 前二條之證書，其格式由教育部統一訂定。
§9 學校依本法第九條第二項辦理複審合格後，報請教育部發給教師 　　證書。
§10 （刪除）
§11 本法所稱初聘，係指實習教師或合格教師接受學校第一次聘約 　　或離職後重新接受學校聘約者。
§12 本法所稱續聘，係指合格教師經學校初聘後，在同一學校繼續 　　接受聘約者。
§13 本法第十一條第三項所稱專科以上學校教師之聘任，係指初 　　聘、續聘及長期聘任。
§14 本法施行前依法派任及已取得教師資格之現任教師，依本法第 　　十三條規定辦理聘任時，其原派、聘任年資應予併計。
§15 本法第十三條所稱服務成績優良者，係指高級中等以下學校教師 　　除履行本法第十七條所規定之義務外，並應具有下列條件之一：

一、品德良好有具體事蹟，足為師生表率。

二、積極參加與教學、輔導有關之研究及進修，對教學及輔導學生有具體績效。

三、參與學校學術、行政工作及社會教育活動，負責盡職，圓滿達成任務，對學校有特殊貢獻。

§16 本法第十四條第一項所稱解聘、停聘或不續聘，其定義如下：

一、解聘：係指教師在聘約存續期間，具有本法第十四條第一項各款情事之一，經服務學校教師評審委員會決議，除有第七款情形者依規定辦理退休或資遣外，並報經主管教育行政機關核准後，解除聘約者。

二、停聘：係指教師在聘約存續期間，具有本法第十四條第一項各款情事之一，經服務學校教師評審委員會決議，除有第七款情形者依規定辦理退休或資遣外，並報經主管教育行政機關核准後，暫時停止聘約關係者。

三、不續聘：係指教師具有本法第十四條第一項各款情事之一，經服務學校教師評審委員會決議，於聘約期限屆滿時不予續聘，除有第七款情形者依規定辦理退休或資遣外，並報經主管教育行政機關核准者。

教師聘任後具有教育人員任用條例第三十一條或第三十三條規定情事者，應依法解聘。

§17 （刪除）

§18 （刪除）

§19 （刪除）

§20 （刪除）

§21 本法第十五條有關資遣原因之認定，由學校教師評審委員會審查。

§22 本法第十六條所稱學校章則，係指各級學校依法令或本於職權

經學校校務會議通過，並按規定程序公告實施之規定。
§23 本法第十六條第三款所稱<u>在職進修</u>，係指與教師<u>教學、研究及輔導</u>有關之進修。
§24 本法第十七條第一項第一款所定聘約，得由主管教育行政機關訂定聘約準則。各級教師會並得依本法第二十七條第二款規定，與各級主管教育行政機關協議聘約準則。 　　教師聘約內容，應符合各級學校聘約準則之規定。
§24-1（刪除）
§24-2（刪除）
§24-3（刪除）
§25 本法第二十六條第一項所稱學校教師會、地方教師會、全國教師會，其定義如下： 一、<u>學校教師會</u>：係指各級學校專任教師所組成之職業團體。 二、<u>地方教師會</u>：係指於直轄市、縣（市）區域內以學校教師會為會員所組成之職業團體。 三、<u>全國教師會</u>：係指由各地方教師會為會員所組成之職業團體。
§26 學校教師會由同一學校（含附設幼稚園）專任教師<u>三十人</u>以上依<u>人民團體</u>法規定組成之，冠以學校名稱，執行本法第二十七條各款任務。 　　學校（含附設幼稚園）班級數少於二十班時，得跨校、跨區（鄉、鎮），由同級學校專任教師三十人以上依人民團體法規定組成之。其名稱由共同組成之學校教師協調訂定。 　　依第一項規定成立學校教師會之學校，其教師不得再跨校、跨區（鄉、鎮）參加學校教師會。
§27 各級教師會應於成立大會後三十日內，檢具大會紀錄、章程、會員及負責人名冊，報請所在地人民團體主管機關備案。

	前項人民團體主管機關於備案後，除發給證書及圖記外，並通知當地主管教育行政機關。
§28	地方教師會以直轄市、縣（市）為其組織區域，並冠以各該區域之名稱；全國教師會應冠以中華民國國號。
§29	本法第二十六條第四項前段所稱行政區內半數以上學校教師會之計算，係指行政區內二十班以上之各級學校（含幼稚園）之半數。
§30	本法第三十四條所稱已取得教師資格之教師，係指具有下列各款情形之一者： 一、在專科以上學校，係指已取得教育部所頒發之教師證書者。 二、在高級中等以下學校，係指已取得主管教育行政機關所頒發之教師合格證書且尚在有效期間或在本法施行前已具有該級該類科教師登記資格者。 　　前項第二款所稱有效期間及已具有該級該類科教師登記資格者，其認定依高級中等以下學校及幼稚園教師資格檢定及教育實習辦法之規定。
§31	本細則自發布日施行。

167	A	下列哪一項組織<u>不在</u>學校行政的正式體系中？（A）學校教師會（B）教評會（C）課程發展委員會（D）教職員考績委員會。
168	3	各級教師會之設立依哪一類法規向主管申請報備、立案？（1）工會法規　（2）教師法規　（3）人民團體法規　（4）勞動法規。
169	①	依高級中學以下學校及幼稚園教師在職進修辦法規定，教師需服務滿多久以上始得進修學位？①一年　②二年　③三年　④四年。

| 170 | ② | 依據「高級中等以下學校及幼稚園教師在職進修辦法」之規定，教師服務滿多久以上始得進修學位？①未規定 ②一年 ③二年 ④三年。 |

填充題：

| 171 | 全國教師會／地方教師會 | 依「教師法」第二十六條，教師組織分：學校教師會、【　】與【　】等三級。 |

申論題：

學校教師具有多元角色，也有法定職責。請先析論教師的專業角色（professional role）內容及其應有作為，然後依據「教師法」或其他相關法令之規定，說明學校教師的職責。（20分）

【師資培育法】

民國 68 年 11 月 21 日公布全文 23 條

民國 83 年 2 月 7 日修正（原名稱：師範教育法）

民國 94 年 12 月 28 日修正

§1 為培育高級中等以下學校及幼稚園師資，充裕教師來源，並增進其專業知能，特制定本法。

§2 師資培育應著重教學知能及專業精神之培養，並加強民主、法治之涵泳與生活、品德之陶冶。

§3 本法用詞定義如下：

一、主管機關：在中央為教育部；在直轄市為直轄市政府；在縣（市）為縣（市）政府。

二、師資培育之大學：指師範校院、設有師資培育相關學系或師資培育中心之大學。

三、師資職前教育課程：指參加教師資格檢定前，依本法所接受之各項有關課程。

§4 中央主管機關應設師資培育審議委員會，辦理下列事項：

一、關於師資培育政策之建議及諮詢事項。

二、關於師資培育計畫及重要發展方案之審議事項。

三、關於師範校院變更及停辦之審議事項。

四、關於師資培育相關學系認定之審議事項。

五、關於大學設立師資培育中心之審議事項。

六、關於師資培育教育專業課程之審議事項。

七、關於持國外學歷修畢師資職前教育課程認定標準之審議事項。

八、關於師資培育評鑑及輔導之審議事項。

九、其他有關師資培育之審議事項。

　　前項委員會之委員應包括中央主管機關代表、師資培育之大學代表、教師代表及社會公正人士；其設置辦法，由中央主管機關定之。

§5　師資培育，由師範校院、設有師資培育相關學系或師資培育中心之大學為之。

　　前項師資培育相關學系，由中央主管機關認定之。

　　大學設立師資培育中心，應經中央主管機關核准；其設立條件與程序、師資、設施、招生、課程、修業年限及停辦等相關事項之辦法，由中央主管機關定之。

§6　師資培育之大學辦理師資職前教育課程，應按中等學校、國民小學、幼稚園及特殊教育學校（班）師資類科分別規劃，並報請中央主管機關核定後實施。

　　為配合教學需要，中等學校、國民小學師資類科得依前項程序合併規劃為中小學校師資類科。

§7　師資培育包括<u>師資職前教育及教師資格檢定</u>。

　　師資職前教育課程包括<u>普通課程、專門課程、教育專業課程及教育實習課程</u>。

　　前項專門課程，由師資培育之大學擬定，並報請中央主管機關核定。

　　第二項教育專業課程，包括跨師資類科<u>共同課程及各師資類科課程</u>，經師資培育審議委員會審議，中央主管機關核定後實施。

§8　修習師資職前教育課程者，含其本學系之修業期限以四年為原則，並另加教育實習課程<u>半年</u>。成績優異者，得依大學法之規定提前畢業。但半年之教育實習課程不得減少。

§9　各大學師資培育相關學系之學生，其入學資格及修業年限，依大學法之規定。

設有師資培育中心之大學，得甄選大學二年級以上及碩、博士班在校生修習師資職前教育課程。

師資培育之大學，得視實際需要報請中央主管機關核定後，招收大學畢業生，修習師資職前教育課程至少一年，並另加教育實習課程半年。

前三項學生修畢規定之師資職前教育課程，成績及格者，由師資培育之大學發給修畢師資職前教育證明書。

§10 持國外大學以上學歷，經中央主管機關認定其已修畢第七條第二項之普通課程、專門課程及教育專業課程者，得向師資培育之大學申請參加半年教育實習，成績及格者，由師資培育之大學發給修畢師資職前教育證明書。

前項認定標準，由中央主管機關定之。

§11 大學畢業依第九條第四項或前條第一項規定取得修畢師資職前教育證明書，參加教師資格檢定通過後，由中央主管機關發給教師證書。

前項教師資格檢定之資格、報名程序、應檢附之文件資料、應繳納之費用、檢定方式、時間、錄取標準及其他應遵行事項之辦法，由中央主管機關定之。

已取得第六條其中一類科合格教師證書，修畢另一類科師資職前教育課程取得證明書者，由中央主管機關發給該類科教師證書，免依第一項規定參加教師資格檢定。

§12 中央主管機關辦理教師資格檢定，應設教師資格檢定委員會。必要時，得委託學校或有關機關（構）辦理。

§13 師資培育以自費為主，兼採公費及助學金方式實施，公費生畢業後，應至偏遠或特殊地區學校服務。

公費與助學金之數額、公費生之公費受領年限、應訂定契約之內容、應履行及其應遵循事項之義務、違反義務之處理、

分發服務之辦法，由中央主管機關定之。
§14 取得教師證書欲從事教職者，除公費生應依前條規定分發外，應參加與其所取得資格相符之學校或幼稚園辦理之教師公開甄選。
§15 師資培育之大學應有實習就業輔導單位，辦理教育實習、輔導畢業生就業及地方教育輔導工作。 　　前項地方教育輔導工作，應結合各級主管機關、教師進修機構及學校或幼稚園共同辦理之。
§16 高級中等以下學校、幼稚園及特殊教育學校（班）應配合師資培育之大學辦理全時教育實習。主管機關應督導辦理教育實習相關事宜，並給予必要之經費與協助。
§17 師資培育之大學得設立與其培育之師資類科相同之附設實驗學校、幼稚園或特殊教育學校（班），以供教育實習、實驗及研究。
§18 師資培育之大學，向學生收取費用之項目、用途及數額，不得逾中央主管機關之規定，並應報經中央主管機關核定後實施。
§19 主管機關得依下列方式，提供高級中等以下學校及幼稚園教師進修： 一、單獨或聯合設立教師進修機構。 二、協調或委託師資培育之大學開設各類型教師進修課程。 三、經中央主管機關認可之社會教育機構或法人開辦各種教師進修課程。 　　前項第二款師資培育之大學得設專責單位，辦理教師在職進修。 　　第一項第三款之認可辦法，由中央主管機關定之。
§20 中華民國八十三年二月九日本法修正生效前，依師範教育法考入師範校院肄業之學生，其教師資格之取得與分發，仍適用修正生效前之規定。

　　本法修正施行前已修畢師資培育課程者，其教師資格之取得，自本法修正施行之日起六年內，得適用本法修正施行前之規定。但符合中華民國九十年六月二十九日修正生效之高級中等以下學校及幼稚園教師資格檢定及教育實習辦法第三十二條、第三十三條規定者，自本法修正施行之日起二年內，得適用原辦法之規定。

　　本法修正施行前已修習而尚未修畢師資培育課程者，其教師資格之取得，得依第八條及第十一條規定辦理，或自本法修正施行之日起十年內，得適用本法修正施行前之規定。但符合中華民國九十年六月二十九日修正生效之高級中等以下學校及幼稚園教師資格檢定及教育實習辦法第三十二條、第三十三條規定者，自本法修正施行之日起六年內，得適用原辦法之規定。

§21 八十九學年度以前修習大學二年制在職進修專班師資職前教育課程之代理教師，初檢合格取得實習教師證書者，得依中華民國九十年六月二十九日修正生效之高級中等以下學校及幼稚園教師資格檢定及教育實習辦法第三十二條、第三十三條規定，並得自本法修正施行之日起四年內，適用原辦法之規定。

　　依中小學兼任代課及代理教師聘任辦法聘任之代課及代理教師，符合下列各款規定者，得免依規定修習教育實習課程，於參加教師資格檢定通過後，由中央主管機關發給該類科教師證書：

一、最近七年內任教一學年以上或每年連續任教三個月以上累計滿一年。

　　前項年資以同一師資類科為限。

二、大學畢業，修畢與前款同一師資類科師資職前教育課程之普通課程、專門課程及教育專業課程，並取得證明書。

三、經服務學校出具具備教學實習、導師（級務）實習、行

政實習及研習活動專業知能之證明文件。 　　前項規定之適用，自本法修正施行之日起至中華民國<u>九十六年七月三十一日</u>止。
§22 取得合格偏遠或特殊地區教師證書，並繼續擔任教職者，由中央主管機關協調師資培育之大學，於本法修正施行後三年內專案辦理教育專業課程，提供其進修機會。 　　前項合格偏遠或特殊地區修畢規定之教育專業課程者，得報請主管機關換發一般地區教師證書，免參加資格檢定及參加教育實習。取得合格偏遠或特殊地區教師證書並擔任教職累積<u>五年以上</u>者，不用修習第一項所指稱的教育專業課程，亦得報請主管機關換發一般地區教師證書，免參加資格檢定及參加教育實習。
§23 本法修正施行前進用之現職高級中等學校護理教師，具有大學畢業學歷且持有中央主管機關發給之護理教師證書，並繼續擔任教職者，由中央主管機關協調師資培育之大學，於本法修正施行後六年內，專案辦理師資職前教育課程，提供其進修機會。 　　前項護理教師修畢規定之師資職前教育課程，得以任教年資<u>二年</u>折抵教育實習，並得適用本法修正施行前之規定，取得合格教師證書。 　　本法修正施行前進用之現職大專校院護理教師，具有大學畢業學歷且持有中央主管機關發給之護理教師證書，並繼續擔任教職者，準用前二項之規定。
§24 本法修正施行前，已從事幼稚園或托兒所工作並繼續任職之人員，由中央主管機關就其擔任教師應具備之資格、應修課程、招生等相關事項之辦法另定之。
§25 本法施行細則，由中央主管機關定之。
§26 本法自公布日施行。

本法修正條文施行日期，由行政院以命令定之。

172	B	從我國現行「師資培育法」的內涵來看，我國高級中等以下學校及幼稚園教師的工作，最符合哪一項專案特徵？（A）相當的獨立自主性（B）專門的知識與技能（C）服務重於報酬的觀念（D）不斷的在職進修。
173	4	依「師資培育法」第七條規定，師資職前教育課程係指 ①普通課程及專門課程 ②教育專業課程 ③教育實習課程 ④以上皆是。
174	A	1994 年公布，以培養健全師資及其他教育專業人員，並研究教育學術為宗旨，並促使師資培育多元化的法律是（A）師資培育法（B）教育基本法（C）教育人員任用條例（D）教師法。
175	B	教育部中掌管師資培育的是哪個司？（A）社會教育司（B）中等教育司 （C）國民教育司 （D）高等教育司。
176	D	九十一年修訂公布的「師資培育法」，要求師資培育機構設置何單位？（A）教育學程實習輔導室 （B）教育學程中心 （C）教育研究所或教育系 （D）師資培育中心。
177	3	根據民國 92 年 5 月 5 日新修正、公布的師資培育法將修畢教育學分，進入校園實習者視為（1）初任教師 （2）高級教師 （3）師資培育機構學生 （4）兼任教師。
178	B	下列何者是師資培育法的主要特點 A. 廢除公費生 B.師資培育機構多元化 C.佔缺實習 D.增加教師資格檢定制
179	AC	九十一年七月通過的「師資培育法修正案」有下列哪幾項重要改變？ （A）教育學程中心得改名為師資培育中心（B）教育實習的形式由全時變為部分時間赴校 （C）取

		消教育實習津貼　（D）教師資格檢定由考試院辦理。（複選題）
180	ACD	下列舊制與新制師資培育制度的比較，何者為真？A. 培育管道一化 vs.培育管道多元化　B. 儲備式培育 vs.計畫式培育　C. 佔教師缺進行實習 vs.以實習教師身份實習　D. 國小教師採派任制，中學教師採聘任制 vs.中小學教師均採聘任制。（複選題）
181	3	根據師資培育法，有關中小學師資培育的敘述何者錯誤？（1）師資培育多元化　（2）取得實習教師資格，再經教育實習一年，成績及格，並經教師資格複檢合格者，可取得合格教師資格　（3）師範校院、一般大學畢業，公費生、自費生均需經過初檢、實習及複檢之考驗，始能取得合格教師證書　（4）以公費為主、自費及助學金為輔的師資培育原則。

是非題：

182	✕	我國師資培育法是在民國 84 年公布的。
183	○	師資培育的專業教育課程，旨在協助未來教師熟悉學習歷程、教育思想、教育政策與實務等，作為從事教育活動的準備。目前我國比日本更為重視專業教育課程。

填充題：

184	師資培育法	我國師資培育政策自哪一法規通過後，從一元化走向多元化？

【師資培育法施行細則】

民國 84 年 2 月 22 日發布全文十五條

民國 92 年 08 月 11 日修正

§1 本細則依師資培育法（以下簡稱本法）第二十五條規定訂定之。
§2 師資培育之大學依本法第六條第二項規定合併規劃之中小學校師資類科，其教育專業課程、教育實習課程之修習及教師資格檢定之實施方式與內容，經師資培育審議委員會審議通過後，由中央主管機關定之。
§3 本法第七條第二項規定用詞定義如下： 一、普通課程：學生應修習之共同課程。 二、專門課程：為培育教師任教學科、領域專長之專門知能課程。 三、教育專業課程：為培育教師依師資類科所需教育知能之教育學分課程。 四、教育實習課程：為培育教師之教學實習、導師（級務）實習、行政實習、研習活動之半年全時教育實習課程。 　　前項第三款教育專業課程及第四款教育實習課程，合稱教育學程。
§4 依本法第八條、第九條第一項至第三項規定修習師資職前教育課程之學生，符合下列情形之一，始得參加半年之教育實習課程： 一、依大學法之規定，取得畢業資格，並修畢普通課程、專門課程及教育專業課程者。 二、取得學士學位之碩、博士班在校生，於修畢普通課程、專門課程及教育專業課程且修畢碩、博士畢業應修學分者。 三、大學畢業後，依本法第九條第三項規定修畢普通課程、專門課程及教育專業課程者。
§5 本法第八條、第九條第三項及第十條第一項所定半年教育實習，

以每年八月至翌年一月或二月至七月為起訖期間；其日期，由各師資培育之大學定之。

§6 依本法第八條、第九條第一項及第二項規定修習師資職前教育課程之學生，依大學法之規定，取得畢業資格者，得不繼續修習師資職前教育課程，先行畢業。

　　本法第九條第三項所定師資培育之大學招收大學畢業生，修習師資職前教育課程者，稱為學士後教育學分班。

　　前二項已修畢普通課程、專門課程及教育專業課程，未參加教育實習課程者，得自行向師資培育之大學申請參加半年教育實習課程，成績及格者，由該師資培育之大學發給修畢師資職前教育證明書。

§7 已取得本法第六條中等學校類科合格教師證書並依本法第十一條第三項規定修畢其他任教學科、領域專門課程者，由師資培育之大學發給任教專門課程認定證明書及專門課程學分表。

　　符合前項所定情形者，得免參加半年之全時教育實習，由師資培育之大學造具名冊，報請中央主管機關發給教師證書。

§8 本法第十三條第一項所定偏遠或特殊地區學校，由各級主管機關自行認定。

§9 本法第十五條第一項所定實習就業輔導單位，應給予畢業生適當輔導，並建立就業資訊、諮詢及畢業生就業資料。

　　中央主管機關得協調師資培育之大學共同劃定輔導區，辦理地方教育輔導工作。

§10 師資培育之大學應遴選辦理教育實習課程之高級中等以下學校、幼稚園及特殊教育學校（班）（以下簡稱教育實習機構），共同會商簽訂實習契約後，依本法第十六條規定配合辦理全時教育實習。

§11 師資培育之大學為實施教育實習課程，應訂定實施規定，其內

容包括下列事項：

一、師資培育之大學實習指導教師、教育實習機構及其實習輔導教師之遴選原則。

二、實習輔導方式、實習指導教師指導實習學生人數、實習輔導教師輔導實習學生人數、實習計畫內容、教育實習事項、實習評量項目與方式及實習時間。

三、學生實習時每週教學時間、權利義務及實習契約。

四、教育實習成績評量不及格之處理方式。

五、其他實施教育實習課程相關事項。

教育實習成績之評量，應包括<u>教學演示成績</u>，由師資培育之大學及教育實習機構共同評定，其比率各占百分之<u>五十</u>。

§12 師資培育之大學辦理半年之教育實習課程，得依本法第十八條規定，向學生收取相當於<u>四學分</u>之教育實習輔導費。

§13 師資培育之大學依本法第十九條第二項所設教師在職進修專責單位辦理之各項進修，其授予學位或發給學分證明書，除依本法相關規定外，並依大學法及學位授予法相關規定辦理。

§14 本細則自中華民國九十二年八月一日施行。

| 185 | 2 | 依據 92 年 8 月 11 日修正之師資培育法施行細則『為培育教師任教學科、領域專長之專門知能課程』為下列何者之定義？（1）普通課程 （2）專門課程 （3）專業課程（4）實習課程。 |

【教育人員任用條例】

民國 74 年 5 月 1 日公布全文 43 條

民國 95 年 02 月 03 日修正

第一章　總則
§1　（本法之適用範圍） 　　　教育人員之任用，依本條例行之。本條例未規定者，適用其他有關法律之規定。
§2　本條例所稱教育人員為各公立各級學校校長、教師、職員、運動教練，社會教育機構專業人員及各級主管教育行政機關所屬學術研究機構（以下簡稱學術研究機構）研究人員。
第二章　任用資格
§3　（教育人員任用應注意事項） 　　　教育人員之任用，應注意其品德及對國家之忠誠；其學識、經驗、才能、體格，應與擬任職務之種類、性質相當。各級學校校長及社會教育機構、學術研究機構主管人員之任用，並應注重其領導能力。
§4　（國小校長應具資格） 　　　國民小學校長應具有下列資格之一： 一、師範大學、師範學院、教育學院、大學教育學系畢業，或其他院、系畢業曾修習規定之教育學科及學分，並曾任國民小學主任二年以上，成績優良者。 二、師範專科學校或大學、獨立學院教育專修科畢業，並曾任國民小學主任三年以上，成績優良者。 三、具有第一款、第二款學歷之一，並曾任國民小學教師二年及分類職位第七職等或與其相當之薦任教育行政職務三年以

上，成績優良者。

§5 （國中校長應具資格）

國民中學校長應具有下列資格之一：

一、具有博士學位，曾任中、小學教師及國民中學主任二年以上。但國民中學主任不得少於一年，成績優良者。

二、師範大學、師範學院、教育學院、教育研究所畢業得有碩士學位；或其他研究院、所畢業得有碩士學位曾修習規定之教育學科及學分，並曾任中、小學教師及國民中學主任共三年以上。但國民中學主任不得少於一年，成績優良者。

三、師範大學、師範學院、教育學院、大學教育學系畢業；或其他院、系畢業曾修習規定之教育學科及學分，並曾任中、小學教師及國民中學主任六年以上。但國民中學主任不得少於三年，或國民小學校長三年以上，成績優良者。

四、大學或獨立學院畢業，曾任分類職位第七職等或與其相當之薦任教育行政職務四年，並曾任中等學校教師三年以上，成績優良者。

五、曾任教育院、系專任講師及中學學校教師各三年以上，成績優良者。

§6 （高中校長應具資格）

高級中學校長應具有下列資格之一：

一、具有博士學位，曾任中等學校教師一年以上，並曾任分類職位第九職等或與其相當之薦任教育行政職務二年以上，或國民中學校長二年以上，或高級中等學校主任三年以上，成績優良者。

二、大學、師範學院、教育學院、教育研究所畢業得有碩士學位；或其他研究院、所畢業得有碩士學位曾修習規定之教育學科及學分，曾任中等學校教師一年以上，並曾任類職位第九職

等或與其相當之薦任教育行政職務三年以上，或國民中學校長三年以上，或高級中等學校主任四年以上，成績優良者。

三、師範大學、師範學院、教育學院、大學教育學系畢業；或其他院、系畢業曾修習規定之教育學科及學分，曾任中等學校教師一年以上，必曾任分類職位第九職等或與其相當之薦任教育行政職務五年以上。或國民中學校長六年以上，或高級中等學校主任七年以上，成績優良者。

四、曾任教育院、系專任副教授及中等學校教師各二年以上，並具學校行政經驗一年以上，成績優良者。

§7 （職業學校校長應具資格）

職業學校校長應具有下列資格之一：

一、具有博士學位，所修學科與擬任學校性質相關，曾任中等學校教師一年以上，並曾任分類職位第九職等或與其相當之薦任教育行政職務二年以上，或國民中學校長二年以上，或高級中等學校主任三年以上，成績優良者。

二、大學、師範學院、教育學院、教育研究所畢業得有碩士學位；或其他研究院、所畢業得有碩士學位所修學科與擬任學校性質相關，曾任中等學校教師一年以上，並曾任分類職位第九職等或與其相當之薦任教育行政職務三年以上，或國民中學校長三年以上，或高級中等學校主任四年以上，成績優良者。

三、師範大學、師範學院、教育學院、大學教育學系畢業；或其他院、系畢業曾修習規定之教育學科及學分；或其他院、系畢業所修學科與擬任學校性質相關，曾任中等學校教師一年以上，並曾任分類職位第九職等或與其相當之薦任教育行政職務五年以上，或國民中學校長六年以上，或與擬任學校性質相關之高級中等學校主任七年以上，或曾任專科以上學校相關學科講師，成績優良者。

四、大學或獨立學院畢業，並曾任與擬任學校性質相關之高級中等學校校長，或曾任大學或獨立學院與擬任學校性質相關學科副教授二年以上，成績優良者。

　　戲劇及民族藝術類職業學校校長，得以具有下列資格之一者充任之：

一、大學或獨立學院戲劇及其相關系、科畢業，具有三年以上教學經驗，成績優良者。

二、大學或獨立學院畢業，具有戲劇或民族藝術專長，並具有三年以上教學經驗，成績優良者。

三、具有戲劇或民族藝術專長，並曾任戲劇團（隊）負責人十年以上，成績優良者。

　　依前項第三款資格遴用之校長，不得轉任他類職業學校校長。

§8　專科學校校長應具副教授以上教師資格，並有下列資格之一：

一、曾任副教授以上教師滿三年，並曾任專科以上學校行政工作三年以上，成績優良者。

二、曾任副教授以上教師滿三年，並從事與擬任學校性質相關之專門職業六年以上，成績優良者。

三、曾任副教授以上教師滿三年，並曾任簡任第十職等以上或與其相當之行政職務三年以上，成績優良者。

§9　（獨立學院院長應具資格）

　　獨立學院院長應具有下列資格之一：

一、具有博士學位，曾任教授一年以上，或從事與擬任學院性質相關之專門職業三年以上，並曾任教育行政或專科以上學校行政工作三年以上，成績優良者。

二、具有碩士學位，曾任教授二年以上，或從事與擬任學院性質相關之專門職業四年以上，並曾任教育行政或專科以上學校行政工作三年以上，成績優良者。

三、大學或獨立學院畢業，曾任大學或獨立學院教授三年以上，或相當於教授之學術研究工作六年以上，並均曾任專科以上學校行政工作三年以上，成績優良者。

四、大學或獨立學院畢業，曾任分類職位第十二職等或與其相當之簡任教育行政職務四年以上，成績優良者。

§10 （大專校長應具資格）

大學校長應具有下列資格之一：

一、具有博士學位，曾任教授或相當於教授之學術研究工作，並擔任教育行政職務合計四年以上，成績優良者。

二、具有碩士學位，曾任教授或相當於教授之學術研究工作，並曾任教育行政職務合計七年以上，成績優良者。

三、大學或獨立學院畢業，曾任大學或獨立學院教授五年以上，或相當於教授之學術研究工作十年以上，並均曾任教育行政職務三年以上，成績優良者。

四、大學或獨立學院畢業，曾任分類職位第十四職等或與其相當之簡任教育行政職務五年以上，或曾任政務官二年以上，並具有教授資格，成績優良者。

§11 （師範院校校長以修習教育者為原則）

師範大學、師範學院、師範專科學校、院長，除應具備本條例相關各條規定之資格外，並以修習教育者為原則。

§12 （國小教師應具資格）

國民小學教師應具有下列資格之一：

一、師範專科學校畢業者。

二、師範大學、師範學院各學系、或教育學院、系畢業者。

三、本條例施行前，依規定取得國民小學教師合格證書尚在有效期間者。

§13 （中學教師應具資格）

中等學校教師應具有下列資格之一：

一、師範大學、師範學院各系、所畢業者。

二、教育學院各系、所或大學教育學系、所畢業者。

三、大學或獨立學院各系、所畢業，經修習規定之教育學科及學分者。

四、本條例施行前，依規定取得中等學校教師合格證書尚在有效期間者。

§14 大學、獨立學院及專科學校教師分為教授、副教授、助理教授、講師。

　　大學、獨立學院及專科學校教師應具有專門著作在國內外知名學術或專業刊物發表，或已為接受且出具證明將定期發表，或經出版公開發行，並經教育部審查其著作合格者，始得升等；必要時，教育部得授權學校辦理審查。

　　大學、獨立學院及專科學校體育、藝術、應用科技等以技能為主之教師聘任或升等，得以作品、成就證明或技術報告代替專門著作送審。

　　大學、獨立學院及專科學校教師之聘任、升等均應辦理資格審查；其審查辦法由教育部定之。

§15 大學、獨立學院及專科學校得聘任助教協助教學及研究工作。

　　助教應具有下列資格之一：

一、大學或獨立學院畢業，成績優良者。

二、三年制專科學校畢業，曾從事與所習學科有關之研究工作、專門職業或職務二年以上；或二年制、五年制專科學校畢業，曾從事與所習學科有關之研究工作、專門職業或職務三年以上，成績優良者。

§16 （講師應具資格）

　　講師應具有下列資格之一：

一、在研究院、所研究，得有碩士學位或其同等學歷證書，成績優良者。

二、大學或獨立學院畢業，曾任助教擔任協助教學或研究工作四年以上，成績優良，並有專門著作者。

三、大學或獨立學院畢業，曾從事與所習學科有關之研究工作、專門職業或職務六年以上，成績優良，並有專門著作者。

§16-1 助理教授應具有下列資格之一：

一、具有博士學位或其同等學歷證書，成績優良，並有專門著作者。

二、具有碩士學位或其同等學歷證書，曾從事與所習學科有關之研究工作、專門職業或職務四年以上，成績優良，並有專門著作者。

三、大學或獨立學院醫學系、中醫學系、牙醫學系畢業，擔任臨床工作九年以上，其中至少曾任醫學中心主治醫師四年，成績優良，並有專門著作者。

四、曾任講師三年以上，成績優良，並有專門著作者。

§17 副教授應具有下列資格之一：

一、具有博士學位或其同等學歷證書，曾從事與所習學科有關之研究工作、專門職業或職務四年以上，並有專門著作者。

二、曾任助理教授三年以上，成績優良，並有專門著作者。

§18 教授應具有下列資格之一：

一、具有博士學位或其同等學歷證書，曾從事與所習學科有關之研究工作、專門職業或職務八年以上，有創作或發明，在學術上有重要貢獻或重要專門著作者。

二、曾任副教授三年以上，成績優良，並有重要專門著作者。

§19 （未具專科以上學歷得任大專教師之情形）

未具專科以上學校畢業學歷，而在學術上有特殊貢獻，經教

育部學術審議委員會委員二分之一以上之出席及出席委員四分之三以上之決議通過，得任大學或專科學校教師。

§20 偏遠或特殊地區之學校校長、教師之資格及專業科目、技術科目、特殊科目教師及稀少性科技人員之資格，由教育部定之。

　　在民國八十三年二月七日前已考進師範學院幼教系及八十四年十一月十六日前已考進師範學院進修部幼教系肄業之師範生，參加偏遠地區國民小學教師甄試，其教育學科及學分之採計，由原就讀之師資培育機構依實質認定原則處理之。

　　參加八十九學年度各縣市偏遠地區國小教師甄試錄取未獲介聘，符合前項規定者，應比照辦理。

§21 學校職員之任用，依其職務類別，分別適用公務人員任用法或技術人員任用條例之規定，並辦理銓敘審查。

　　本條例施行前已遴用之學校編制內現任職員，其任用資格適用原有關法令規定，並得在各學校間調任。

　　各學校編制內現任職員，在本條例修正施行前，已具有公務人員或技術人員法定任用資格者，依現職改任換敘；其改任換敘辦法由考試院會同行政院定之。

　　學校人事人員及主計人員之任用，分別依照各該有關法律規定辦理。

　　公立學校職員升等考試規則由考試院定之。

§22 社會教育機構專業人員及學術研究機構研究人員之聘任資格，依其職務等級，準用各級學校教師之規定。

　　前項機構一般行政人員之任用資格，依公務人員有關法規之規定。

§22-1 各級學校專任運動教練之資格，由中央體育主管機關定之；聘任程序及聘期，由中央主管機關定之。

第三章　任用程序

§23　（國小校長任用程序）

　　國民小學校長任用程序如下：

一、縣（市）立國民小學校長由<u>縣（市）政府</u>遴選合格人員，報請省政府核准後任用之。

二、直轄市立國民小學校長由市教育局遴選合格人員報請市政府任用之。

三、國立實驗國民小學校長，<u>由教育部</u>任用之。

四、師範校、院及設有教育院、系之大學所設附屬國民小學校長，由各該校、院長就<u>各該校、院教師</u>中遴聘合格人員兼任之，並報請主管教育行政機關備案。

§24　（中學校長任用程序）

　　中等學校校長任用程序如下：

一、縣（市）立國民中學校長，由省教育廳遴選合格人員報請省政府核准後任用之。

二、省立高級中等學校校長，由省教育廳遴選合格人員報請省政府任用之。

三、直轄市立中等學校校長，由市教育局遴選合格人員報請市政府核准後任用之。

四、國立中等學校校長由<u>教育部</u>任用之。

五、師範大學、師範學院及設有教育院、系之大學所設附屬中等學校校長，由各該校、院長就各該校、院教師中遴聘合格人員兼任之，並報請主管教育行政機關備案。

§25　（專科以上學校校長任用程序）

　　專科以上學校校長任用程序如下：

一、省（市）立大學校長、獨立學院院長、專科學校校長，由省（市）政府遴選合格人員，提請教育部聘任。

二、國立大學校長、獨立學院院長、專科學校校長，由教育部遴

選合格人員聘任。

§26 各級學校教師之聘任，應本公平、公正、公開之原則辦理，其程序如下：

一、高級中等以下學校教師除依法令分發者外，由校長就經公開甄選之合格人員中，提請<u>教師評審委員會</u>審查通過後聘任。

二、專科學校教師經科務會議，由科主任提經教師評審委員會評審通過後，報請校長聘任。

三、大學、獨立學院各學系、研究所教師，學校應於傳播媒體或學術刊物刊載徵聘資訊後，由系主任或所長就應徵人員提經系（所）、院、校教師評審委員會評審通過後，報請校長聘任。

前項教師評審委員會之設置辦法，除專科以上學校由學校組織規程規定外，其辦法由教育部定之。

§27 （國中小學校長之遴選）

國民中、小學校長之遴選，除依法兼任者外，應就合格人員以公開方式甄選之。

中等學校教師，除分發者外，亦同。

§28 （學校職員之任用程序）

學校職員之任用程序，除主計人員、人事人員分別依各該有關法律規定辦理外，由校長就合格人員中任用，並報主管教育行政機關核備。

§29 （社教專業人員等之聘任）

社會教育機構專業人員、學術研究機構研究人員，由各該首長遴選合格人員，報請主管教育行政機關核准後聘任。

§30 學校教師經任用後，應依下列程序，報請審查其資格：

一、國民中、小學教師應送由服務學校報請該管縣（市）政府轉報省教育廳審查。

二、高級中等學校教師應送由服務學校轉報省教育廳審查。

三、直轄市所屬公私立中、小學教師應送由服務學校轉報市教育局審查。

四、師範校院，設有教育院、系之大學附屬中、小學及國立中等學校教師，應送由服務學校層轉所在地區之省（市）教育廳（局）審查。

五、專科以上學校教師應送由服務學校轉報教育部審查。教師資格審查、登記辦法由教育部定之。

§30-1 本條例修正施行前已取得講師、助教證書之現職人員，如繼續任教而未中斷，得逕依原升等辦法送審，不受大學法第二十九條之限制。社會教育機構專業人員及學術研究機構研究人員原依本條例聘任者，得比照辦理。

第四章　任用限制

§31 （不得任用及已任人員解聘或免職之情形）

　　具有下列情事之一者，不得為教育人員；其已任用者，應報請主管教育行政機關核准後，予以解聘或免職：

一、曾犯內亂、外患罪，經判決確定或通緝有案尚未結案者。

二、曾服公務，因貪污瀆職經判決確定或通緝有案尚未結案者。

三、依法停止任用，或受休職處分尚未期滿，或因案停止職務，其原因尚未消滅者。

四、褫奪公權尚未復權者。

五、受禁治產之宣告尚未撤銷者。

六、經醫師證明有精神病者。

七、為不檢有損師道，經有關機關查證屬實者。

§32 （校長不得任用之人員）

　　各級學校校長不得任用其配偶或三親等以內血親、姻親為本校職員或命與其具有各該親屬關係之教師兼任行政職務。但接任校長前已在職者，屬於經管財務之職務，應調整其職務或工作；

屬於有任期之職務，得續任至任期屆滿。
§33（不得任用） 　　有痼疾不能任事，或曾服公務交代未清者，不得任用為教育人員。已屆應即退休年齡者，不得任用為專任教育人員。
§34（兼課或兼職之禁止） 　　專任教育人員，除法令另有規定外，不得在外兼課或兼職。
§35（三十二條規定之準用） 　　第三十二條之規定，於社會教育機構、學術研究機構首長準用之。
第五章　任期
§36（任期制） 　　各級學校校長及專科以上學校學術性行政人員均採<u>任期制</u>，其辦法由教育部定之。
§37（專科及中等學校教師之聘期） 　　專科以上學校教師之聘期，初聘為一年，續聘第一次為一年，以後續聘，每次均為二年。 　　中等學校教師之聘期，初聘為<u>一年</u>，以後續聘，每次均為<u>二年</u>。
§38（不得解聘及辭聘） 　　學校在聘約有效期間內，除教師<u>違反聘約</u>或因<u>重大事故</u>報經主管教育行政機關核准者外，不得解聘。 　　教師在聘約有效期間內，非有正當事由，不得辭聘。
§39（刪除）
第六章　附則
§40 學校校長、教師及運動教練之職務等級表，由教育部定之；學校職員之官等、職等及職務列等，適用<u>公務人員任用法</u>之規定。 　　本條例施行前遴用之職員適用之原有薪級表，得配合相當職

務列等予以修正。	
§41 （私立學校校長教師任用資格之準用）	
	私立學校校長、教師之任用資格及其審查程序，準用本條例
之規定。	
§41-1	高級中等以上學校擔任軍訓護理課程之護理教師，其資格、遴
	選、介派（聘）、遷調辦法，由中央主管機關定之。
§42 （施行細則之訂定）	
	本條例施行細則，由教育部定之。
§43 （施行日）	
	本條例自公布日施行。

186	B	下列有關教育人員任用之敘述，何者為非？（A）專任教育人員，除法令另有規定外，一律不得在外兼課或兼職　（B）偏遠或特殊地區之學校教師，其資格由各縣、市政府教育局分別訂定之　（C）教師聘約在有效期間內，除因違反聘約或重大事故報經主管教育行政機關核准者外，不得解聘　（D）學校校長不得任用其配偶或三親等以內血親、姻親為本校職員。
187	4	台中市國民中學校長的任用，由哪一個單位負責？（1）教育部國教司　　（2）由師範學院該院、校教師中遴聘合格人員兼任　（3）教育研究院　　（4）市政府遴選委員會。
188	4	校長遴選委員會期中遴選委員家長代表不得少於（1）六分之一（2）三分之一（3）四分之一（4）五分之一。
189	B	下列有關教育人員任用之敘述，何者為非？（A）專任教育人員，除法令另有規定外，一律不得在外兼課或兼職　（B）偏遠或特殊地區之學校教師，其資格由各縣、市政府教育局

		分別訂定之 （C）教師聘約在有效期間內，除因違反聘約或重大事故報經主管教育行政機關核准者外，不得解聘（D）學校校長不得任用其配偶或三親等以內血親、姻親為本校職員。
190	C	台北市立國民中小學（附中、附小除外）校長之產生，是經由 （A）教師會及家長代表投票選舉 （B）校內教師會推薦甄選 （C）台北市教育局組織遴選委員會遴選之 （D）市政府派任。
191	C	目前我國國中校長是採，（A）派任制 （B）證照制 （C）遴選制 （D）培育制。
192	②	中小學校長任用由派任改為「遴選」係依據下列何者法規所修訂的規定？①教育基本法 ②國民教育法 ③師資培育法 ④教師法。
193	4	校長是學校 ①一級主管 ②高級主管 ③首席主管 ④首長。

【教育人員任用條例施行細則】

民國 87 年 4 月 29 日教育部修正發布全文二十七條

民國 89 年 3 月 6 日修正

民國 94 年 10 月 3 日修正

§1 本細則依教育人員任用條例（以下簡稱本條例）第四十二條規定訂定之。
§2 本條例所稱各級學校，指大學、獨立學院、專科學校、高級中學、職業學校、國民中小學、各級補習學校及各級特殊教育學校。
§3 本條例所稱高級中等學校，指高級中學、職業學校；所稱中等學校，指高級中學、職業學校及國民中學；所稱中小學，指高級中學、職業學校、國民中小學。 　　補習學校、特殊教育學校等級之認定，依各該有關法令之規定。
§4 本條例所稱社會教育機構專業人員，指依社會教育法第四條、第五條設立之社會教育機構，其組織法規中，除行政人員外，定有職務名稱其職等列為聘任之人員。 　　前項專業人員之職務等級，依社會教育機構專業人員與各級學校教師職務等級比照表（附表一）之規定。 　　社會教育機構專業人員之遴聘及審查，依教育部之規定。
§5 本條例所稱學術研究機構研究人員，指各級主管教育行政機關所屬學術研究機構組織法規中，除行政人員外，定有職務名稱其職等列為聘任之人員。 　　前項研究人員之職務等級，研究員比照教授、副研究員比照副教授、助理研究員比照助理教授、研究助理比照講師。 　　學術研究機構研究人員之遴聘及審查，依教育部之規定。

§6 本條例八十六年三月二十一日修正生效前已聘任之社會教育機構、學術研究機構之現職助理研究員、研究助理及其他相當等級之專業人員，在未取得本條例八十六年三月二十一日修正生效後所定之資格前，仍依原職務等級晉敘。

§7 本條例所稱修習規定之教育學科及學分，依高級中等以下學校及幼稚園教師資格檢定及教育實習辦法之規定。

　　前項辦法發布施行前，已修習或修畢規定教育學科及學分之認定，依原有法令之規定。

§8 本條例所稱研究院、所、大學、獨立學院、專科學校畢業，指公立或已立案之私立或經教育部認可之國外研究院、所、大學、獨立學院及專科學校畢業。

§9 本條例第七條第一項第一款至第三款所稱所修學科與擬任學校性質相關，依所修學科與職業學校性質相關對照表（附表二）之規定。

附表二　所修學科與職業學校性質相關對照表

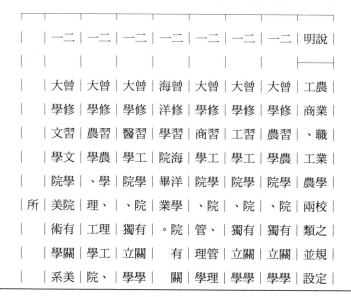

類科	應修畢業之院、系、所或專門科目
農業	院、系畢業。專門科目二十學分以上。
工業	院、系畢業。專門科目二十學分以上。
商業	學院或獨立學院有關學系、專門科畢業。專門科目二十學分以上。
海事水產	學系專門科目二十學分以上。
醫事護理、助產事業	院、系畢業。專門科目二十學分以上。
家政	家政學院、系或有關獨立學院畢業。家政專門科目二十學分以上。
藝術、戲劇	音樂系、戲劇系或獨立學院畢業。美術、音樂、戲劇有關學系專門科目二十學分以上。
職業	修……系……學……科……

……之。職業學校，分別比照工業職業學校及商業職業學校或工業職業學校辦理。

學	職	職	職	職	職	職	職	業
	業	業	業	業	業	業	業	學
校	學	學	學	學	學	學	學	校
	校	校	校	校	校	校	校	及

§10 本條例第七條第二項所稱民族藝術，其含義及範圍，由教育部依照<u>文化資產保存法</u>及其施行細則之規定認定之。所稱教學經驗，指各級學校專任或兼任相關學科教學年資。

§11 本條例所稱曾任各級學校教師年資，以<u>專任</u>為原則，兼任教師年資，<u>折半計算</u>。

§12 本條例所稱專門職業，指考試法規及職業法規所定領有執業證書而其性質程度與擬任職務相當之專門性或技術性職業；所稱專門職務，指在政府機關、學校或公民營機構從事與所習學科有關、任教課程性質相近及程度相當之專門性或技術性職務。

§13 本條例第八條及第九條所稱曾任專科以上學校行政工作，指曾任學校組織法規所定一級單位主管以上行政工作之職務。

　　本條例第九條所稱曾任教育行政工作，指曾任相當於薦任第九職等以上教育行政工作之職務。

　　本條例第十條所稱曾任教育行政職務，指曾任相當於薦任第九職等以上教育行政工作之職務，或曾任大學或獨立學院組織法規所定一級單位主管以上行政工作之職務。

　　曾任中央研究院組織法規所定一級學術單位主管以上行政工作之職務，視同曾任專科以上學校組織法規所定一級單位主管以上行政工作之職務。

§14 本條例第十一條所稱修習教育者，指大學校院畢業且修畢規定教育學程（分）者。

§15 本條例第四條及第十二條所稱師範專科學校畢業者，不包括幼

稚教育師資科畢業者。
§16 本條例第十三條所稱師範大學、師範學院、教育學院、大學或獨立學院各系所畢業，指擔任學科之本學系所或相關系所畢業，或其他系所畢業而曾修習規定之專門科目學分者。
§17 本條例施行前，合於大學、獨立學院及專科學校講師資格審查規定而仍繼續在職者，得依本條例第三十條規定報請審查其資格。
§18 本條例第十六條、第十六條之一、第十七條及第十八條所稱博士學位及碩士學位之同等學歷，由教育部視其入學程度、修業年限及學術造詣認定之。
§19 各級學校延聘教師，應以審查合格之等級或檢定之類科為準。 　　高級中等以下學校除法令另有規定外，初任教師應具有合格教師證明。 　　專科以上學校初任教師，應於到職三個月內，報請審查其資格，除有不可歸責於教師之事由外，屆期不送審者，聘約期滿後，不得再聘；送審未通過者，應即撤銷其聘任。
§20 教師擬於聘約期滿後，不再應聘時，應於聘約期滿<u>一個月前</u>以書面通知學校。如欲於聘約存續期間內辭職者，應經學校同意後，始得離職。
§21 本條例所稱學校職員，指各級學校編制內辦理學校行政工作及一般技術工作之專任人員。但教學、研究及稀少性科技人員不在其內。 　　前項稀少性科技人員遴用資格辦法，由教育部定之。
§22 本條例第二十一條第二項所稱原有關法令規定，指本條例七十四年五月三日公布生效前，經主管教育行政機關、學校核定或訂定之任用、升遷及組織規程等規定。
§23 本條例施行前已遴用之各類學校現任職員，具有下列資格之一

者，依法取得任用資格：

一、依考試法規所舉行之各類公務人員考試及格者。

二、依公務人員各種任用法規銓敘合格者。

三、登記合格領有銓敘部證書者。

　　未依前項規定取得任用資格之職員及稀少性科技人員，其成績考核準用公務人員考績法及其相關規定辦理。

§24 各級補習學校及特殊性質學校校長、教師之遴用資格及程序，準用本條例同級同類學校校長、教師之規定。

§25 高級中等以上學校軍訓教官及護理教師之遴選任用，依教育部及國防部有關法規辦理。

§26 各級海事學校研究或實習用船之海事人員，其遴選任用，由教育部會同有關機關定之。

§27 本細則自發布日施行。

【強迫入學條例】

民國 92 年 01 月 15 日修正

§1 本條例依國民教育法第二條第二項規定制定之。
§2 六歲至十五歲國民（以下稱適齡國民）之強迫入學，依本條例之規定。
§3 直轄市、縣（市）為辦理強迫入學事宜，設直轄市、縣（市）強迫入學委員會，由直轄市、縣（市）長、教育、民政、財政、主計、警政等單位主管、議會代表及鄉（鎮、市、區）長組織之；以直轄市、縣（市）長為主任委員，教育局局長為副主任委員。
§4 鄉（鎮、市、區）為辦理強迫入學事宜，設鄉（鎮、市、區）強迫入學委員會，由鄉（鎮、市、區）長、民政、財政、戶政、衛生等單位主管、地方民意代表及國民中、小學校長組織之；以鄉（鎮、市、區）長為主任委員。
§5 鄉（鎮、市、區）強迫入學委員會，負責宣導及督促本鄉（鎮、市、區）適齡國民入學。
§6 適齡國民之父母或監護人有督促子女或受監護人入學之義務，並配合學校實施家庭教育；收容或受託監護適齡國民之機構或個人，亦同。
§7 六歲應入國民小學之國民，由當地戶政機關於每年五月底前調查造冊，送經主管教育行政機關於六月十五日前依學區分發，並由鄉（鎮、市、區）公所於七月十五日前按學區通知入學。前項所定之調查造冊，必要時戶政機關得協調當地國民小學協助辦理。
§8 國民小學應於每年五月底前，造具當年度畢業生名冊，報請主管教育行政機關辦理分發，並於七月十五日前按學區通知入國民中學。
§9 凡應入學而未入學、已入學而中途輟學或長期缺課之適齡國民，

學校應報請鄉（鎮、市、區）<u>強迫入學委員會</u>派員作家庭訪問，勸告入學；其因家庭清寒或家庭變故而不能入學、已入學而中途輟學或長期缺課者，報請當地直轄市、縣（市）政府，依社會福利法規或以特別救助方式協助解決其困難。 　　前項適齡國民，除有第十二條、第十三條所定情形外，其父母或監護人經勸告後仍不送入學者，應由學校報請鄉（鎮、市、區）強迫入學委員會予以書面警告，並限期入學。 　　經警告並限期入學，仍不遵行者，由鄉（鎮、市、區）公所處<u>一百元以下罰鍰</u>，並限期入學；如未遵限入學，得繼續處罰至入學<u>為止</u>。
§10　（刪除）
§11　依本條例規定所處罰<u>鍰，逾期不繳者，移送法院</u>強制執行。
§12　適齡國民因殘障、疾病、發育不良、性格或行為異常，達到不能入學之程度，經公立醫療機構證明者，得核定暫緩入學。但健康恢復後仍應入學。 　　適齡國民經公立醫療機構鑑定證明，確屬重度智慧不足者，得免強迫入學。
§13　身心障礙之適齡國民，應經直轄市及縣（市）主管教育行政機關特殊教育學生鑑定及就學輔導委員會鑑定後，安置入學實施特殊教育。但經鑑定確有暫緩入學之必要者，得予核定暫緩入學，最長以<u>一年</u>為限，並應副知鄉（鎮、市、區）強迫入學委員會。 　　前項暫緩入學之核定基準、程序及其他相關事項之辦法，由直轄市、縣（市）主管教育行政機關定之。
§14　偏遠地區，因路途遙遠無法當日往返上學之學生，學校應提供<u>膳宿設備</u>。
§15　適齡國民隨同家庭遷移戶籍者，由遷入地戶政機關以副本通知當地強迫入學委員會執行強迫入學或轉學事宜。

§16 本條例施行細則由教育部定之。	
§17 本條例自公布日施行。	

194	4	據強迫入學條例規定，強迫入學委員會以直轄市、縣（市）長為主任委員，至於副主任委員由何人擔任？①鄉（鎮區）長②副縣（市）長③裏長④教育局長。
195	A	依據「強迫入學條例」之規定，所稱長期缺課，係指未經請假缺課達多久以上？（A）一星期以上（B）十日以上（C）十五日以上（D）一個月以上。
196	D	強迫入學條例規範的適齡國民是：（A）五到六歲 （B）六到十二歲 （C）五到十五歲 （D）六到十五歲。
197	A	身心障礙者未就學或中輟，其復學規定明文訂於下列何種法規中？（A)強迫入學條例 （B)特殊教育法 （C)憲法 （D)以上皆是。
198	2	依據強迫入學條例規定，凡應入學國民中學而未入學或已入學而中途輟學者，學校應報請哪一個單位派員作家庭訪問，勸告入學？（1）縣（市）強迫入學委員會 （2）鄉鎮市強迫入學委員會 （3）縣市政府 （4）社會福利機構。
199	B	國中學生未經請假，不明原因，連續幾日未到校上課，即應通報為中輟生？（A）二日 （B）三日 （C）四日 （D）五日。

【強迫入學條例施行細則】

民國 93 年 07 月 23 日修正

§1 本細則依強迫入學條例（以下簡稱本條例）第十六條規定訂定之。
§2 本條例第二條所稱六歲至十五歲國民（以下簡稱適齡國民）之強迫入學，其期間自國民滿六歲該年度九月一日開始至滿十五歲之該學年度結束為止。但已依相關法規完成國民中學課程者，不在此限。
§3 依本條例第三條規定所設直轄市、縣（市）強迫入學委員會應規劃便利學生就學、提高就學率、協助家庭清寒或家庭變故學生解決困難等強迫入學事宜。 依本條例第四條規定所設鄉（鎮、市、區）強迫入學委員會應辦理強迫入學法令之宣導，並執行強迫入學事宜。
§4 直轄市、縣（市）強迫入學委員會主任委員得就直轄市、縣（市）主管教育行政機關現職人員中聘兼執行秘書及幹事各一人，辦理日常事務。 鄉（鎮、市、區）強迫入學委員會主任委員得就鄉（鎮、市、區）公所現職人員中聘兼執行秘書一人，辦理日常事務。
§5 直轄市、縣（市）、鄉（鎮、市、區）強迫入學委員會，每年至少開會二次，由主任委員召集之。
§6 適齡國民之父母或監護人依本條例第六條規定，應辦理下列事項： 一、接到入學通知時，應於規定期限內，帶領子女或受監護人前往指定之學校入學。 二、隨時督促已入學之子女或受監護人正常上學，並參與學校親職教育，及密切聯繫配合學校實施生活、倫理與道德教育及

其他家庭教育事項。
§7 應入國民小學之適齡國民，漏列於戶政機關依本條例第七條第一項規定造具之入學名冊者，父母或監護人應申請戶政機關補列並送主管教育行政機關按學區分發。 　　　國民小學畢業應入國民中學之適齡國民，漏列於學校依本條例第八條規定造具之畢業生名冊者，父母或監護人應申請主管教育行政機關分發入學。
§8 本條例第九條第一項所稱長期缺課，指全學期累計達七日以上，未經請假而無故缺課者。
§9 適齡國民依本條例第十二條或第十三條規定經核定暫緩入學或因其他原因未能適時入學，於其原因消滅申請入學時，未滿十五歲者，得由學校以甄試方式編入或經直轄市及縣（市）主管教育行政機關特殊教育學生鑑定及就學輔導委員會鑑定安置於適當年級就讀。
§10 學校依本條例第十四條規定提供膳宿設備，得報請直轄市、縣（市）政府視實際需要興建學生宿舍，免費提供住宿。
§11 鄉（鎮、市、區）強迫入學委員會接獲戶政機關依本條例第十五條之通知後，應向該學區之學校查詢學生入學或轉學情形，發現未辦入學或轉學者，應依本條例之規定，執行強迫入學或轉學。
§12 本細則自發布日施行。

【執行強迫入學條例作業要點】

民國 87 年 9 月 2 日台 87 國字第 87098738 號令訂定
民國 94 年 8 月 8 日台國（一）字第 0940091818C 號令修正

一、教育部（以下簡稱本部）為落實強迫入學條例及其施行細則之相關規定，以保障學生之受教權，特訂定本要點。

二、目標

（一）提供落實國民中小學強迫入學作業之處理流程。

（二）具體規範國民中小學強迫入學工作之執行內容。

（三）充分掌握中途輟學學生動向，提高國民中小學就學率。

（四）定期評估強迫入學執行作業，有效提升強迫入學執行成果。

三、組織

　　為有效執行強迫入學作業，各相關單位應依強迫入學條例第三條、第四條與其施行細則第三條及第四條之規定成立下列組織執行之：

（一）直轄市、縣（市）強迫入學委員會：以直轄市、縣（市）長為主任委員，每年至少開會二次。

（二）鄉（鎮、市、區）強迫入學委員會：以鄉（鎮、市、區）長為主任委員，每年至少開會二次。

（三）其他：學校及相關行政單位各應依其法定職權範圍執行之。

四、對象

　　本要點規定執行強迫入學之對象，以下列各類學生為主：

（一）新生未報到者。

（二）轉出未轉入者。

（三）中途輟學或長期缺課者。

（四）其他原因失學者。

五、作業內容

（一）各有關執行強迫入學工作之單位，應依強迫入學條例及其施行細則之規定與個案情形，分別處理通報、轉介及追蹤輔導等工作。

（二）各有關執行強迫入學工作之單位，應依下列規定之工作項目按期實施：

1.組織並召開強迫入學委員會。

2.宣導強迫入學法令。

3.造具入學名冊。

4.通知及辦理入學。

5.未入學之適齡國民處置。

6.已入學而無故中輟或長期缺課之處置。

7.轉學學生之強迫入學。

8.經強迫入學而未復學之處置。

9.復學安置。

（三）各有關執行強迫入學工作之單位，於執行強迫入學過程中，應依式填報「適齡國民暫緩入學申請書」、「直轄市及縣（市）鄉（鎮、市、區）強迫入學委員會勸止書」、「直轄市及縣（市）鄉（鎮、市、區）強迫入學委員會書面警告書」及「直轄市及縣（市）鄉（鎮、市、區）公所行政罰鍰處分書」，並按期彙整成果表陳報各該主管機關備查。

六、經費

各直轄市、縣（市）政府及鄉（鎮、市、區）強迫入學委員會所需運作經費，由各直轄市、縣（市）主管教育行政機關編列

預算支應或由行政院撥補至地方政府之一般性補助款項下支
應；本部為協助各相關單位之順利執行，得視實際需要補助之。

七、獎勵

　　各直轄市、縣（市）政府及鄉（鎮、市、區）公所，對所
屬機關或個人，執行強迫入學工作成效卓著者，應優予敘獎，
以資鼓勵。本部亦得視實際需要，函請直轄市及縣（市）政府
遴報成效特優者給予獎勵。

八、各直轄市及縣（市）政府得視各地區特性，依本要點原則
　　訂定補充規定。

【國民中小學中途輟學學生通報及復學輔導辦法】

民國 91 年 12 月 09 日修正

§1 教育部為加強國民教育階段中途輟學學生（以下簡稱中輟生）之通報，輔導中輟生復學，並協助其順利完成國民教育，特依強迫入學條例及兒童及少年性交易防制條例第十一條第二項規定訂定本辦法。
§2 國民小學及國民中學發現學生有未經請假、不明原因未到校上課達三日以上者，或轉學生未向轉入學校報到者，列為中輟生，應立即填具通報單通報直轄市、縣（市）政府，並報請鄉（鎮、市、區）強迫入學委員會執行強迫入學事宜。 　前項未請假學生包括學期開學未到校註冊之學生。
§3 直轄市、縣（市）政府接獲學校通報之中輟生資料後，應於三日內彙報教育部。教育部應即將中途輟學而行蹤不明學生檔案資料函送內政部警政署。 　對於應入學而未入學、已入學而中途輟學或長期缺課之適齡國民因家庭清寒或家庭變故而不能入學者，學校應檢具該生及其家庭相關資料報請當地直轄市、縣（市）政府。直轄市、縣（市）政府接獲學校之通報，應立即指派社工人員調查，依社會福利法規予以特別救助，亦得請家庭教育中心提供親職教育之諮詢服務。
§4 內政部警政署接獲教育部函送之中途輟學而行蹤不明學生資料後，立即透過其資訊設施系統傳送各地警政單位，配合查尋。 　各地警政單位協尋查獲中途輟學而行蹤不明學生應即通知原就讀學校之主管教育及社政行政機關，會同學校及鄉（鎮、市、區）強迫入學委員會輔導學生復學。 　直轄市、縣（市）政府應指定聯絡人於非上班時間，即時受

理警政單位通知，執行協助尋獲學生之復學事宜。
§5 國民小學、國民中學對中輟生應依強迫入學條例第九條至第十五條之規定辦理，並積極輔導其復學；施予適當之課後照顧；經原就讀學校輔導復學者，學校應將學生資料報知該管主管教育及社政行政機關；行踪不明之中輟生復學後，報由教育部函轉內政部警政署注銷失踪列管。 　　前項中輟生追踪管制期限，至其年滿十六歲止。
§6 國民小學、國民中學應建立中輟生檔案，詳細記載中輟生資料，包括輟學日期、通報及輔導紀錄、復學日期、再度中輟情形、追踪輔導紀錄等。 　　國民小學、國民中學應於每學期結束後一個月內檢討輔導學生復學成效。
§7 國民小學、國民中學對中輟生復學後，應配合學校認輔制度之推動，優先列為認輔對象。
§8 直轄市、縣（市）政府對國民小學、國民中學經常輟學及輟學後長期未復學學生，得洽商民間機構、團體協助追踪輔導復學。
§9 直轄市、縣（市）政府對國民小學、國民中學中輟復學學生不適應一般學校常態教育課程者，應設慈輝班等多元型態仲介教育設施，提供適性教育課程，避免學生再度中輟。
§10 直轄市、縣（市）政府應定期辦理中輟生通報及復學輔導工作之督導考評。 　　學校及直轄市、縣（市）政府權責如下： 一、學校：確實通報，建立中輟生檔案，配合強迫入學委員會督導復學，安排教師認輔中輟復學學生。 二、直轄市、縣（市）政府：督導學校執行通報業務，結合民間團體追踪輔導長期（多次）中輟生，籌設多元仲介教育設施，規劃適性教育課程。

	前項督導考評結果，應列入考績中考評之。
§11	教育部應督導直轄市、縣（市）政府有關中輟生通報及輔導復學事項。
§12	對通報及復學輔導工作執行績效良好者，由相關主管機關予以獎勵。
§13	本辦法自發布日施行。

200	A	學生轉學時，若未向轉入學校報到達多少日以上，即須通報中輟系統？（A）三日（B）五日（C）一週（D）十天
201	1	學生未經請假手續連續達幾天以上，依「國民中小學中途輟學學生通報辦法」應辦理通報？①三天　②四天　③一週　④可由教師自行認定。
202	B	中央相關部會已成立「輔導中途輟學學生專案督導小組」，透過會議協調相互支援事宜，並建立中輟生通報系統，適時掌握學生輟學狀態，且教育部與內政部警政署合作，透過警網協尋行蹤不明學生，預計國中小學學生中輟，是貫徹以下哪項教育目標？（A）義務教育（B）零拒絕（C）強迫入學（D）犯罪防治。
203	2	依教育部規定國小學生未經請假且未到校多少日列為中輟生必須通報協尋？（1）2日　（2）3日　（3）4日（4）5日。
204	A	教育部自八十三年起成立「中途輟學學生學生通報系統」，針對下列哪一級學校的中輟生進行追蹤？（A）國小與國中（B）國小、國中與高中（C）國小、國中與高中高職（D）國小、國中、高中職與大學。
＊	4	列有關中輟生的敘述何者是正確的？　（1）學生未經請假、不明原因未到校上課達三日以上者即應列為中輟生　（2）中

		輟生追蹤管制期限,至其年滿16歲止 (3) 中輟生復學後,應優先列為認輔對象 (4) 以上皆是
205	BD	依據教育部日前公佈的中輟生調查發現: (A)中輟生人數逐年減少 (B)單親家庭中輟生人數逐年增加 (C)中輟生當中,國小學生所佔比例較國中學生為高 (D)東部地區輟學率偏高。(複選題)
206	A	下列有關中輟學生的輔導,何者最正確? A.學校教訓輔三方面要共同努力 B.處理中輟生的最好方式是讓他回到原班級 C.學生未到校五日,必須通報中輟 D.教師要想辦法收留逃家的中輟生
207	1	學童轉學,若未向轉入學校報到達多少日以上,即須通報中輟系統? (1) 三日;(2) 四日;(3) 五日;(4) 一週。

是非題:

208	✕	教育部近年來推動中輟學生協尋、追蹤與輔導不遺餘力,並與內政部、法務部、國防部等單位合作建立中輟學生協尋與復學輔導網絡。

解釋名詞:零拒絕(zero reject)

【高級中等以下學校及幼稚園教師資格檢定辦法】

民國 92 年 07 月 31 日公布
民國 94 年 10 月 03 日修正

§1	本辦法依師資培育法（以下簡稱本法）第十一條第二項及教師法第八條規定訂定之。
§2	高級中等以下學校及幼稚園教師資格檢定，以筆試（以下簡稱本考試）行之。每年以辦理一次為原則。
§3	中華民國國民修畢師資培育之大學規定之師資職前教育課程，取得修畢師資職前教育證明書者，得依證明書所載之類科別，報名參加本考試。
§4	本考試報名程序、報名費用、考試日期、考試地點、成績通知、複查成績等相關事項，應載明於報名簡章，由中央主管機關或中央主管機關依本法第十二條規定委託之學校或有關機關（構），於本考試舉行二個月前公告之。
§5	本考試類科及應試科目，依附表之規定，其有變更時，應由中央主管機關於本考試舉行六個月前公告之。
§6	應考人於報名時，應繳下列文件： 一、報名表。 二、最近三個月二吋正面脫帽半身彩色照片。 三、報名費。 四、國民身分證影本。 五、修畢師資職前教育證明書影本。 六、大學以上學位證書影本。
§7	考試前發現應考人有下列各款情事之一者，撤銷其應考資格。考試時發現者，予以扣考。考試後榜示前發現者，不予錄取。考試

及格後發現者，撤銷其考試及格資格，已發給教師證書者，撤銷其教師證書；其涉及刑事責任者，移送檢察機關辦理：

一、冒名頂替。

二、偽造或變造應考證件。

三、自始不具備應考資格。

四、以詐術或其他不正當方法，使考試發生不正確之結果。

§8 本考試各類科各應試科目以一百分為滿分，其符合下列各款規定者為及格：

一、應試科目總成績平均滿六十分。

二、應試科目不得有二科成績均未滿五十分。

三、應試科目不得有一科成績為零分。

缺考之科目，以零分計算。

考試結果經中央主管機關所設教師資格檢定委員會審查及格者，由中央主管機關發給教師證書。

§9 領有身心障礙手冊之應考者，考試時得依其需要調整施測方式。

§10 本辦法未規定事項，準用一般考試法規之規定。

§11 本辦法自中華民國九十二年八月一日施行。

【國民小學及國民中學學生成績評量準則】

民國 90 年 03 月 29 日公布

民國 93 年 12 月 31 日修正發布（原名稱：國民中小學學生成績評量準則）

民國 94 年 09 月 30 日修正草案

§1 本準則依國民教育法第十三條第一項規定訂定之。
§2 國民小學及國民中學（以下簡稱國民中小學）學生成績評量旨在瞭解學生學習情形，激發學生多元潛能，促進學生適性發展，肯定個別學習成就，並作為教師教學改進及學生學習輔導之依據。
§3 國民中小學學生成績評量應依學習領域及日常生活表現，分別評量之，其評量範圍如下： 一、學習領域評量：依能力指標、學生努力程度、進步情形，兼顧認知、技能、情意等層面，並重視各領域學習結果之分析。 二、日常生活表現評量：學生出席情形、獎懲、日常行為表現、團體活動表現、公共服務及校外特殊表現等。
§4 國民中小學學生成績評量應本適性化、多元化之原則，兼顧形成性評量、總結性評量，必要時得實施診斷性評量及安置性評量。
§5 國民中小學學生成績評量，分定期評量及平時評量二種；定期評量之次數，由直轄市、縣（市）主管教育行政機關定之。
§6 國民中小學學生成績評量，應視學生身心發展及個別差異，依各學習領域內容及活動性質，採取筆試、口試、表演、實作、作業、報告、資料蒐集整理、鑑賞、晤談、實踐等適當之多元評量方式，並得視實際需要，參酌學生自評、同儕互評辦理之。 　　對於身心障礙學生之成績評量方式，應衡酌其學習優勢管道彈性調整之。 　　前二項成績評量方式，由任課教師依教學計畫在學期初向學生及家長說明，並負責評量。

§7 國民中小學學生成績評量紀錄以<u>量化紀錄</u>為之；輔以文字描述時，應依評量內涵與結果予以說明，並提供具體建議。

　　第一項量化紀錄得以<u>百分制</u>分數計之，至學期末應將其分數依下列基準轉換為等第：

一、優等：九十分以上。

二、甲等：八十分以上未滿九十分。

三、乙等：七十分以上未滿八十分。

四、丙等：六十分以上未滿七十分。

五、丁等：未滿六十分。

§8 國民中小學學生成績評量紀錄，每學期至少應以書面通知家長及學生<u>一次</u>；其次數、方式、內容，由直轄市、縣（市）主管教育行政機關定之。

§9 國民中小學學生修業期滿，成績及格，由學校發給畢業證書。

§10 國民中小學學生成績評量結果及紀錄，應本保密及維護學生權益原則，非經學校、家長及學生本人同意，不得提供作為非教育之用。

§11 國民中小學學生各項成績評量相關表冊，由直轄市、縣（市）主管教育行政機關定之。

§12 本準則自中華民國九十年八月一日施行。

　　本準則修正條文自中華民國九十四年八月一日施行。

【國民小學及國民中學學生成績評量準則第三條、第七條、第十二條修正草案總說明】

公告日期：中華民國 94 年 09 月 30 日

公告文號：台國（二）字第 0940131007B 號

　　本（九十四）年六月二十八日「教育部人權教育委員會工作計畫成果檢討與前瞻未來研討會暨第十五次委員會議」建議本部修改相關法令，廢止對學生操行或相關之日常生活表現以分數或等第方式進行評量。

　　爰此，本部特邀集學者專家、學校教師及家長以及中央課程與教學輔導諮詢教師等代表，就九十四年八月一日正式施行之「國民小學及國民中學學生成績評量準則」進行研商討論，決議修正「國民小學及國民中學學生成績評量準則」第三條、第七條以及第十二條內容如下：

一、第三條所列之國民中小學學生日常生活表現評量範圍除原條文中所列之事項外，尚應包含有校內特殊行為表現，爰此增列之（修正條文第三條）。

二、依據本部人權教育委員會第 15 次委員會議建議，修改第七條原條文中有關成績評量以量化紀錄為之等規定，明訂國民中小學學生日常生活表現評量依第三條第二款所列項目，分項依行為事實紀錄之，並酌予提供具體建議，不作綜合性評價及轉化等第，學習領域之成績評量始以量化紀錄為之（修正條文第七條）。

三、本準則原條文九十四年八月一日施行，修正條文預計於九十五學年度（九十五年八月一日）施行（修正條文第十二條）。

第 3 條　國民中小學學生成績評量應依學習領域及日常生活表現，分別評量之，其評量範圍如下：

一、學習領域評量：依能力指標、學生努力程度、進步情形，兼顧認知、技能、情意等層面，並重視各領域學習結果之分析。

二、日常生活表現評量：學生出席情形、獎懲、日常行為表現、團體活動表現、公共服務及校內外特殊表現等。

第 7 條　國民中小學學生學習領域成績評量紀錄以量化紀錄為之；輔以文字描述時，應依評量內涵與結果予以說明，並提供具體建議。

前項量化紀錄得以百分制分數計之，至學期末應將其分數依下列基準轉換為等第：

一、優等：九十分以上。

二、甲等：八十分以上未滿九十分。

三、乙等：七十分以上未滿八十分。

四、丙等：六十分以上未滿七十分。

五、丁等：未滿六十分。

日常生活表現評量就第三條第二款所列項目，分項依行為事實紀錄之，並酌予提供具體建議，不作綜合性評價及轉化等第。

第 12 條　本準則自中華民國九十四年八月一日施行。

本準則修正條文自中華民國九十五年八月一日施行。

209	D	依據國民小學及國民中學學生成績評量準則，下述任課教師對於學生的成績評量責任，何者為是？（1）依據教學計畫訂定評量方式（2）在學期初向學生及家長說明評量方式（3）實施評量的時間分為定期評量及平時評量二種（4）評量記錄每學期至少以書面通知家長及學生一次（A）123（B）134（C）234（D）1234
210	C	成就測驗依其目的不同而有不同的類型，如果測驗的目的是為了提供教師或學生學習進步之回饋，屬於下列哪一類型的測驗？（A）總結性測驗（B）安置型測驗（C）形成性測驗（D）診斷性測驗。
211	A	根據教育部所公布「國民中小學學生成績評量準則」的規範，學校教育人員每學期末應將學生的成績轉換為哪幾個等第？（A）優、甲、乙、丙、丁五等（B）優、甲、乙、丙四等（C）甲、乙、丙、丁、戊五等（D）甲、乙、丙、丁四等。
212	A	依據「國民中小學學生成績評量準則」規定，國民中小學學生成績評量記錄，每學期至少應以書面通知家長及學生幾次？（A）一次（B）二次（C）三次（D）四次。
213	D	根據教育部所公布「國民中小學學生成績評量準則」的規範，下列哪一項叙述錯誤？（A）應兼顧形成性評量及總結性評量（B）應依據學習領域及日常生活表現等內涵分別評量（C）必要時應實施診斷性評量與安置性評量（D）成績評量記錄以量化記錄為主。
214	4	民國90年3月29日發布之國民中小學學生成績評量準則下列何者不是學習領域評量之依據？（1）學生努力程度（2）進步情形（3）能力指標（4）公共服務。

215	D	關於成績考察的原則，下列何者為非？（A）考查後應據以改進教學 （B）定期與不定期考查并用 （C）考查方式要多樣化 （D）鼓勵學生彼此比較，互相競爭才會進步。
216	①	檔案評量的最核心功能是　①瞭解學習成長歷程的變化②向家長展現學習成果③驗證教學成效④評定學習者的成績等第。
217	④	依據教育部民國90年頒布之「國民中小學學生成績評量準則」，學生成績評量結果及記錄非經何者同意，不得提供作為非教育之用？　①學校②家長③學生本人④學校、家長及學生本人。
218	4	教育部已於民國九十年三月訂定「國民中小學學生成績評量準則」。下列哪一項敘述錯誤？（1）訂於民國九十年八月一日起實施 （2）評量範圍包括學習領域及日常生活表現 （3）成績評量應本適性化、多元化之原則 （4）成績評量記錄應以文字描述為主
219	1	成績考查若真要測出學生在教育目標各層面或層次的學習情形,則所用的考查方式必須要（1.多樣化 2.單純化 3.自由化 4.自主化）。

填充題：

220	學習領域、日常生活表現	根據「國民中小學學生成績評量準則」規定，國小學生的成績評量的兩項範圍是：【　】、【　】。

簡答題：

教育部訂定的「國民中小學成績評量準則」指出評量的目的何在？

【托兒所設置辦法】已廢止

民國 70 年 08 月 15 日修正

民國 72 年 05 月 24 日廢止

§1 本辦法依兒童福利法第十一條及第十五條第一款之規定訂定之。

§2 托兒所之設置分左列三種。

一、政府設立。

二、機關、學校、團體、工廠、公司附設。

三、私人創設。

§3 托兒所收托兒童之年齡，以初生滿一月至未滿六歲者為限，滿一月至未滿二歲者為托嬰部，滿二歲至未滿六歲者為托兒部。

§4 托兒所之收托方式分左列三種。

一、半日托：每日收托時間在三至六小時者。

二、日托：每日收時間在七至十二小時者。

三、全托：收托時間連續在二十四小時以上者。

　　收托四歲以上，六歲以下兒童者，除家長因特殊情形無法照顧外，不得全托。

§5 設置托兒所應注意維護兒童安全與健康，須有固定所址及良好環境，其房舍以地面層及二樓為原則，並具備下列設備。

一、遊戲室。

二、活動室。

三、保健室。

四、寢室。

五、辦公室。

六、接待室。

七、廚房。

八、廁所。

九、浴室。

十、露天遊戲場。

十一、升旗台。

十二、教學用具。

十三、康樂用具。

十四、消防設備。

十五、基金或經常費。

前項各款設備及每一嬰幼兒應占室內外活動之面積，由省（市）主管機關參酌當地實際情形訂定之。

依第二條各款設置之季節性、流動性或固定性農村村裏托兒所應具備之條件，由省（市）主管機關視環境需要訂定之，不受前項之限制。

§6 托兒所專辦或兼辦托嬰業務者，其應增加之設備如下：

一、調奶台：長一五○公分，寬六○公分，離地面八五公分。

二、護理台：長二○○公分，寬六三公分，離地面高一○○公分。

三、沐浴台：長二○○公分，寬六三公分，離地面高一○○公分。

§7 設置托兒所須備具申請書及必要表件向當地主管機關申請立案。該主管機關應會同當地衛生主管機關實地勘察後核定之，並按季報內政部備查。

前項書表由省（市）政府依地方實際需要分別訂定之。

§8 托兒所置所長一人，負責所務，所長之下得分設教保、衛生、社會工作及總務等部門，其負責人分別由教師、護士、社會工作員及保育員擔任之。

托嬰部應增置特約醫師及專任護理人員。

§9 托兒所所長應以具有下列資格之一者任之。

一、專科以上學校兒童福利系科或相關系科畢業並具有一年以上幼兒教保工作經驗者。

二、師範或家事職業學校幼教科或相關系科畢業並具有二年以
　　上幼兒教保工作經驗者。

三、高中或高職以上畢業，曾受保育人員專業訓練六個月以上，
　　並具有三年以上幼兒教保工作經驗者。

　　專辦托嬰部之托兒所所長以領有醫師、護理師、護士或助產
士之證明者為合格。其為高中或高職畢業者，以曾受育嬰專業訓
練，並從事托嬰工作一年以上為限。

§10 托兒所教師應以具有下列資格之一者任之。

一、專科以上學校兒童福利系科或相關系科畢業修畢兒童福利
　　及幼兒教育有關課程二十個學分以上者。

二、師範或高級家事職業學校幼教科或相關系科畢業並具有一
　　年以上教保經驗者。

三、高級中學或高級職業學校畢業，曾修習幼兒教育二十個學分
　　以上或曾參加保育人員專業訓練六個月以上，並具有二年以
　　上教保經驗者。

四、幼稚園教師登記或檢定合格者。

五、國民小學級任教師登記或檢定合格者。

§11 托兒所社會工作員應以具有下列資格之一者任之。

一、專科以上學校社會工作系或相關系科畢業者。

二、大專及高級中學或高級職業學校畢業，曾修習社會工作十二
　　個學分或曾參加社會工作專業訓練者。

三、高級中學或高級職業學校畢業，曾從事社會福利及社會服務
　　工作三年以上者。

§12 托兒所保育員應以具有下列資格之一者任之。

一、護理、助產學校畢業者。

二、高職幼兒保育相關科畢業者。

三、高中以上學校畢業並曾接受三個月以上保育工作訓練者。

§13 托兒所教師、保育員及護理人員應依下列標準設置之。

　　一、滿一月至未滿一歲之嬰兒，每十名需置護理人員一名，超過十名者，可增置保育員。

　　二、滿一歲至未滿二歲之嬰兒每十名至十五名，需置護理人員一名，超過十五名嬰兒以上者，可增置保育員。

　　三、滿二歲至未滿四歲之幼兒，每十三名至十五名需置保育員一名。

　　四、滿四歲至未滿六歲之幼兒每十六名至二十名，需置教師一名。社會工作員得視需要設置之。

§14 托兒所工作人員，應身心健康，並未患有傳染疾病；其教師、保育員、護理人員以女性為宜。

§15 托兒所之教保及衛生保健應依托兒所教保手冊（附件一）之規定辦理。

　　托兒所之設施應依托兒所設施規範（附件二）之規定辦理。

§16 托兒所得於收托辦法中規定收取必要費用，其收費標準應由當地主管機關視實際需要訂定之。

§17 托兒所在收托兒童名額中，至少應有百分之十為減免費名額，凡家境清寒之兒童得申請減免費優待，其實施情形應按期列冊報請當地主管機關核備。

§18 托兒所得接受外界之補助，其補助限用於減低兒童納費及增加設備，並於年終造冊報請當地主管機關備查。

§19 托兒所遷移或停辦，應先申敘遷移或停辦之緣由、日期或停辦後財產處理之辦法，報請當地主管機關核准後辦理之。

§20 設置托兒所應向當地主管機關辦妥立案手續後始得收托兒童，其逾半年不為立案之申請者，應勒令停辦。

§21 托兒所有左列情形之一者，當地主管機關應令其改進，其不加改

進或違 24 反法令者，得勒令暫停收托，情節重大者並得撤銷立案。 一、不按規定填具各項工作、業務報表送當地主管機關核備者。 二、遷移未依規定辦理者。 三、辦理不善，妨害兒童身心健康者。 四、強迫兒童信教或有其他不正當之行為者。	
§22 辦理托兒所成績優良及資深績優人員，當地主管機關應予以現金、實物或其他榮譽之獎助，其成績特優者應報請省（市）政府予以獎助。 　　直轄市或縣（市）政府對特優托兒所所長及特優工作人員，得補助其費用，組團出國考察。	
§23 違反本辦法規定者，依行政執行法執行之。	
§24 本辦法自發布日施行。	

　　國內各縣市托兒所申請立案時，是依據民國 70 年內政部修訂的「托兒所設置辦法」法令，但民國 82 年兒童福利法第一次修訂公布後，授權由直轄市或縣市政府自訂，而不再依「托兒所設置辦法」。

　　因此直轄市或各縣市政府分別陸續訂定托兒機構設置標準及設立辦法等相關法規，例如台北市在民國 90 年頒定「台北市兒童福利機構設置標準設置標準與設立自治條例」。此舉雖可因地制宜，但也因此發生一國多制之現象。本書僅介紹台北市兒童福利機構設置標準設置標準與設立自治條例，該條例所稱兒童福利機構，包含：

一、兒童福利機構

1．兒童安置機構（指提供兒童長期或短期居住、教養及生活照顧之機構，包括育幼院、緊急庇護所、中途之家、教養

　　院、重建院及其他安置處所）

2・兒童輔導機構（指兒童心理及家庭諮詢中心、家庭扶助中
　　心、發展遲緩兒童早期療育中心及兒童福利服務中心等機
　　構）

3・托兒機構（托嬰中心、托兒所、兒童托育中心）

4・婦嬰安置機構（指以安置、服務因懷孕或分娩而遭遇困境
　　之婦女及其嬰兒之機構）

　　　以及其他兒童福利機構。然因兒童安置機構、兒童輔導機
構、婦嬰安置機構不屬托兒所業務，故僅介紹托兒機構部份。

二、托兒機構

1・所謂托兒機構，指下列三種收托十二歲以下兒童之機構：

　　（1）托嬰中心：收托出生滿二個月至未滿二歲之兒童。

　　（2）托兒所：收托滿二歲至入國民小學前之兒童。

　　（3）兒童托育中心：收托國民小學學齡兒童。

2・托兒機構應提供下列服務：

　　（1）良好生活習慣的養成。

　　（2）兒童健康管理。

　　（3）親子關係及支持家庭功能之服務。

　　（4）社會資源及轉介服務。

　　（5）托兒所及兒童托育中心並應提供單元活動或課業輔
　　　　導。

3・托兒機構收托方式分下列四種：

　　（1）半日托：每日收托時間在三至六小時者。

　　（2）日間托：每日收托時間在七至十二小時者。

　　（3）全日托：收托時間連續二十四小時以上者。

　　（4）臨時托：因家長有暫時性需要而收托者，每次不得超

過十二小時。

（5）托兒機構收托一歲以上之兒童，除家長因特殊情形短期無法照顧，經報請主管機關核備者外，不得為全日托。

4‧托兒機構其樓層依下列規定：

（1）托嬰中心及托兒所：以地面層一樓及二樓層為限。如需使用至第三樓層，則該樓層不得供兒童使用。

（2）兒童托育中心：以地面層一樓至四樓層為限。

5‧托兒機構應符合下列規定：

（1）室內活動淨面積：每人不得少於一‧五平方公尺。

（2）室外活動面積：每人不得少於一‧五平方公尺，無室外活動面積時，得以室內活動淨面積替代。但每人應占室內活動淨面積不得少於二平方公尺，合計不得少於三‧五平方公尺。

（3）前項機構之土地及建築改良物如為租賃（借用）者，至少應訂定三年以上租賃（借用）契約，並經法院公證。

6‧托兒機構應具備下列設施（設備）：

（1）教保活動室、遊戲空間、寢室及寢具設備、保健室或保健箱、辦公區或辦公室、廚房、盥洗衛生設備、其他法令規定之必需設備。

（2）兒童廁所設備每二十名兒童設置二套，未滿二十名以二十名計，每增加十五名兒童增設一套；其規格應合於兒童使用。

（3）托嬰中心除上述設備外，並應增設調奶台、護理台及沐浴台或沐浴設備：

①調奶台：長一百二十公分至一百五十公分，寬五十公

分至六十公分，離地面高五十公分至八十五公分。

②　護理台：長一百五十公分至二百公分，寬五十公分至六十公分，離地面高五十公分至八十五公分。

③　沐浴台或沐浴設備：長一百五十公分至二百公分，寬五十公分至六十公分，離地面高五十公分至八十五公分。

7‧托兒機構應置下列專任人員：

（1）所長（托嬰中心、兒童托育中心為主任）

（2）保育人員。

（3）助理保育人員及行政人員得視需要設置之。

（4）托嬰中心應置專任護理人員及特約醫師。

（5）收托滿一百人之托兒所及兒童托育中心應置專任護理人員及社會工作人員；未滿一百人者得以特約或兼任方式辦理。

8‧托兒機構專業人員應依下列規定設置之：

（1）收托滿二個月至未滿二歲之兒童，每五名應置護理人員或保育人員或助理保育人員一名，未滿五人者以五名計。

（2）收托滿二歲至未滿四歲之兒童，每十名應置保育人員或助理保育人員一名，未滿十名者以十名計。

（3）收托滿四歲至未滿六歲之兒童，每十五名應置保育人員或助理保育人員一名，未滿十五名者以十五名計。

（4）收托國小學童每二十名應置保育人員或助理保育人員一名，未滿二十名者以二十名計。

（5）托兒機構助理保育人員名額不得超過保育人員。

9‧凡收容（托）五人以上之私立兒童福利機構，應向主管機關申請立案，許可後始得收容（托）兒童；並於許可立案

之日起六個月內辦理收容（托）兒童及財團法人登記，其由財團法人附設者，得免再辦財團法人登記。但辦理兒童福利法第二十二條所列之私立兒童福利機構，而不對外接受捐助者，得不辦理財團法人登記。

10．兒童福利機構之設立，應由負責人擬具申請書，並備齊下列文件一式二份向主管機關立案，主管機關應通知消防、建管、衛生等相關單位會同審理之：

（1）申請書。

（2）服務概況表及業務計畫。

（3）財產清冊。

（4）機構工作人員名冊。

（5）年度預算表。

（6）機構收退費標準及管理辦法。

（7）機構平面圖。

（8）建築物使用執照及使用權利證明文件影本。

（9）其他相關必要文件。

（10）申請設立財團法人私立兒童福利機構時，除前項所列文件，另應備下列文件一式四份：

① 捐助章程或遺囑影本。

② 籌備會會議紀錄。

③ 董事會會議紀錄。

④ 捐助人名冊及捐助承諾書。

⑤ 董事名冊。

⑥ 董事就任同意書。

⑦ 董事身分證影本或戶籍謄本。

⑧ 法人及董事之印鑑。

⑨ 財團法人附設私立兒童福利機構申請設立許可時，除

　　　第一款及⑩第五款至第八款文件外，另應備妥下列文
　　　件一式四份：
　　　（a）法人登記證書影本。
　　　（b）法人主管機關核准附設機構函影本。
　　　（c）人董事會會議紀錄（同意附設機構之紀錄）。
11．兒童福利機構之名稱應標明其業務性質並依下列原則命
　　　名：
　（1）臺北市政府設立者，冠以「臺北市立」名稱。
　（2）私人設立者，冠以「臺北市私立」名稱。
　（3）機關、學校、團體、公司行號設立者，應冠以『○○
　　　　機關、學校、團體、公司附設』名稱。
　（4）托兒機構應依其主要收托對象分別標示「托嬰中心」、
　　　　「托兒所」及「兒童托育中心」。
　（5）同一性質之兒童福利機構，除負責人相同外，不得使
　　　　用相同名稱。
12．有下列情形之一者，不得擔任兒童福利機構之負責人或
　　　工作人員：
　（1）因犯罪經判處有期徒刑以上之刑確定，尚未執行或執
　　　　行未完畢者。
　（2）受保安處分或感訓處分之裁判確定，尚未執行或執行
　　　　未完畢者。
　（3）受破產之宣告，尚未復權者。
　（4）受禁治產之宣告，尚未撤銷者。
　（5）曾任公務人員受撤職或休職處分，其停止任用或休職
　　　　期間尚未屆滿者。
　（6）因利用或對兒童犯罪，經判處有期徒刑以上之刑確定者。
　（7）無行為能力或限制行為能力者。

（8）違反兒童福利法受主管機關行政處分確定，尚未執行完畢者。

１３．兒童福利機構有下列情形之一者，主管機關應令其限期改善，未依限改善，主管機關得令其停辦。

（1）違反兒童福利法第二十五條第三項規定者。

（2）虐待或妨害兒童身心健康者。

（3）違反法令或捐助章程者。

（4）業務經營方針與設立目的不符者。

（5）財務收支未取具合法之憑證、捐款未公開徵信或會計紀錄未完備者。

（6）妨礙主管機關輔導、檢查、稽核者。

（7）不按規定或虛填各項工作業務報告者。

（8）遷移、停業、歇業或停辦未依規定辦理者。

（9）供給不衛生之餐飲、經衛生機關查明屬實者。

（10）提供不安全之設施（設備），經查明屬實者。

（11）發現兒童被虐事實未依規定報告有關單位者。

（12）兒童專用車未依規定辦理或違規乘載者。

（13）未依申請立案規定面積使用者。

（14）其他違反本自治條例之規定者。

（15）其他有重大違規事由，足以影響兒童福利安全者。

| 221 | ① | 有關幼兒學習環境的敘述下列何者有誤？①娃娃家與圖書角相鄰 ②一間教室有兩個出口 ③積木區放置軟墊、地毯 ④鞦韆的遊具不應該放超過兩個鞦韆座。 |
| 222 | 4 | 托育機構之溝通方法為：（1）設置意見權 （2）建立會簽制度 （3）舉行會心小團體 （4）以上皆可。 |

【幼稚教育法】

民國 70 年 11 月 6 日公布

民國 92 年 6 月 25 日修正

§1 （教育宗旨）幼稚教育以促進兒童身心健全發展為宗旨。
§2 （幼稚教育）本法所稱幼稚教育，係指四歲至入國民小學前之兒童，在幼稚園所受之教育。
§3 （教育目標） 　　幼稚教育之實施，應以健康教育、生活教育及倫理教育為主，並與家庭教育密切配合，達成下列目標： 一、維護兒童身心健康。 二、養成兒童良好習慣。 三、充實兒童生活經驗。 四、增進兒童倫理觀念。 五、培養兒童合群習性。 　　幼稚教育之課程標準，由教育部定之。
§4 幼稚園由直轄市、縣（市）政府設立或由師資培育機構及公立國民小學附設者為公立；其餘為私立。
§5 （設立標準）幼稚園之設立應符合下列標準： 一、園址適當且確保安全。 二、園長及教師符合規定資格。 三、私立者應寬籌基金，其資產及經費來源，足供設園及發展之需要。 四、園舍、面積、保健、衛生、遊戲、工作、教學等設備符合幼稚園設備標準；其標準由教育部定之。
§6 公立幼稚園由師資培育機構附設者，應報請所在地主管教育行政機關備查。

私立幼稚園應由設立機關、團體或創辦人擬具設園計劃載明下列事項，報請所在地主管教育行政機關核准後籌設之：

一、擬設幼稚園之名稱。

二、擬設幼稚園之園址、面積、園舍圖。

三、擬設立班級。

四、經費來源。

五、擬設幼稚園所需經費概算。

六、創辦人姓名、住址及履歷；經捐資人推薦者其證明文件。

私立幼稚園籌設完竣，應報請所在地主管教育行政機關立案，經核准後始得開辦招生。

私立幼稚園如不對外募捐經費，且未超過五班者，得不設董事會或辦理財團法人登記。但均應指定負責人，並報請所在地主管教育行政機關核備。

設董事會者，其章程由創辦人報請主管教育行政機關核備。

§6-1 私立幼稚園依前條第三項之規定籌設完竣後，由設立機關、團體或創辦人檢具下列文件，向所在地主管教育行政機關申請立案：

一、園則：包括兒童之人數、班級數、兒童入園出園之手續及免費名額等。

二、設園園址、園舍所有權證明或租用或借用三年以上經公證之契約。

三、園舍平面圖及設備一覽表。

四、財產目錄。

五、基金存款證明文件；其屬財團法人者，以法人名義專戶儲存；非屬財團法人者，應以負責人，並列幼稚園名義專戶儲存。

六、園長及教職員名冊。

§6-2 私立幼稚園依第六條第四項之規定設董事會者，其董事會應依下列各款辦理：

一、董事名額五人至十一人，並互推一人為董事長。

二、第一任董事，除由創辦人擔任外，其餘由創辦人遴選適當人員充任，並召開董事會成立會議，推選董事長。

三、董事會成立後三十日內，應檢同左列文件報請主管教育行政機關核備：

（一）董事會組織章程。

（二）董事名冊。

（三）董事受聘同意書。

（四）董事會成立會議紀錄。

四、董事會之職權如左：

（一）董事會組織章程之制訂及修訂。

（二）董事之選聘及解聘。

（三）園長之選聘及解聘。

（四）園務發展計畫及報告之審核。

（五）基金之保管及運用。

（六）經費之籌措。

（七）預算、決算之審核。

（八）財務之監督。

五、董事會每學期應開常會一次，必要時，得召集臨時會，董事會由董事長召集，並為主席。

§6-3 私立幼稚園園址遷移，應先由董事會或負責人開具下列文件、資料，報請主管教育行政機關核准後辦理：

一、擬遷往之園址、面積及園舍平面圖。

二、園舍及設備一覽表。

三、園址及園舍所有權證明或租用或借用三年以上經公證之契約。

§7（董事負責人消極資格）

有下列情形之一者，不得充任幼稚園之董事或負責人：

一、曾犯內亂、外患罪，經判決確定或通緝有案尚未結案者。

二、曾服公務因貪污瀆職，經判決確定或通緝有案尚未結案者。

三、曾受有期徒刑一年以上刑之宣告，服刑期滿尚未逾三年者。

四、褫奪公權尚未復權者。

五、曾任公務人員受撤職或休職處分，其停止任用或休職期間尚未屆滿者。

六、受破產宣告尚未復權者。

七、無行為能力或限制行為能力者。

§8 幼稚園教學每班兒童不得超過<u>三十人</u>。

幼稚園兒童得按年齡分班，每班置教師二人，其中一人為導師。其導師費之發給，由教育部會商各地方主管教育行政機關另定之，不受第十三條第一項相關規定之限制。

幼稚園行政組織及職員編制，由各該主管教育行政機關定之。

§9 （組織）幼稚園置園長一人，綜理園務，專任，得擔任本園教學。但學校、機關、團體附設之幼稚園園長，得由各該單位遴選合格人員兼任。

§10 （園長）直轄市、縣 （市） 政府設立之幼稚園，其園長由各該政府派任。

師資培育機構附設之幼稚園，其園長由該機構遴選合格人員聘任，並報請所在地主管教育行政機關備查。

公立國民小學附設之幼稚園，其園長由校長遴選合格人員報請該管主管教育行政機關派任。

私立幼稚園，其園長由董事會遴選合格人員聘任；未設董事會者，由設立機構、團體或創辦人遴選合格人員聘任，並均報請所在地主管教育行政機關核備。

§11 直轄市、縣（市）政府設立之幼稚園，其教師由各該政府派任。

師資培育機構附設之幼稚園，其教師由校長遴選合格人員聘任。

公立國民小學附設之幼稚園，其教師由該主管教育行政機關遴選合格人員派任。

私立幼稚園，其教師由園長遴選合格人員聘任，並報請所在地主管教育行政機關核備。

§12 （園長教師資格）

幼稚園園長、教師以由幼稚師資培育機構畢業者擔任為原則。但合於下列規定之一者，亦得擔任：

一、專科以上學校有關系、科畢業者。

二、高級中等以上學校畢業，曾修習規定之教育學科及學分者。

三、本法施行前，已依規定取得幼稚園園長、教師資格者。

幼稚園園長、教師之登記、檢定及遴用辦法，由教育部定之。

§13 公立幼稚園園長、教師、職員之待遇、退休、撫恤、保險及福利等，比照公立國民小學教師、職員之規定辦理。

公立幼稚園園長、教職員之成績考核，比照公立國民小學校長、教職員之規定辦理。

私立幼稚園園長、教師、職員之待遇、退休、撫恤及福利等，由各私立幼稚園參照有關法令訂定章則，籌措專款辦理，並報請所在地主管教育行政機關備查。

私立幼稚園辦妥財團法人登記者，其園長、教師、職員之保險，準用私立學校教職員保險條例之規定辦理。

§14 （獎勵）私立幼稚園辦理成績卓著者，由主管教育行政機關予以獎勵；其辦法由教育部定之。

§15 （免稅）私人或團體對公立幼稚園或辦妥財團法人登記之私立幼稚園之捐贈，除依法予以獎勵外，並得依所得稅法，遺產及

贈與稅法之規定免稅。
§16（免進口稅）公立幼稚園或辦妥財團法人登記之私立幼稚園，進口專供教學使用之圖書及用品，經所在地主管教育行政機關證明，得依關稅法之規定，申請免稅進口。
§17（收費）公私立幼稚園收費項目、用途及數額，須經所在地主管教育行政機關核定。
§17-1 幼稚園應辦理兒童平安保險；其範圍、金額、繳費方式、期程、給付標準、權利與義務、辦理方式及其他相關事項之規定，由各該主管教育行政機關定之。
§18（交通安全措施）幼稚園兒童上、下學應實施導護，確保交通安全；其由幼稚園備車接送者，車輛應經交通監理單位檢定合格，嚴格限定乘車人數，並派員隨車照護。
§19（處分（一）） 　　私立幼稚園辦理不善或違反法令者，所在地主管教育行政機關應視其情節，分別為下列之處分： 一、糾正。 二、限期整頓改善。 三、減少招生人數。 四、停止招生。
§20（處分（二）） 　　私立幼稚園有前條規定之情事，其情節重大或經依前條規定處分後仍不改善者，得撤銷其立案並命<u>停辦</u>或依法<u>解散</u>之。
§20-1 私立幼稚園之停辦，應依下列規定辦理： 一、依前條規定勒令停辦者，由主管教育行政機關派員監督其董事會或負責人清理結束事務。 二、私立幼稚園自請停辦者，應由董事會或負責人申敘停辦理由，報請主管教育行政機關核准後辦理。

§21 幼稚園負責人、園長、教師或職員有下列情形之一者，主管教育行政機關視其情節，予以申誡或記過處分；其情節重大者，得解除其職務；如觸犯刑法應移送法院依法處理：

一、虐待兒童摧殘其身心健康者。

二、供應兒童有礙身心之讀物（包括電影、照片或其他視聽資料及器材）者。

三、供給不衛生之飲料或食物，經衛生機關查明有案者。

四、供應不安全之遊戲器材，經視導人員查明屬實者。

五、不按課程標準實施教學，致嚴重影響兒童身心者。

六、不遵守第十八條規定者。

七、違反第六條第二項規定者。

　幼稚園園長、教師或職員因有前項情事之一而受處分者，其負責人處一千元以上、一萬元以下罰鍰。

§22 （處罰（二））私立幼稚園未經核准立案，擅自招生，或受停止招生、停辦或解散之處分而仍招生者，由主管教育行政機關報請當地政府取締。其負責人處一萬元以上、五萬元以下罰鍰。

§22-1 第二十一條第二項及前條規定之罰鍰，在直轄市由該管教育行政機關報請市政府；在縣（市）由縣（市）政府處罰，並限期繳納。

§23 （強制執行）依第二十一條及第二十二條所處之罰鍰，逾期不繳者，移送法院強制執行。

§23-1 私立學校法第十五條至第十八條、第二十三條至第二十五條、第二十八條至第三十條、第三十二條至第三十四條、第六十二條、第六十四條、第六十七條第二項及第三項之規定，於私立幼稚園準用之。

§24 （施行細則）本法施行細則，由教育部定之。

§25 （施行日）本法自公布日施行。

223	4	當前適用的幼稚教育法是（民國）哪一年修正公布的？①70年②76年③86年④92年
224	C	目前適用的幼稚教育法是在民國那一年修訂的？（A）90年（B）91年（C）92年（D）93年。
225	4	當前適用的幼稚教育法是（民國）哪一年修正公布的？（1）70年（2）76年（3）86年（4）92年
226	1	規範幼稚園以促進兒童身心健全發展為宗旨的是下列何法規？①幼稚教育法②憲法③兒童及少年福利法④教育基本法。
227	2	美國幼教協會（NAEYC）於1999年歸納出高品質幼教機構的判斷標準，下列何者未在此標準內？①幼教人員定期開會、討論並評論本身的教保品質②因應多元文化教育，幼兒應及早學習第二外國語③歡迎父母參與，包括觀察、討論和建議④幼兒園中的孩子很享受學習和遊戲的樂趣。
228	3	依幼稚教育法（92年6月25日修正）第二條規定，本法所稱之幼稚教育是指①三歲到入國民小學前之兒童②零到六歲之兒童③四歲到入國民小學前之兒童④二歲到未滿六歲之兒童。
229	1	公私立幼稚園收費項目用途及數額需經誰核定？①主管教育行政機關②園長③教育部④董事會。
230	1	私立幼稚園董事會每學期應開常會①一次②二次③三次④四次。
231	3	私立幼稚園之分班原則係按①學區②性別③年齡④成績分班。
232	2	幼稚園除依法設園長外，每班應設置導師①1人②2人③3人④4人。
233	B	我國早期療育服務對像是指：（A）零至三歲（B）零至

		六歲 （C） 三至六歲 （D） 四至六歲 之發展遲緩兒童。
234	B	學前特殊教育主要負責單位在縣政府為：(A) 社會局 （B）教育局 （C）衛生局 （D）建設局。
235	2	依據幼稚教育法第三條規定，下列何者不是其主要目標？①充實兒童生活經驗②培養兒童天賦才能③增進兒童倫理觀念④培養兒童合群習性。
236	4	下列何者是私立幼稚園所董事會的職權①遴聘教師②遴選園所建築師③決定課程④遴聘園長。
237	4	縣（市）政府設立之幼稚園，其教師由誰遴聘派任？ ①園長②校長③教評會④縣（市）政府。
238	1	師資培育學校附設之幼稚園其教師由誰遴聘？①校長②縣（市）政府③教評會④主管教育行政機關。
239	4	依據幼稚教育法第十四條規定，幼稚園辦理成績卓著，由教育行政機關予以獎勵，其辦法由誰定之？①教育局②學校③縣（市）政府④教育部。
240	B	在行政院衛生署公告列為流行警訊期間，若一週內一個幼稚園班級有幾位元幼兒感染腸病毒就必須停課？(A)一位(B)兩位（C）三位（D）四位。
241	2	一個幼稚園班級有幾位元幼兒感染腸病毒就必須停課？①一位②二位③三位④四位。
242	2	針對幼稚園在一個班級中有幾個幼兒感染腸病毒即需停課？（1）一人 （2）二人 （3）三人 （4）五人。
243	C	從 90 年度起，全國每一縣市每一年評鑑公私立幼稚園以 50 園為原則，並以多少年為一循環，將公私立幼稚園全數列入評鑑？（A）1至3年 （B）2至4年（C）3至5年（D）4至6年。
244	3	從 90 年度起，以全國公私立幼稚園為對象，每一縣市每年

		評鑑園數以 50 園為原則，並以多少年為一循環，全數列入評鑑，逐年評鑑各縣市幼稚園？①1 到 3 年②2 到 4 年③3 到 5 年④4 到 6 年。
245	D	關於幼稚園評鑑要求幼稚園擬定的發展計畫，下列敘述何者正確？（A）只可以訂立短期（二到三年）計畫（B）務必要訂立長程（六到十年）計畫（C）計畫有統一的格式（D）中期計畫是指三到五年的計畫。
246	B	幼稚園應該妥善保存幼兒幾年以內的健康紀錄？（A）五年內（B）三年內（C）兩年內（D）出生第一年。
247	B	我國幼稚園課程設計應該依據以下哪一種法令？（A）幼稚教育法（B）幼稚園課程標準（C）幼稚園設備標準（D）幼稚教育法施行細則。
248	B	幼稚園的退撫與福利制度應依據《幼稚教育法》哪一條確實辦理？（A）第三條（B）第十三條（C）第二十三條（D）沒有法源。
249	C	以下何種情形說明幼稚園園長之資格？（A）在幼稚園教學超過五年以上（B）在幼稚園教學超過十年以上，並且已經與所有的老師合作過（C）具備幼稚園合格教師證書的教師，並且有兩年以上之幼教工作經驗（D）擅長處理行政事務的老師。
250	4	以下何種情形說明幼稚園園長之資格？①在幼稚園教學超過五年以上②在幼稚園教學超過十年以上，並且已經與所有的老師合作過③擅長處理行政事務的老師④具備幼稚園合格教師證書的教師，並且有兩年以上之幼教工作經驗。
251	3	下列法規何者位階最高？①幼稚教育法②教育基本法③憲法④兒童及少年福利法。
252	1	國民小學附設幼稚園，其總務、人事及主計業務應①由國民

		小學相關人員擔任②由幼稚園教師兼任③由專任職員兼任④由義工擔任。
253	2	幼稚園與托兒所的重大差別是①教育理念與方法②招生對象③園所所在地區④課程與教材。
254	1	規範幼稚園以促進兒童身心健全發展為宗旨的是下列何法規？（1）幼稚教育法　（2）憲法　（3）兒童及少年福利法　（4）教育基本法
255	③	幼稚園課程標準的編制是哪一個機關的權責？①教育局　②社會局　③教育部　④內政部。
256	3	幼稚園課程標準的制定公布是哪一個機關的權責？（1）教育局　（2）社會局　（3）教育部　（4）內政部
257	①	依據幼稚教育法的規定，私立幼稚園如不對外募捐經費，且未通過 ①五班 ②七班 ③八班 ④十班 者，得不設董事會。
258	2	《幼稚園課程標準》最近一次修訂是在何時？（1）民國70年；（2）民國76年；（3）民國78年；（4）民國92年。
259	2	當前適用的幼稚園設備標準是（民國）哪一年公布的？（1）72年　（2）78年　（3）86年　（4）92年
260	1	ST為安全鑑定合格的玩具是由哪個單位制定的？（1）台灣省玩具公會　（2）教育部國教司　（3）內政部兒童局　（4）經濟部標準局。
261	3	幼教師參加社區服務的工作不包括：（1）諮商者及資源提供者　（2）宣導親職教育　（3）提供幼兒提早認知學習的機會　（4）兒童保護的預防。
262	4	幼稚園教學每班依法不得超過兒童多少人？（1)15人　（2)20人　（3)25人　（4)30人。
263	2	我國幼稚教育法的立法宗旨在促進兒童的（1）特殊才能發展　（2）身心健全發展　（3）愛鄉愛國意識　（4）美感

		能力發展。
264	4	我國「幼稚園課程標準」所規定的語文領域不包括下列哪一種內容？（1）聽　（2）說　（3）讀　（4）寫。
265	4	幼稚園教師進行家庭訪問時，下列哪一種行為較不適當？（1）訪談不超過三十分鐘（2）留意當地風俗習慣（3）態度溫和且自然（4）直接說出孩子缺點以改正孩子的行為。
266	2	依聯合國兒童權利宣言，兒童特殊權利是指（1）最佳權益權　（2）遊戲權　（3）受保護權　（4）取得公民權。
267	3	廿世紀有幾項關諸兒童權利發展的重要宣言或公約，成為全球公民社會的重要依循及典範。請將後述宣言或公約依公布時間先後排序：甲.兒童權利宣言；乙.兒童權利公約；丙.兒童人權宣言（1）甲丙乙；（2）丙乙甲；（3）丙甲乙；（4）乙丙甲。
268	4	為實現我國幼稚教育法所規定的幼稚教育目標，下列哪一項不屬於該法明文規定之三大主軸？（1）健康教育　（2）生活教育　（3）倫理教育　（4）家庭教育。
269	3	幼稚園的設備悉依「幼稚園設備標準」規範。請問該標準最近一次修訂是在何時？（1）民國70年；（2）民國76年；（3）民國78年；（4）民國92年。
270	1	1960年代，美國為提供貧窮幼兒接受教保服務所提出的方案計畫名稱為何？（1）起始方案；（2）幼保方案；（3）教育方案；（4）搶救貧窮方案。
271	2	當前適用的幼稚園課程標準是（民國）哪一年修正公布的？（1）72年　（2）76年　（3）86年　（4）92年
272	2	當前適用的幼稚園設備標準是（民國）哪一年公布的？（1）72年　（2）78年　（3）86年　（4）92年
273	B	下列何者不是幼稚園教育目標之一？（A）維護兒童身心健

		康 （B）增進兒童知識技能 （C）養成兒童良好習慣 （D）培養兒童合群習性。
274	C	現行幼稚園課程標準以什麼教育為中心？（A）學科教育（B）家庭教育（C）生活教育（D）社會教育。
275	A	下列哪一種會議是幼稚園園長、全體教職員工皆須參加的？（A）園務會議（B）教保會議（C）教學研討會議（D）中長程發展會議。
276	D	目前幼稚園評鑑的四大項目為幼教行政、教保內涵、教學設施及公共安全及（A）保健醫療（B）餐點管理 （C）親職教育 （D）社區融合度
277	A	現行幼稚園課程標準實施通則特別強調幼稚園課程以什麼設計型態作統整性實施？（A）活動課程（B）廣域課程（C）分科課程（D）行為課程
278	C	依父母角色社會化的發展而言，下列何者為學齡前幼兒親職教育的重點？（A）對父母角色的正確認知 （B）兩性關係 （C）教養態度與技巧 （D）兒童發展的知識。
279	A	目前教育部公布實施之台灣區公立幼稚園評鑑實施要點，下列何者為非？（A）受訪幼稚園間排名次 （B）強調各幼稚園的自我改進 （C）採同儕評鑑之設計 （D）評鑑結果採取屬質的分析。
280	B	依規定幼兒教育之實施應與何種教育密切配合？（A）健康教育 （B）家庭教育 （C）社會教育 （D）倫理教育。
281	③	幼稚園課程標準的製編是哪一個機關的權責？①教育局②社會局③教育部④內政部
282	B	關於原住民幼兒就讀公私立幼稚園學費補助辦法的敘述，下列何者正確？（A）補助對象為設籍直轄市、縣（市），就讀公立或已立案私立幼稚園，且於當年度九月一日滿四歲之原

		住民幼兒（B）該辦法將於九十四年八 月一日起施行（C）就讀公立幼稚園者，每學期最高補助新臺幣三千五百元（D）就讀已立案私立幼稚園者，每學期最高補助新臺幣兩萬元。
283	①	依據幼稚教育法的規定，私立幼稚園如不對外募捐經費，且未超過（①五班②七班③八班④十班）者，得不設董事會。

填充題：

284	生活教育、家庭教育	依幼稚教育法規定，幼稚教育之實施，應以健康教育、及倫理教育為主，並與＿＿＿密切配合。
285	家庭教育、良好習慣、生活經驗、教育部	依據幼稚教育法第三條，幼稚教育之實施，應以健康教育、生活教育及倫理教育為主，並與＿＿＿密切配合，達成下列目標：一、維護兒童身心健康；二、養成兒童＿＿＿；三、充實兒童＿＿＿；四、增進兒童倫理觀念；培養兒童合群習性。幼稚教育之課程標準，由＿＿＿定之。
286	一	省（市）主管教育行政機關應於每學年結束後＿個月內將幼稚園教師辦理登記、檢定情形函報教育部備案。

是非題：

287	○	根據幼稚教育法第一條：幼稚教育以促進兒童身心健全發展為宗旨。

簡答題：

請簡述我國幼稚園教育的目標。

【幼稚教育法施行細則】

民國 72 年 05 月 07 日公布

民國 91 年 08 月 30 日修正

§1 本細則依「幼稚教育法」（以下簡稱本法）第二十四條之規定訂定之。
§2 實施幼稚教育之機構為幼稚園。
§3 由直轄市、縣（市）政府設立之幼稚園，其名稱應冠以所在地地名。公立國民小學附設之幼稚園，其名稱應冠以該國民小學之校名。由師資培育機構附設之實驗幼稚園，其名稱應冠以該機構之名稱。 　　私立幼稚園之名稱，比照前項之規定辦理。 　　在同一直轄市或縣（市）之幼稚園，不得以同名同音命名。
§4 幼稚園之教學應依幼稚教育課程標準辦理，如有實施特殊教育之必要時，應報請主管教育行政機關核准後，設置特殊教育班級。
§5 （刪除）
§6 （刪除）
§7 （刪除）
§8 幼稚園園舍以平房或樓房之地面層為限。但不敷使用時，在不影響兒童安全原則下，得報經主管教育行政機關核准，依序利用同址第二層、第三層房屋。
§9 依本法第十五條所為之捐贈，應由接受捐贈之幼稚園開具捐贈之項目與數額連同捐贈證明文件報經主管教育行政機關查核屬實後，依規定報請獎勵。
§10-13（刪除）
§14 本細則自發布日施行。

「幼稚教育法」部分條文修正草案

公告日期：中華民國 93 年 11 月 29 日

幼稚教育法修正草案總說明

　　為因應社會趨勢，規劃實施國民教育向下延伸，並配合教師法、師資培育法及地方制度法相關規定，爰擬具「幼稚教育法」修正草案，其修正要點如次：

一、為符應幼稚園教學彈性之特性，爰將課程標準修正為課程綱要。（修正條文第三條）

二、為符應實際需要，增列各級學校得附設公立幼稚園之法源。（修正條文第四條）

三、為促進民間參與，引進企業界及社區之資源，增訂幼稚園得公辦民營，並授權其資格條件、程序、審核、管理及考評等，由各該主管教育行政機關訂定之。（修正條文第四條之一）

四、為促進國民教育向下延伸，增訂得於幼稚園試辦國民教育向下延伸，必授權由教育部訂定相關辦法。（修正條文第四條之二）

五、配合第四條修正文字，並增列招生人數以符現況。（修正條文第六條）

六、為應實際作業需要，於幼稚園辦理園址遷移之必備文件，增列第四款「新園址之建築物變更為符合幼稚園使用之執照」要件。（修正條文第六條之三）

七、因應幼稚園招生及教學方法之需要，爰修改師生比之設置基準。（修正條文第八條）

八、配合各級學校園長之任用，將幼稚園園長由派任改為<u>聘任</u>；另為符實況，將第四項所定之「創辦人」修正為「負

責人」。（修正條文第十條）

九、配合教師法規定，將幼稚園教師，由「派任」改為「聘任」。（修正條文第十一條）

十、配合師資培育法修正幼稚園教師資格之規定；另配合臺灣省政府功能業務與組織調整及行政程序法之施行，有關園長之規定提升至本法規範，並依實際需要修正園長資格。（修正條文第十二條）

十一、查私立學校教職員保險條例業與公務人員保險法合併為公教人員保險法，並於民國八十八年五月二十九日修正公布，爰配合修正。（修正條文第十三條）

十二、為規範公私立幼稚園兒童學年學期假期，明確授權由中央主管教育行政機關訂定實施辦法。（修正條文第十八條之一）

十三、配合法制作業及地方制度法等，修正文字。（修正條文第六條之一、第六條之二、第七條、第十九條、第二十條之一、第二十一條、第二十二條及第二十二條之一）

十四、為順應發展趨勢，健全幼稚園董事會之實務作業需要，增列準用私立學校法第二十六條、第二十七條及第三十一條。（修正條文第二十三條之一）

第 3 條　幼稚教育之實施，應以健康教育、生活教育及倫理教育為主，並與家庭教育密切配合，達成下列目標：

一、維護兒童身心健康。

二、養成兒童良好習慣。

三、充實兒童生活經驗。

四、增進兒童倫理觀念。

五、培養兒童合群習性。

　　幼稚教育之課程綱要，由教育部定之。

第 4 條　幼稚園由直轄市、縣（市）政府設立或由公立各級學校附設者為公立；其餘為私立。

第 4-1 條　公立幼稚園得委由私人辦理，其資格條件、程序、審核、管理及考評等，由直轄市或縣（市）政府定之。

第 4-2 條　為規劃實施國民教育向下延伸，提供兒童適性發展。在全面實施五至六歲兒童接受國民教育前，得擇定部分地區試辦國民幼兒教育。其辦法由教育部定之。

第 6 條　公立幼稚園由各級學校附設者，應報請所在地主管教育行政機關核備。

　　　　私立幼稚園應由設立機關、團體或創辦人擬具設園計劃載明下列事項，報請所在地主管教育行政機關核准後籌設之：

一、擬設幼稚園之名稱。

二、擬設幼稚園之園址、面積、園舍圖。

三、擬設立班級及招生人數。

四、經費來源。

五、擬設幼稚園所需經費概算。

六、創辦人姓名、住址及履歷；經捐資人推薦者其證明文件。

　　　　私立幼稚園籌設完竣，應報請所在地主管教育行政機關立案，經核准後始得開辦招生。

　　　　私立幼稚園如不對外募捐經費，且未超過五班者，得不設董事會或辦理財團法人登記。但均應指定負責人，並報請所在地主管教育行政機關核備。

　　　　設董事會者，其章程由創辦人報請主管教育行政機關核備。

第 6-1 條　私立幼稚園依前條第三項之規定籌設完竣後，由設
　　　　　立機關、團體或創辦人檢具下列文件，向所在地主
　　　　　管教育行政機關申請立案：

一、園則：包括兒童之人數、班級數、兒童入園出
　　園之手續及免費名額等。

二、設園園址、園舍所有權證明或租用或借用三年
　　以上經公證之契約。

三、園舍平面圖及設備一覽表。

四、財產目錄。

五、基金存款證明文件；其屬財團法人者，以法人
　　名義專戶儲存；非屬財團法人者，應以負責人，
　　並列幼稚園名義專戶儲存。

六、園長及教職員名冊。

第 6-2 條　私立幼稚園依第六條第四項之規定設董事會者，其
　　　　　董事會應依下列各款辦理：

一、董事名額五人至十一人，並互推一人為董事長。

二、第一任董事，除由創辦人擔任外，其餘由創辦
　　人遴選適當人員充任，並召開董事會成立會
　　議，推選董事長。

三、董事會成立後三十日內，應檢同下列文件報請
　　主管教育行政機關核備：

　　（一）董事會組織章程。

　　（二）董事名冊。

　　（三）董事受聘同意書。

　　（四）董事會成立會議紀錄。

四、董事會之職權如下：

　　（一）董事會組織章程之制訂及修訂。

（二）董事之選聘及解聘。

（三）園長之選聘及解聘。

（四）園務發展計畫及報告之審核。

（五）基金之保管及運用。

（六）經費之籌措。

（七）預算、決算之審核。

（八）財務之監督。

五、董事會每學期應開常會<u>一次</u>，必要時，得召集臨時會，董事會由董事長召集，並為主席。

第 6-3 條　私立幼稚園園址遷移，應先由董事會或負責人開具下列文件、資料，報請主管教育行政機關核准後辦理：

一、擬遷往之園址、面積及園舍平面圖。

二、園舍及設備一覽表。

三、園址及園舍所有權證明或租用或借用三年以上經公證之契約。

四、新園址之建築物變更為符合幼稚園使用之執照。

第 7 條　有下列情形之一者，不得充任幼稚園之董事或負責人：

一、曾犯內亂、外患罪，經判決確定或通緝有案尚未結案者。

二、曾服公務因貪污瀆職，經判決確定或通緝有案尚未結案者。

三、曾受有期徒刑一年以上刑之宣告，服刑期滿尚未逾三年者。

四、褫奪公權尚未復權者。

五、曾任公務人員受撤職或休職處分，其停止任用或

　　　　休職期間尚未屆滿者。

　　六、受破產宣告尚未復權者。

　　七、無行為能力或限制行為能力者。

第 8 條　幼稚園以採小班制為原則，每班兒童不得超過三十人；每十五名兒童，至少應置教師一人；每班教師以<u>一人</u>為導師，其導師費之發給，由教育部會商各地方主管教育行政機關另定之，不受第十三條第一項相關規定之限制。

　　　　幼稚園行政組織及教職員編制，由各該主管教育行政機關定之。

第 9 條　幼稚園置園長一人，綜理園務，專任，得擔任本園教學。但學校附設之幼稚園園長，得由校長兼任；機關、團體附設之幼稚園園長，得由各該單位遴選合格人員兼任。

第 10 條　直轄市、縣（市）政府設立之幼稚園，其園長由各該政府聘任。

　　　　公立各級學校附設之幼稚園，其園長由該校遴選合格人員聘任，並報請所在地主管教育行政機關備查。

　　　　公立國民小學附設之幼稚園，其園長由校長遴選合格人員報請主管教育行政機關派任。

　　　　私立幼稚園，其園長由董事會遴選合格人員聘任；未設董事會者，由設立機構、團體或負責人遴選合格人員聘任，並均報請所在地主管教育行政機關核備。

第 11 條　直轄市、縣（市）政府設立之幼稚園，其教師由各該政府聘任。

　　　　公立各級學校附設之幼稚園，其教師依教師法及教育人員任用條例規定，遴選合格人員聘任。

　　　　　公立國民小學附設之幼稚園，其教師由該主管教育行政機關遴選合格人員派任。

　　　　　私立幼稚園，其教師由園長遴選合格人員聘任，並報請所在地主管教育行政機關核備。

第 12 條　幼稚園教師應具有下列資格之一：

一、依師資培育法及其相關法規之規定，取得幼稚園合格教師資格或領有幼稚園教師證書者。

二、師資培育法施行前，依當時法規規定取得幼稚園教師證書，尚在有效期間者。

　　　　　除由校長兼任者外，幼稚園園長應具幼稚園教師資格，並曾任幼稚園教師二年以上，且擔任教育行政相關工作、幼稚園或各級學校行政工作一年以上，成績優良者。

第 13 條　公立幼稚園園長、教師、職員之待遇、退休、撫恤、保險及福利等，比照公立國民小學教師、職員之規定辦理。

　　　　　公立幼稚園園長、教職員之成績考核，比照公立國民小學校長、教職員之規定辦理。

　　　　　私立幼稚園園長、教師、職員之待遇、退休、撫恤及福利等，由各私立幼稚園參照有關法令訂定章則，籌措專款辦理，並報請所在地主管教育行政機關備查。

　　　　　私立幼稚園辦妥財團法人登記者，其園長、教師、職員之保險，準用公教人員保險法之規定辦法。

第 17-1 條　幼稚園應辦理兒童平安保險；其範圍、金額、繳費方式、期程、給付標準、權利與義務、辦理方式及其他相關事項之規定，由直轄市、縣（市）政府定之。

第 18-1 條　公私立幼稚園之學年學期假期辦法,由教育部定之。

第 19 條　私立幼稚園辦理不善或違反法令者,所在地主管教育行政機關應視其情節,分別為下列之處分:

一、糾正。

二、限期整頓改善。

三、減少招生人數。

四、停止招生。

第 20-1 條　私立幼稚園之停辦,應依下列規定辦理:

一、依前條規定勒令停辦者,由主管教育行政機關派員監督其董事會或負責人清理結束事務。

二、私立幼稚園自請停辦者,應由董事會或負責人申敘停辦理由,報請主管教育行政機關核准後辦理。

第 21 條　幼稚園負責人、園長、教師或職員有下列情形之一者,主管教育行政機關視其情節,予以申誡或記過處分;其情節重大者,得解除其職務;如觸犯刑法應移送法院依法處理:

一、虐待兒童摧殘其身心健康者。

二、供應兒童有礙身心之讀物 (包括電影、照片或其他視聽資料及器材) 者。

三、供給不衛生之飲料或食物,經衛生機關查明有案者。

四、供應不安全之遊戲器材,經視導人員查明屬實者。

五、不按課程綱要實施教學,致嚴重影響兒童身心者。

六、不遵守第十八條規定者。

七、違反第六條第三項規定者。

幼稚園園長、教師或職員因有前項情事之一而受處分者，其負責人處一千元以上、一萬元以下罰鍰。

第 22 條 私立幼稚園未經核准立案，擅自招生，或受停止招生、停辦或解散之處分而仍招生者，由直轄市、縣（市）政府取締。其負責人處一萬元以上、五萬元以下罰鍰。

第 22-1 條 第二十一條第二項及第二十二條規定之罰鍰，由直轄市、縣（市）政府處罰，並限期繳納。

第 23-1 條 私立學校法第十五條至第十八條、第二十三條至第三十四條、第六十二條、第六十四條、第六十七條第二項及第三項之規定，於私立幼稚園準用之。

| 288 | B | 「幼兒保健網」中整體政策之策劃、督導、考核及協助建構完善服務及轉介體系是 （A）保留概念 （B）面積概念 （C）空間概念 （D）分類概念。 |

【兒童及少年福利法】

民國 92 年 05 月 28 日發布

第 一 章　總則
§1 為促進兒童及少年身心健全發展，保障其權益，增進其福利，特制定本法。 　　兒童及少年福利依本法之規定，本法未規定者，適用其他法律之規定。
§2 本法所稱兒童及少年，指未滿十八歲之人；所稱兒童，指未滿十二歲之人；所稱少年，指十二歲以上未滿十八歲之人。
§3 父母或監護人對兒童及少年應負保護、教養之責任。對於主管機關、目的事業主管機關或兒童及少年福利機構依本法所為之各項措施，應配合及協助。
§4 政府及公私立機構、團體應協助兒童及少年之父母或監護人，維護兒童及少年健康，促進其身心健全發展，對於需要保護、救助、輔導、治療、早期療育、身心障礙重建及其他特殊協助之兒童及少年，應提供所需服務及措施。
§5 政府及公私立機構、團體處理兒童及少年相關事務時，應以兒童及少年之最佳利益為優先考量；有關其保護及救助，並應優先處理。 　　兒童及少年之權益受到不法侵害時，政府應予適當之協助及保護。
§6 本法所稱主管機關：在中央為內政部；在直轄市為直轄市政府；在縣（市）為縣（市）政府。 　　前項主管機關在中央應設兒童及少年局；在直轄市及縣（市）政府應設兒童及少年福利專責單位。

§7 下列事項，由中央主管機關掌理。但涉及各中央目的事業主管機關職掌，依法應由各中央目的事業主管機關掌理者，從其規定：

一、全國性兒童及少年福利政策、法規與方案之規劃、釐定及宣導事項。

二、對直轄市、縣（市）政府執行兒童及少年福利之監督及協調事項。

三、中央兒童及少年福利經費之分配及補助事項。

四、兒童及少年福利事業之策劃、獎助及評鑑之規劃事項。

五、兒童及少年福利專業人員訓練之規劃事項。

六、國際兒童及少年福利業務之聯繫、交流及合作事項。

七、兒童及少年保護業務之規劃事項。

八、中央或全國性兒童及少年福利機構之設立、監督及輔導事項。

九、其他全國性兒童及少年福利之策劃及督導事項。

§8 下列事項，由直轄市、縣 （市） 主管機關掌理。但涉及各地方目的事業主管機關職掌，依法應由各地方目的事業主管機關掌理者，從其規定：

一、直轄市、縣 （市） 兒童及少年福利政策、自治法規與方案之規劃、釐定、宣導及執行事項。

二、中央兒童及少年福利政策、法規及方案之執行事項。

三、兒童及少年福利專業人員訓練之執行事項。

四、兒童及少年保護業務之執行事項。

五、直轄市、縣 （市） 兒童及少年福利機構之設立、監督及輔導事項。

六、其他直轄市、縣 （市） 兒童及少年福利之策劃及督導事項。

§9 本法所定事項，主管機關及各目的事業主管機關應就其權責範圍，針對兒童及少年之需要，尊重多元文化差異，主動規劃所需福利，對涉及相關機關之兒童及少年福利業務，應全力配合之。

主管機關及各目的事業主管機關權責劃分如下：

一、主管機關：主管兒童及少年福利法規、政策、福利工作、福利事業、專業人員訓練、兒童及少年保護、親職教育、福利機構設置等相關事宜。

二、衛生主管機關：主管婦幼衛生、優生保健、發展遲緩兒童早期醫療、兒童及少年心理保健、醫療、復健及健康保險等相關事宜。

三、教育主管機關：主管兒童及少年教育及其經費之補助、特殊教育、幼稚教育、兒童及少年就學、家庭教育、社會教育、兒童課後照顧服務等相關事宜。

四、勞工主管機關：主管年滿十五歲少年之職業訓練、就業服務、勞動條件之維護等相關事宜。

五、建設、工務、消防主管機關：主管兒童及少年福利機構建築物管理、公共設施、公共安全、建築物環境、消防安全管理、遊樂設施等相關事宜。

六、警政主管機關：主管兒童及少年保護個案人身安全之維護、失蹤兒童及少年之協尋等相關事宜。

七、交通主管機關：主管兒童及少年交通安全、幼童專用車檢驗等相關事宜。

八、新聞主管機關：主管兒童及少年閱聽權益之維護、媒體分級等相關事宜之規劃與辦理。

九、戶政主管機關：主管兒童及少年身分資料及戶籍相關事宜。

十、財政主管機關：主管兒童及少年福利機構稅捐之減免等相關事宜。

十一、其他兒童及少年福利措施由各相關目的事業主管機關依職權辦理。

§10 主管機關為協調、研究、審議、諮詢及推動兒童及少年福利政策，

應設諮詢性質之委員會。 　　前項委員會以行政首長為主任委員，學者、專家及民間團體代表之比例不得低於委員人數<u>之二分之一</u>。委員會每年至少應開<u>會四次</u>。	
§11 政府及公私立機構、團體應培養兒童及少年福利專業人員，並應定期舉辦職前訓練及在職訓練。	
§12 兒童及少年福利經費之來源如下： 一、各級政府年度預算及社會福利基金。 二、私人或團體捐贈。 三、依本法所處之罰鍰。 四、其他相關收入。	
第二章　身分權益	
§13 胎兒出生後七日內，接生人應將其出生之相關資料通報戶政及衛生主管機關備查。 　　接生人無法取得完整資料以填報出生通報者，仍應為前項之通報。戶政主管機關應於接獲通報後，依相關規定辦理；必要時，得請求主管機關、警政及其他目的事業主管機關協助。 　　出生通報表由中央衛生主管機關定之。	
§14 法院認可兒童及少年收養事件，應基於兒童及少年之最佳利益，斟酌收養人之人格、經濟能力、家庭狀況及以往照顧或監護其他兒童及少年之紀錄決定之。<u>滿七歲</u>之兒童及少年被收養時，兒童及少年之意願應受尊重。兒童及少年不同意時，非確信認可被收養，乃符合其最佳利益，法院應不予認可。 　　法院認可兒童及少年之收養前，得准收養人與兒童及少年先行共同生活一段期間，供法院決定認可之參考；共同生活期間，對於兒童及少年權利義務之行使或負擔，由收養人為之。 　　法院認可兒童及少年之收養前，應命主管機關或兒童及少年	

福利機構進行訪視，提出調查報告及建議。收養人或收養事件之利害關係人亦得提出相關資料或證據，供法院斟酌。

　　前項主管機關或兒童及少年福利機構進行前項訪視，應調查出養之必要性，並給予必要之協助。其無出養之必要者，應建議法院不為收養之認可。

　　法院對被遺棄兒童及少年為收養認可前，應命主管機關調查其身分資料。

　　父母對於兒童及少年出養之意見不一致，或一方所在不明時，父母之一方仍可向法院聲請認可。經法院調查認為收養乃符合兒童及少年之最佳利益時，應予認可。

　　法院認可或駁回兒童及少年收養之聲請時，應以書面通知主管機關，主管機關應為必要之訪視或其他處置，並作成報告。

§15 收養兒童及少年經法院認可者，收養關係溯及於收養書面契約成立時發生效力；無書面契約者，以向法院聲請時為收養關係成立之時；有試行收養之情形者，收養關係溯及於開始共同生活時發生效力。

　　聲請認可收養後，法院裁定前，兒童及少年死亡者，聲請程序終結。收養人死亡者，法院應命主管機關或其委託機構為調查，並提出報告及建議，

　　法院認收養於兒童及少年有利益時，仍得為認可收養之裁定，其效力依前項之規定。

§16 養父母對養子女有下列之行為，養子女、利害關係人或主管機關得向法院聲請宣告終止其收養關係：

一、有第三十條各款所定行為之一。

二、違反第二十六條第二項或第二十八條第二項規定，情節重大者。

§17 中央主管機關應自行或委託兒童及少年福利機構設立收養資訊

中心，保存出養人、收養人及被收養兒童及少年之身分、健康等相關資訊之檔案。

收養資訊中心、所屬人員或其他辦理收出養業務之人員，對前項資訊，應妥善維護當事人之<u>隱私</u>並負專業上保密之責，未經當事人同意或依法律規定者，不得對外提供。

第一項資訊之範圍、來源、管理及使用辦法，由中央主管機關定之。

§18 父母或監護人因故無法對其兒童及少年盡扶養義務時，於聲請法院認可收養前，得委託有收出養服務之兒童及少年福利機構，代覓適當之收養人。

前項機構應於接受委託後，先為出養必要性之訪視調查；評估有其出養必要後，始為寄養、試養或其他適當之安置、輔導與協助。

兒童及少年福利機構從事收出養服務項目之許可、管理、撤銷及收出養媒介程序等事項，由中央主管機關定之。

第三章　福利措施

§19 直轄市、縣（市）政府，應鼓勵、輔導、委託民間或自行辦理下列兒童及少年福利措施：

一、建立<u>發展遲緩</u>兒童早期通報系統，並提供<u>早期療育</u>服務。

二、辦理兒童托育服務。

三、對兒童及少年及其家庭提供諮詢輔導服務。

四、對兒童及少年及其父母辦理親職教育。

五、對於無力撫育其未滿十二歲之子女或被監護人者，予以家庭生活扶助或醫療補助。

六、對於無謀生能力或在學之少年，無扶養義務人或扶養義務人無力維持其生活者，予以生活扶助或醫療補助。

七、早產兒、重病兒童及少年與發展遲緩兒童之扶養義務人無力

支付醫療費用之補助。

八、對於不適宜在家庭內教養或逃家之兒童及少年，提供適當之安置。

九、對於無依兒童及少年，予以適當之安置。

十、對於未婚懷孕或分娩而遭遇困境之婦嬰，予以適當之安置及協助。

十一、提供兒童及少年適當之休閒、娛樂及文化活動。

十二、辦理兒童課後照顧服務。

十三、其他兒童及少年及其家庭之福利服務。

　　前項第九款無依兒童及少年之通報、協尋、安置方式、要件、追蹤之處理辦法，由中央主管機關定之。

　　第一項第十二款之兒童課後照顧服務，得由直轄市、縣（市）政府指定所屬國民小學辦理，其辦理方式、人員資格等相關事項標準，由教育部會同內政部定之。

§20 政府應規劃實施三歲以下兒童醫療照顧措施，必要時並得補助其費用。

　　前項費用之補助對象、項目、金額及其程序等之辦法，由中央主管機關定之。

§21 疑似發展遲緩兒童或身心障礙兒童及少年之父母或監護人，得申請警政主管機關建立疑似發展遲緩兒童或身心障礙兒童及少年之指紋資料。

§22 各類兒童及少年福利、教育及醫療機構，發現有疑似發展遲緩兒童或身心障礙兒童及少年，應通報直轄市、縣（市）主管機關。直轄市、縣（市）主管機關應將接獲資料，建立檔案管理，並視其需要提供、轉介適當之服務。

§23 政府對發展遲緩兒童，應按其需要，給予早期療育、醫療、就學方面之特殊照顧。

父母、監護人或其他實際照顧兒童之人，應配合前項政府對發展遲緩兒童所提供之各項特殊照顧。 　　　早期療育所需之篩檢、通報、評估、治療、教育等各項服務之銜接及協調機制，由中央主管機關會同衛生、教育主管機關規劃辦理。
§24 兒童及孕婦應優先獲得照顧。 　　　交通及醫療等公、民營事業應提供兒童及孕婦優先照顧措施。
§25 少年年滿十五歲有進修或就業意願者，教育、勞工主管機關應視其性向及志願，輔導其進修、接受職業訓練或就業。 　　　雇主對年滿十五歲之少年員工應提供教育進修機會，其辦理績效良好者，勞工主管機關應予獎勵。
第四章　保護措施
§26 兒童及少年不得為下列行為： 一、吸菸、飲酒、嚼檳榔。 二、施用毒品、非法施用管制藥品或其他有害身心健康之物質。 三、觀看、閱覽、收聽或使用足以妨害其身心健康之暴力、色情、猥褻、賭博之出版品、圖畫、錄影帶、錄音帶、影片、光碟、磁片、電子訊號、游戲軟體、網際網路或其他物品。 四、在道路上競駛、競技或以蛇行等危險方式駕車或參與其行為。 　　　父母、監護人或其他實際照顧兒童及少年之人，應禁止兒童及少年為前項各款行為。 　　　任何人均不得供應第一項之物質、物品予兒童及少年。
§27 出版品、電腦軟體、電腦網路應予分級；其他有害兒童及少年身心健康之物品經目的事業主管機關認定應予分級者，亦同。 　　　前項物品列為限制級者，禁止對兒童及少年為租售、散布、播送或公然陳列。

第一項物品之分級辦法，由目的事業主管機關定之。
§28 兒童及少年不得出入酒家、特種咖啡茶室、限制級電子遊戲場及其他涉及賭博、色情、暴力等經主管機關認定足以危害其身心健康之場所。 　　　父母、監護人或其他實際照顧兒童及少年之人，應禁止兒童及少年出入前項場所。 　　　第一項場所之負責人及從業人員應拒絕兒童及少年進入。
§29 父母、監護人或其他實際照顧兒童及少年之人，應禁止兒童及少年充當前條第一項場所之侍應或從事危險、不正當或其他足以危害或影響其身心發展之工作。 　　　任何人不得利用、僱用或誘迫兒童及少年從事前項之工作。
§30 任何人對於兒童及少年不得有下列行為： 一、遺棄。 二、身心虐待。 三、利用兒童及少年從事有害健康等危害性活動或欺騙之行為。 四、利用身心障礙或特殊形體兒童及少年供人參觀。 五、利用兒童及少年行乞。 六、剝奪或妨礙兒童及少年接受國民教育之機會。 七、強迫兒童及少年婚嫁。 八、拐騙、綁架、買賣、質押兒童及少年，或以兒童及少年為擔保之行為。 九、強迫、引誘、容留或媒介兒童及少年為猥褻行為或性交。 十、供應兒童及少年刀械、槍砲、彈藥或其他危險物品。 十一、利用兒童及少年拍攝或錄製暴力、猥褻、色情或其他有害兒童及少年身心發展之出版品、圖畫、錄影帶、錄音帶、影片、光碟、磁片、電子訊號、游戲軟體、網際網路或其他物品。

十二、違反媒體分級辦法，對兒童及少年提供或播送有害其身心
發展之出版品、圖畫、錄影帶、影片、光碟、電子訊號、
網際網路或其他物品。

十三、帶領或誘使兒童及少年進入有礙其身心健康之場所。

十四、其他對兒童及少年或利用兒童及少年犯罪或為不正當之
行為。

§31 孕婦不得吸菸、酗酒、嚼檳榔、施用毒品、非法施用管制藥品或
為其他有害胎兒發育之行為。

　　任何人不得強迫、引誘或以其他方式使孕婦為有害胎兒發育
之行為。

§32 父母、監護人或其他實際照顧兒童之人不得使兒童獨處於易發生
危險或傷害之環境；對於六歲以下兒童或需要特別看護之兒童及
少年，不得使其獨處或由不適當之人代為照顧。

§33 兒童及少年有下列情事之一，宜由相關機構協助、輔導者，直轄
市、縣（市）主管機關得依其父母、監護人或其他實際照顧兒童
及少年之人之申請或經其同意，協調適當之機構協助、輔導或安
置之：

一、違反第二十六條第一項、第二十八條第一項規定或從事第二
十九條第一項禁止從事之工作，經其父母、監護人或其他實
際照顧兒童及少年之人盡力禁止而無效果。

二、有品行不端、暴力等偏差行為，情形嚴重，經其父母、監護
人或其他實際照顧兒童及少年之人盡力矯正而無效果。

　　前項機構協助、輔導或安置所必要之生活費、衛生保健費、
學雜各費及其他相關費用，由扶養義務人負擔。

§34 醫事人員、社會工作人員、教育人員、保育人員、警察、司法人
員及其他執行兒童及少年福利業務人員，知悉兒童及少年有下列
情形之一者，應立即向直轄市、縣（市）主管機關通報，至遲不

得超過二十四小時：

一、施用毒品、非法施用管制藥品或其他有害身心健康之物質。

二、充當第二十八條第一項場所之侍應。

三、遭受第三十條各款之行為。

四、有第三十六條第一項各款之情形。

五、遭受其他傷害之情形。

　　其他任何人知悉兒童及少年有前項各款之情形者，得通報直轄市、縣（市）主管機關。

　　直轄市、縣（市）主管機關於知悉或接獲通報前二項案件時，應立即處理，至遲不得超過二十四小時，其承辦人員並應於受理案件後四日內提出調查報告。

　　第一項及第二項通報及處理辦法，由中央主管機關定之。

　　第一項及第二項通報人之身分資料，應予保密。

§35 兒童及少年罹患性病或有酒癮、藥物濫用情形者，其父母、監護人或其他實際照顧兒童及少年之人應協助就醫，或由直轄市、縣（市）主管機關會同衛生主管機關配合協助就醫；必要時，得請求警察主管機關協助。

　　前項治療所需之費用，由兒童及少年之父母、監護人負擔。但屬全民健康保險給付範圍或依法補助者，不在此限。

§36 兒童及少年有下列各款情形之一，非立即給予保護、安置或為其他處置，其生命、身體或自由有立即之危險或有危險之虞者，直轄市、縣（市）主管機關應予緊急保護、安置或為其他必要之處置：

一、兒童及少年未受適當之養育或照顧。

二、兒童及少年有立即接受診治之必要，而未就醫者。

三、兒童及少年遭遺棄、身心虐待、買賣、質押，被強迫或引誘從事不正當之行為或工作者。

	四、兒童及少年遭受其他迫害，非立即安置難以有效保護者。
	直轄市、縣（市）主管機關為前項緊急保護、安置或為其他必要之處置時得請求檢察官或當地警察機關協助之。
	第一項兒童及少年之安置，直轄市、縣（市）主管機關得辦理家庭寄養、交付適當之兒童及少年福利機構或其他安置機構教養之。
§37	直轄市、縣（市）主管機關依前條規定緊急安置時，應即通報當地地方法院及警察機關，並通知兒童及少年之父母、監護人。但其無父母、監護人或通知顯有困難時，得不通知之。
	緊急安置不得超過<u>七十二小時</u>，非七十二小時以上之安置不足以保護兒童及少年者，得聲請法院裁定繼續安置。繼續安置以<u>三個月</u>為限；必要時，得聲請法院裁定延長之。
	繼續安置之聲請，得以電訊傳真或其他科技設備為之。
§38	直轄市、縣（市）主管機關、父母、監護人、受安置兒童及少年對於前條第二項裁定有不服者，得於裁定送達後十日內提起抗告。對於抗告法院之裁定不得再抗告。
	聲請及抗告期間，原安置機關、機構或寄養家庭得繼續安置。
	安置期間因情事變更或無依原裁定繼續安置之必要者，直轄市、縣（市）主管機關、父母、原監護人、受安置兒童及少年得向法院聲請變更或撤銷之。
	直轄市、縣（市）主管機關對於安置期間期滿或依前項撤銷安置之兒童及少年，應續予追蹤輔導<u>一年</u>。
§39	安置期間，直轄市、縣（市）主管機關或受其交付安置之機構或寄養家庭在保護安置兒童及少年之範圍內，行使、負擔父母對於未成年子女之權利義務。
	法院裁定得繼續安置兒童及少年者，直轄市、縣（市）主管機關或受其交付安置之機構或寄養家庭，應選任其成員一人執行

監護事務，並負與親權人相同之注意義務。直轄市、縣（市）主
管機關應陳報法院執行監護事務之人，並應按個案進展作成報告
備查。

安置期間，兒童及少年之父母、原監護人、親友、師長經主
管機關許可，得依其指示時間、地點及方式，探視兒童及少年。
不遵守指示者，直轄市、縣（市）主管機關得禁止之。

主管機關為前項許可時，應尊重兒童及少年之意願。

§40 安置期間，非為貫徹保護兒童及少年之目的，不得使其接受訪
談、偵訊、訊問或身體檢查。

兒童及少年接受訪談、偵訊、訊問或身體檢查，應由社會工
作人員陪同，並保護其隱私。

§41 兒童及少年因家庭發生重大變故，致無法正常生活於其家庭者，
其父母、監護人、利害關係人或兒童及少年福利機構，得申請直
轄市、縣（市）主管機關安置或輔助。

前項安置，直轄市、縣（市）主管機關得辦理家庭寄養、交
付適當之兒童及少年福利機構或其他安置機構教養之。

直轄市、縣（市）主管機關、受寄養家庭或機構負責人依第
一項規定，在安置兒童及少年之範圍內，行使、負擔父母對於未
成年子女之權利義務。

第一項之家庭情況改善者，被安置之兒童及少年仍得返回其
家庭，並由主管機關續予追蹤輔導一年。

第二項及第三十六條第三項之家庭寄養，其寄養條件、程序
與受寄養家庭之資格、許可、督導、考核及獎勵之辦法，由直轄
市、縣（市）主管機關定之。

§42 直轄市、縣（市）主管機關依第三十六條第三項或前條第二項對
兒童及少年為安置時，因受寄養家庭或安置機構提供兒童及少年
必要服務所需之生活費、衛生保健費、學雜各費及其他與安置有

	關之費用，得向扶養義務人收取；其收費規定，由直轄市、縣（市）主管機關定之。
§43	兒童及少年有第三十條或第三十六條第一項各款情事，或屬目睹家庭暴力之兒童及少年，經直轄市、縣（市）主管機關列為保護個案者，該主管機關應提出兒童及少年家庭處遇計畫；必要時，得委託兒童及少年福利機構或團體辦理。 　　前項處遇計畫得包括家庭功能評估、兒童少年安全與安置評估、親職教育、心理輔導、精神治療、戒癮治療或其他與維護兒童及少年或其他家庭正常功能有關之扶助及福利服務方案。 　　處遇計畫之實施，兒童及少年本人、父母、監護人、實際照顧兒童及少年之人或其他有關之人應予配合。
§44	依本法保護、安置、訪視、調查、評估、輔導、處遇兒童及少年或其家庭，應建立個案資料，並定期追蹤評估。 　　因職務上所知悉之秘密或隱私及所製作或持有之文書，應予保密，非有正當理由，不得洩漏或公開。
§45	對於依少年事件處理法所轉介或交付安置輔導之兒童及少年及其家庭，當地主管機關應予以追蹤輔導，並提供必要之福利服務。 　　前項追蹤輔導及福利服務，得委託兒童及少年福利機構為之。
§46	宣傳品、出版品、廣播電視、電腦網路或其他媒體不得報導或記載遭受第三十條或第三十六條第一項各款行為兒童及少年之姓名或其他足以識別身分之資訊。兒童及少年有施用毒品、非法施用管制藥品或其他有害身心健康之物質之情事者，亦同。 　　行政機關及司法機關所製作必須公開之文書，不得揭露足以識別前項兒童及少年身分之資訊。 　　除前二項以外之任何人亦不得於媒體、資訊或以其他公示方式揭示有關第一項兒童及少年之姓名及其他足以識別身分之資訊。

§47 直轄市、縣（市）主管機關就本法規定事項，必要時，得自行或委託兒童及少年福利機構、團體進行訪視、調查及處遇。

　　直轄市、縣（市）主管機關或受其委託之機構或團體進行訪視、調查及處遇時，兒童及少年之父母、監護人、實際照顧兒童及少年之人、師長、雇主、醫事人員及其他有關之人應予配合並提供相關資料；必要時，該主管機關並得請求警政、戶政、財政、教育或其他相關機關或機構協助，被請求之機關或機構應予配合。

§48 父母或監護人對兒童及少年疏於保護、照顧情節嚴重，或有第三十條、第三十六條第一項各款行為，或未禁止兒童及少年施用毒品、非法施用管制藥品者，兒童及少年或其最近尊親屬、主管機關、兒童及少年福利機構或其他利害關係人，得聲請法院宣告停止其親權或監護權之全部或一部，或另行選定或改定監護人；對於養父母，並得聲請法院宣告終止其收養關係。

　　法院依前項規定選定或改定監護人時，得指定主管機關、兒童及少年福利機構之負責人或其他適當之人為兒童及少年之監護人，並得指定監護方法、命其父母、原監護人或其他扶養義務人交付子女、支付選定或改定監護人相當之扶養費用及報酬、命為其他必要處分或訂定必要事項。

　　前項裁定，得為執行名義。

§49 有事實足以認定兒童及少年之財產權益有遭受侵害之虞者，主管機關得請求法院就兒童及少年財產之管理、使用、收益或處分，指定或改定社政主管機關或其他適當之人任監護人或指定監護之方法，並得指定或改定受托人管理財產之全部或一部。

　　前項裁定確定前，主管機關得代為保管兒童及少年之財產。

第五章　福利機構

§50 兒童及少年福利機構分類如下：

一、托育機構。

二、早期療育機構。
三、安置及教養機構。
四、心理輔導或家庭諮詢機構。
五、其他兒童及少年福利機構。
前項兒童及少年福利機構之規模、面積、設施、人員配置及業務範圍等事項之標準，由中央主管機關定之。
第一項兒童及少年福利機構，各級主管機關應鼓勵、委託民間或自行創辦；其所屬公立兒童及少年福利機構之業務，必要時，並得委託民間辦理。
§51 兒童及少年福利機構之業務，應遴用專業人員辦理；其專業人員之類別、資格、訓練及課程等之辦法，由中央主管機關定之。
§52 私人或團體辦理兒童及少年福利機構，應向當地主管機關申請設立許可；其有對外勸募行為且享受租稅減免者，應於設立許可之日起六個月內辦理財團法人登記。 　　未於前項期間辦理財團法人登記，而有正當理由者，得申請核准延長一次，期間不得超過三個月；屆期不辦理者，原許可失其效力。 　　第一項申請設立之許可要件、申請程序、審核期限、撤銷與廢止許可、督導管理及其他應遵行事項之辦法，由中央主管機關定之。
§53 兒童及少年福利機構不得利用其事業為任何不當之宣傳；其接受捐贈者，應公開徵信，並不得利用捐贈為設立目的以外之行為。 　　主管機關應辦理輔導、監督、檢查、評鑑及獎勵兒童及少年福利機構。 　　前項評鑑對象、項目、方式及獎勵方式等辦法，由主管機關定之。
第六章　罰則
§54 接生人違反第十三條規定者，由衛生主管機關處新臺幣六千元以

	上三萬元以下罰鍰。
§55	父母、監護人或其他實際照顧兒童及少年之人,違反第二十六條第二項規定情節嚴重者,處新臺幣一萬元以上五萬元以下罰鍰。
	供應菸、酒或檳榔予兒童及少年者,處新臺幣三千元以上一萬五千元以下罰鍰。
	供應毒品、非法供應管制藥品或其他有害身心健康之物質予兒童及少年者,處新臺幣六萬元以上三十萬元以下罰鍰。
	供應有關暴力、猥褻或色情之出版品、圖畫、錄影帶、影片、光碟、電子訊號、電腦網路或其他物品予兒童及少年者,處新臺幣六千元以上三萬元以下罰鍰。
§56	父母、監護人或其他實際照顧兒童及少年之人,違反第二十八條第二項規定者,處新臺幣一萬元以上五萬元以下罰鍰。
	違反第二十八條第三項規定者,處新臺幣二萬元以上十萬元以下罰鍰,並公告場所負責人姓名。
§57	父母、監護人或其他實際照顧兒童及少年之人,違反第二十九條第一項規定者,處新臺幣二萬元以上十萬元以下罰鍰,並公告其姓名。
	違反第二十九條第二項規定者,處新臺幣六萬元以上三十萬元以下罰鍰,公告行為人及場所負責人之姓名,並令其限期改善;屆期仍不改善者,除情節嚴重,由主管機關移請目的事業主管機關令其歇業者外,令其停業一個月以上一年以下。
§58	違反第三十條規定者,處新臺幣三萬元以上十五萬元以下罰鍰,並公告其姓名。
	違反第三十條第十二款規定者,處新臺幣十萬元以上五十萬元以下罰鍰,並得勒令停業一個月以上一年以下。
§59	違反第三十一條第二項規定者,處新臺幣一萬元以上五萬元以下罰鍰。

§60 違反第三十二條規定者，處新臺幣三千元以上一萬五千元以下罰鍰。
§61 違反第三十四條第一項規定而無正當理由者，處新臺幣六千元以上三萬元以下罰鍰。
§62 違反第十七條第二項、第三十四條第五項、第四十四條第二項、第四十六條第三項而無正當理由者，處新臺幣六千元以上三萬元以下罰鍰。
§63 違反第四十六條第一項規定者，各目的事業主管機關對其負責人及行為人，得各處新臺幣三萬元以上三十萬元以下罰鍰，並得沒入第四十六條第一項規定之物品。
§64 兒童及少年之父母、監護人、實際照顧兒童及少年之人、師長、雇主、醫事人員及其他有關之人違反第四十七條第二項規定而無正當理由者，處新臺幣<u>六千元以上三萬元以下</u>罰鍰，並得按次處罰，至其配合或提供相關資料為止。
§65 父母、監護人或其他實際照顧兒童及少年之人有下列情事之一者，直轄市、縣（市）主管機關得令其接受<u>八小時以上五十小時以下</u>之親職教育輔導，並收取必要之費用；其收費規定，由直轄市、縣（市）主管機關定之： 一、對於兒童及少年所為第二十六條第一項第二款行為，未依同條第二項規定予以禁止。 二、違反第二十八條第二項、第二十九條第一項、第三十條或第三十二條規定，情節嚴重。 三、有第三十六條第一項各款情事之一者。 　　經直轄市、縣（市）主管機關令其接受前項親職教育輔導，有正當理由無法如期參加者，得申請延期。 　　拒不接受第一項親職教育輔導或時數不足者，處新臺幣三千元以上一萬五千元以下罰鍰；經再通知仍不接受者，得按次連續

處罰，至其參加為止。

§66 違反第五十二條第一項規定者，由設立許可主管機關處新臺幣六萬元以上三十萬元以下罰鍰並公告其姓名，並命其限期申辦設立許可，屆期仍不辦理者，得按次處罰。

經設立許可主管機關依第五十二條第一項規定令其立即停止對外勸募之行為，而不遵令者，由設立許可主管機關處新臺幣六萬元以上三十萬元以下罰鍰並限期改善；屆期仍不改善者，得按次處罰並公告其名稱，並得令其停辦一日以上一個月以下。

兒童及少年福利機構有下列各款情形之一者，設立許可主管機關應通知其限期改善；屆期仍不改善者，得令其停辦一個月以上一年以下：

一、虐待或妨害兒童及少年身心健康者。

二、違反法令或捐助章程者。

三、業務經營方針與設立目的不符者。

四、財務收支未取具合法之憑證、捐款未公開徵信或會計紀錄未完備者。

五、規避、妨礙或拒絕主管機關或目的事業主管機關輔導、檢查、監督者。

六、對各項工作業務報告申報不實者。

七、擴充、遷移、停業未依規定辦理者。

八、供給不衛生之餐飲，經衛生主管機關查明屬實者。

九、提供不安全之設施設備者。

十、發現兒童及少年受虐事實未向直轄市、縣（市）主管機關通報者。

十一、依第五十二條第一項須辦理財團法人登記而未登記者，其有對外募捐行為時。

十二、有其他重大情事，足以影響兒童及少年身心健康者。

依前二項規定令其停辦而拒不遵守者，處新臺幣六萬元以上三十萬元以下罰鍰。經處罰鍰，仍拒不停辦者，設立許可主管機關應廢止其設立許可。

兒童及少年福利機構停辦、停業、解散、撤銷許可或經廢止許可時，設立許可主管機關對於該機構收容之兒童及少年應即予適當之安置。兒童及少年福利機構應予配合；不予配合者，強制實施之，並處以新臺幣六萬元以上三十萬元以下罰鍰。

§67 依本法應受處罰者，除依本法處罰外，其有犯罪嫌疑者，應移送司法機關處理。

§68 依本法所處之罰鍰，經限期繳納，屆期仍不繳納者，依法移送強制執行。

第七章 附則

§69 十八歲以上未滿二十歲之人，於緊急安置等保護措施，準用本法之規定。

§70 成年人教唆、幫助或利用兒童及少年犯罪或與之共同實施犯罪或故意對其犯罪者，加重其刑至二分之一。但各該罪就被害人係兒童及少年已定有特別處罰規定者，不在此限。

對於兒童及少年犯罪者，主管機關得獨立告訴。

§71 以詐欺或其他不正當方法領取本法相關補助或獎勵費用者，主管機關應撤銷原處分並以書面限期命其返還，屆期未返還者，依法移送強制執行；其涉及刑事責任者，移送司法機關辦理。

§72 扶養義務人不依本法規定支付相關費用者，如為保護兒童及少年之必要，由主管機關於兒童及少年福利經費中先行支付。

§73 本法修正施行前已許可立案之兒童福利機構及少年福利機構，於本法修正公布施行後，其設立要件與本法及所授權辦法規定不相符合者，應於中央主管機關公告指定之期限內改善；屆期未改善

		者,依本法規定處理。
		§74 本法施行細則,由中央主管機關定之。
		§75 本法自公布日施行。

289	1	據兒童福利法規定,利用或對兒童犯罪者,應加重多少刑責?①二分之一②三分之一③四分之一④五分之一。
290	1	兒童及少年福利法規定兒童係指①未滿 12 歲之人②12-18 歲之人③6-18 歲之人④1-6 歲之人。
291	D	根據「兒童及少年福利法」,所謂兒童是指:(A) 未滿 11 歲者 (B) 未滿 10 歲者 (C) 未滿 13 歲者 (D) 未滿 12 歲者。
292	③	兒童及少年福利法的適用主體是 (①0-未滿十二歲 ②0-未滿十六歲 ③0-未滿十八歲 ④四-未滿十二歲)。
293	3	兒童及少年福利法的適用主體是下列何者:(1) 0-未滿十二歲 (2) 0-未滿十六歲 (3) 0-未滿十八歲 (4)四-未滿十二歲
294	2	為維護兒童身心之健康,規定出版品、電腦軟體、電腦網路應予分級的是①幼稚教育法②兒童及少年福利法③國民教育法④教育基本法。
295	3	對於滿七歲之兒童及少年被收養時首應尊重誰的意願?①收養人②父母親③被收養之當事人④主管機關。
296	B	依據兒童福利法的規定,教育人員在得悉兒童未受適當之養育或照顧;有立即接受診治之必要,但未就醫;遭遺棄、虐待、押賣,被強迫或引誘從事不正當之行為或工作;遭受其他迫害,非立即安置難以有效保護等情事時,需於多少小時內向當地主管機關報告? (A) 12 (B) 24 (C) 48 (D) 72

297	B	若教育人員未能依據兒童福利法的規定，即時通報遭受不當對待的兒童資訊時，將接受怎樣的處分？（A）新臺幣三千元以上一萬元以下罰鍰（B）新臺幣六千元以上三萬元以下罰鍰（C）新臺幣六千元以上一萬二千元以下罰鍰（D）新臺幣一萬元以上三萬元以下罰鍰。
298	③	當前適用的兒童及青少年福利法是（民國）哪一年公布的？①82 年 ②86 年③92 年④93 年。
299	3	當前適用的兒童及少年福利法是（民國）哪一年公布的?（1）72 年 （2）82 年 （3）92 年 （4）93 年
300	4	保護兒童福利，依現行法規，主要是依據哪個法令？（1）家庭教育法 （2）幼稚教育法 （3）兒童福利法 （4）兒童及少年福利法。
301	2	依聯合國兒童權利宣言，兒童特殊權利是指（1）最佳權益權 （2）遊戲權 （3）受保護權 （4）取得公民權。
302	3	廿世紀有幾項關諸兒童權利發展的重要宣言或公約，成為全球公民社會的重要依循或典範。請將後述宣言或公約依公布時間先後排序：甲.兒童權利宣言;乙.兒童權利公約;丙.兒童人權宣言（1）甲丙乙；（2）丙乙甲；（3）丙甲乙；（4）乙丙甲。
303	1	依民國 92 年 05 月 28 日 發布之兒童及少年福利法 下列何者為教育主管機關權責？ （1）兒童課後照顧 （2）發展遲緩兒童早期醫療 （3）兒童及少年心理保健 （4）幼童專用。
304	D	下列哪一項是親職教育的重點？（A）課程設計（B）教學方法（C）資訊科技（D）角色學習。
305	A	依兒童福利法施行細則之規定，父母或監護人對幾歲以下的兒童，不得使獨自在家中缺乏人照顧？（A）六歲 （B）七

		歲 （C）八歲 （D）九歲
306	AC	網路線上遊戲是時下中學生的重要休閒活動之一，台北市為管理網咖有哪些措施？ （A）電腦網路遊戲採分級制 （B）學校 100 公尺內不得設立網咖 （C）十五歲以下青少年須由家長或監護人陪同，始得進入網咖 （D）十五歲以上青少年，午夜十二點之前皆可進出網咖（複選題）
307	1	當老師發現班上兒童明顯的遭身心虐待，下列哪一項是必須採取的措施？（1）盡快向主管機關通報；（2）告知家長，請其帶學生就醫；（3）告知班上同學，請同學幫忙受虐同學恢復心情;（4）通知其他任課老師，請大家幫忙留意受虐同學學校適應狀況。

【兒童及少年福利法施行細則】

民國 93 年 6 月 3 日發布

§1 本細則依兒童及少年福利法（以下簡稱本法）第七十四條規定訂定之。
§2 本法第十一條所定政府應培養兒童及少年福利專業人員，除由大專校院相關系、科培植外，得委託有關機關、學校選訓。 　　本法第十一條所定政府應定期舉行職前訓練及在職訓練，每年至少辦理一次。
§3 本法第十二條第三款所定依本法所處之罰鍰，應全數供作促進兒童及少年福利業務之經費使用。
§4 本法第十三條第一項所定七日內，自胎兒出生之翌日起算，並以網路通報日或發信郵戳日為通報日；非以網路通報或郵寄者，以主管機關收受日為通報日。
§5 本法所稱早期療育，指由社會福利、衛生、教育等專業人員以團隊合作方式，依未滿六歲之發展遲緩兒童及其家庭之個別需求，提供必要之治療、教育、諮詢、轉介、安置與其他服務及照顧。 　　經早期療育後仍不能改善者，輔導其依身心障礙者保護法相關規定申請身心障礙鑑定。
§6 本法所稱發展遲緩兒童，指在認知發展、生理發展、語言及溝通發展、心理社會發展或生活自理技能等方面，有疑似異常或可預期有發展異常情形，並經衛生主管機關認可之醫院評估確認，發給證明之兒童。 　　經評估為發展遲緩兒童，每年至少應再評估一次。
§7 直轄市、縣（市）政府為及早發現發展遲緩兒童，必要時，得辦理兒童身心發展篩檢；發現有疑似發展遲緩兒童時，應依本法第

二十二條規定建立檔案管理，並視其需要提供、轉介適當之服務。

§8 直轄市、縣 （市） 主管機關依本法第十九條第一項第八款、第三十六條第一項或第四十一條第一項規定安置兒童及少年，應循下列順序為原則：

一、 寄養於合適之親屬家庭。

二、 寄養於已登記合格之寄養家庭。

三、 收容於經核准立案之兒童及少年安置及教養機構。

四、 收容於其他安置機構。

§9 警察機關、學校或直轄市、縣 （市） 主管機關發現兒童及少年有本法第二十六條第一項第一款或第三款情形，應予以勸導制止，並酌情通知兒童及少年之父母、監護人或實際照顧之人加強管教。

§10 本法第二十八條第一項營業場所之負責人應於場所入口明顯處，張貼禁止未滿十八歲之兒童及少年進入之標誌。對顧客之年齡有懷疑時，應請其出示身分證明；

無身分證明或不出示證明者，應拒絕其進入該場所。

§11 本法第三十二條所定不適當之人，指下列各款情形之一：

一、 無行為能力人。

二、 七歲以上未滿十二歲之兒童。

三、 有法定傳染病者。

四、 身心有嚴重缺陷者。

五、 其他有影響受照顧兒童及少年安全之虞者。

§12 本法第三十七條第二項所定七十二小時，自依本法第三十六條第一項規定緊急安置兒童及少年之時起，即時起算。但下列時間不予計入：

一、　在途護送時間。

二、　交通障礙時間。

三、　其他不可抗力之事由所生不得已之遲滯時間。

§13 依本法第三十七條第二項規定聲請法院裁定延長者，每次得聲請延長三個月。

§14 依本法第三十九條第三項規定申請探視，應以書面為之。直轄市、縣（市）主管機關應就會面過程做成紀錄。

§15 本法第四十條第二項所定社會工作人員，包括下列人員：

一、　直轄市、縣（市）主管機關編制內或聘雇之社會工作及社會行政人員。

二、　受直轄市、縣（市）主管機關委託之社會福利團體、機構之社會工作人員。

三、　醫療機構之社會工作人員。

四、　執業之社會工作師。

§16 本法第四十一條第一項所定家庭發生重大變故，致無法正常生活於其家庭者，由居住地主管機關認定之；必要時，得洽商有關機關認定之。

§17 直轄市、縣（市）主管機關對依本法安置之兒童、少年及其家庭，應進行個案調查、諮詢，並提供家庭服務。

依本法處理兒童及少年個案時，當地主管機關應通知其居住地及戶籍所在地主管機關提供資料；認為有續予救助、輔導或保護兒童及少年之必要者，得移送兒童及少年戶籍所在地之主管機關處理。

§18 直轄市、縣（市）主管機關發現接受安置之兒童及少年，與其交付安置之親屬家庭、寄養家庭或機構間發生失調情形者，應協調處理之；其不能適應生活者，應另行安置之。

§19 依本法第四十四條第一項規定建立之個案資料，應記載下列事項：

一、 兒童及少年及其家庭、關係人概況。

二、 個案問題概述。

三、 個案分析及評估。

四、 個案處遇結果評估。

五、 個案訪視調查及追蹤報告。

§20 本法第四十六條第一項及第三項所定其他足以識別身分之資訊，包括兒童及少年照片或影像、聲音、住址、親屬姓名或其關係、就讀學校班級等個人基本資料。

§21 兒童及少年福利機構之目的事業，應受各該目的事業主管機關之輔導、監督。

§22 主管機關依本法第六十六條第三項規定通知兒童及少年福利機構限期改善時，應要求受處分者提出改善計畫書，並由主管機關會同目的事業主管機關評估其改善情形。

§23 主管機關應定期對兒童及少年福利需求、兒童及少年福利機構及服務現況調查、統計、分析。

§24 本細則自發布日施行。

| 308 | C | 依現行「兒童及少年福利法」之規定，父母、監護人或其他實際照顧兒童之人，對於幾歲以下之兒童<u>不得使其獨處</u>？（A）八歲（B）七歲（C）六歲（D）五歲。 |

【特殊教育法】

民國 73 年 12 月 17 日公佈
民國 86 年 5 月 14 日修正
民國 93 年 6 月 23 日修正

§1 為使身心障礙及資賦優異之國民，均有接受適性教育之權利，充分發展身心潛能，培養健全人格，增進服務社會能力，特制定本法；本法未規定者，依其他有關法律之規定。
§2 本法所稱主管教育行政機關：在中央為教育部；在直轄市為直轄市政府；在縣（市）為縣（市）政府。 　　本法所定事項涉及各目的事業主管機關業務時，各該機關應配合辦理。
§3 本法所稱身心障礙，係指因生理或心理之顯著障礙，致需特殊教育和相關特殊教育服務措施之協助者。 　　本法所稱身心障礙，指具有下列情形之一者： 一、智慧障礙。 二、視覺障礙。 三、聽覺障礙。 四、語言障礙。 五、肢體障礙。 六、身體病弱。 七、嚴重情緒障礙。 八、學習障礙。 九、多重障礙。 十、自閉症。 十一、發展遲緩。

十二、其他顯著障礙。

　　前項各款鑑定之標準，由中央主管教育行政機關會商相關機關定之。

§4 本法所稱資賦優異，係指在下列領域中有卓越潛能或傑出表現者：

一、一般智慧。

二、學術性向。

三、藝術才能。

四、創造能力。

五、領導能力。

六、其他特殊才能。

　　前項各款鑑定之標準，由中央主管教育行政機關定之。

§5 特殊教育之課程、教材及教法，應保持彈性，適合學生身心特性及需要；其辦法，由中央主管教育行政機關定之。

　　對身心障礙學生，應配合其需要，進行有關復健、訓練治療。

§6 各級主管教育行政機關為研究改進特殊教育課程、教材教法及教具之需要，應主動委託學術及特殊教育學校或特殊教育機構等相關單位進行研究。

　　中央主管教育行政機關應指定相關機關成立研究發展中心。

§7 特殊教育之實施，分下列三階段：

一、學前教育階段，在醫院、家庭、幼稚園、托兒所、特殊幼稚園（班）、特殊教育學校幼稚部或其他適當場所實施。

二、國民教育階段，在醫院、國民小學、國民中學、特殊教育學校（班）或其他適當場所實施。

三、國民教育階段完成後，在高級中等以上學校、特殊教育學校（班）、醫院或其他成人教育機構等適當場所實施。

　　為因應特殊教育學校之教學需要，其教育階段及年級安排，應保持彈性。

§8 學前教育及國民教育階段之特殊教育，由直轄市或縣（市）主管教育行政機關辦理為原則。

國民教育完成後之特殊教育，由各級主管教育行政機關辦理。

各階段之特殊教育，除由政府辦理外，並鼓勵或委託民間辦理。主管教育行政機關對民間辦理特殊教育應優予獎助；其獎助對象、條件、方式、違反規定時之處理及其他應遵行事項之辦法，由中央主管教育行政機關定之。

§9 各階段特殊教育之學生入學年齡及修業年限，對身心障礙國民，除依義務教育之年限規定辦理外，並應向下延伸至<u>三歲</u>，於本法公布施行六年內逐步完成。

國民教育階段身心障礙學生因身心發展狀況及學習需要，得經該管主管教育行政機關核定延長修業年限，並以延長<u>二年</u>為原則。

§10 為執行特殊教育工作，各級主管教育行政機關應設專責單位，各級政府承辦特殊教育業務人員及特殊教育學校之主管人員，應優先任用相關專業人員。

§11 各師範校院應設特殊教育中心，負責協助其輔導區內特殊教育學生之鑑定、教學及輔導工作。

大學校院設有教育院、系、所、學程或特殊教育系、所、學程者，應鼓勵設特殊教育中心。

§12 直轄市及縣（市）主管教育行政機關應設特殊教育學生鑑定及就學輔導委員會，聘請衛生及有關機關代表、相關服務專業人員及學生家長代表為委員，處理有關鑑定、安置及輔導事宜。有關之學生家長並得列席。

§13 各級學校應主動發掘學生特質，透過適當鑑定，按身心發展狀況及學習需要，輔導其就讀適當特殊教育學校（班）、普通學校相當班級或其他適當場所。身心障礙學生之教育安置，應以滿足

學生學習需要為前提下，<u>最少限制的環境</u>為原則。直轄市及縣（市）主管教育行政機關應每年重新評估其教育安置之適當性。

§14 對於就讀普通班之身心障礙學生，應予適當安置及輔導；其安置原則及輔導方式之辦法，由各級主管教育行政機關定之。

　　為使普通班老師得以兼顧身心障礙學生及其他學生之需要，身心障礙學生就讀之普通班應減少班級人數；其減少班級人數之條件及核算方式之辦法，由各級主管教育行政機關定之。

§15 各級主管教育行政機關應結合特殊教育機構及專業人員，提供普通學校輔導特殊教育學生之有關評量、教學及行政支援服務；其支援服務項目及實施方式之辦法，由中央主管教育行政機關定之。

§16 特殊教育學校（班）之設立，應力求普及，以<u>小班、小校</u>為原則，並朝<u>社區化</u>方向發展。少年矯正學校、社會福利機構及醫療機構附設特殊教育班，應報請當地主管教育行政機關核准後辦理。

§17 為普及身心障礙兒童及青少年之學前教育、早期療育及職業教育，各級主管教育行政機關應妥當規劃加強推動師資培訓及在職訓練。

　　特殊教育學校置校長，其聘任資格依教育人員任用條例之規定，聘任程序比照各該校所設學部最高教育階段之學校法規之規定。特殊教育學校（班）、特殊幼稚園（班），應依實際需要置特殊教育教師、相關專業人員及助理人員。特殊教育教師之資格及聘任，依師資培育法及教育人員任用條例之規定；相關專業人員及助理人員之類別、職責、遴用資格、程序、報酬及其他權益事項之辦法，由中央主管教育行政機關定之。

　　特殊教育學校（班）、特殊幼稚園（班）設施之設置，應以適合<u>個別化教學</u>為原則，並提供無障礙之學習環境及適當之相關服務。

	前二項人員之編制、設施規模、設備及組織之設置標準，由中央主管教育行政機關定之。
§18	設有特殊教育系（所）之師範大學、師範學院或一般大學，為辦理特殊教育各項實驗研究，並供教學實習，得附設特殊教育學校（班）。
§19	接受國民教育以上之特殊教育學生，其品學兼優或有特殊表現者，各級政府應給予獎助；家境清寒者，應給予助學金、獎學金或教育補助費。 　前項學生屬身心障礙者，各級政府應減免其學雜費，並依其家庭經濟狀況，給予個人必需之教科書及教育補助器材。 　身心障礙學生於接受國民教育時，無法自行上下學者，由各級政府免費提供<u>交通工具</u>；確有困難，無法提供者，補助其<u>交通費</u>。 　前三項獎助之對象、條件、金額、名額、次數及其他應遵行事項之辦法，由各級政府定之。
§20	身心障礙學生，在特殊教育學校（班）修業期滿，依修業情形發給畢業證書或修業證書。 　對失學之身心障礙國民，應辦理學力鑑定及規劃實施免費成人教育；其辦理學力鑑定及實施成人教育之對象、辦理單位、方式及其他相關事項之辦法，由各級主管教育行政機關定之。
§21	完成國民教育之身心障礙學生，依其志願報考各級學校或經主管教育行政機關甄試、保送或登記、分發進入各級學校，各級學校不得以身心障礙為由拒絕其入學；其升學輔導辦法，由中央主管教育行政機關定之。 　各級學校入學試務單位應依考生障礙類型、程度，提供考試適當服務措施，由各試務單位於考前訂定公告之。
§22	身心障礙教育之診斷與教學工作，應以<u>專業團隊合作進行為原</u>

則，集合衛生醫療、教育、社會福利、就業服務等專業，共同提供課業學習、生活、就業轉銜等協助；身心障礙教育專業團隊設置與實施辦法，由中央主管教育行政機關定之。
§23 各級主管教育行政機關應每年定期舉辦特殊教育學生狀況調查及教育安置需求人口通報，出版統計年報，並依據實際需求規劃設立各級特殊學校 （班） 或其他身心障礙教育措施及教育資源的分配，以維護特殊教育學生接受適性教育之權利。
§24 就讀特殊學校（班）及一般學校普通班之身心障礙者，學校應依據其學習及生活需要，提供無障礙環境、資源教室、錄音及報讀服務、提醒、手語翻譯、調頻助聽器、代抄筆記、盲用電腦、擴視鏡、放大鏡、點字書籍、生活協助、復健治療、家庭支援、家長諮詢等必要之教育輔助器材及相關支援服務；其實施辦法，由各級主管教育行政機關定之。
§25 為提供身心障礙兒童及早接受療育之機會，各級政府應由醫療主管機關召集，結合醫療、教育、社政主管機關，共同規劃及辦理早期療育工作。 　　對於就讀幼兒教育機構者，得發給教育補助費。
§26 各級學校應提供特殊教育學生家庭包括資訊、諮詢、輔導、親職教育課程等支援服務，特殊教育學生家長至少一人為該校家長會委員。
§27 各級學校應對每位身心障礙學生擬定個別化教育計畫，並應邀請身心障礙學生家長參與其擬定與教育安置。
§28 對資賦優異者，得降低入學年齡或縮短修業年限；縮短修業年限之資賦優異學生，其學籍、畢業資格及升學，比照應屆畢業學生辦理；其降低入學年齡、縮短修業年限與升學及其他相關事項之辦法，由中央主管教育行政機關定之。
§29 資賦優異教學，應以結合社區資源、參與社區各類方案為主，

並得聘任具特殊專才者為特約指導教師。 　　各級學校對於身心障礙及社經文化地位不利之資賦優異學生，應加強鑑定與輔導。
§30 各級政府應按年從寬編列特殊教育預算，在中央政府不得低於當年度教育主管預算<u>百分之三</u>；在地方政府不得低於當年度教育主管預算<u>百分之五</u>。 　　地方政府編列預算時，應優先辦理身心障礙學生教育。 　　中央政府為均衡地方身心障礙教育之發展，應視需要補助地方人事及業務經費以辦理身心障礙教育。
§31 各級主管教育行政機關為促進特殊教育發展及處理各項權益申訴事宜，應聘請專家、學者、相關團體、機構及家長代表為諮詢委員，並定期召開會議。 　　為保障特殊教育學生教育權利，應提供申訴服務；其申訴案件之處理程序、方式及其他相關服務事項之辦法，由中央主管教育行政機關定之。
§31-1 公立特殊教育學校之場地、設施與設備提供他人使用、委託經營、獎勵民間參與，與學生重補修、辦理招生、甄選、實習、實施推廣教育等所獲之收入及其相關支出，應設置專帳以代收代付方式執行，其剩餘款並得滾存作為改善學校基本設施或充實教學設備之用，不受預演算法第十三條、國有財產法第七條及地方公有財產管理相關規定之限制。 　　前項收支管理作業規定，由中央主管教育行政機關定之。
§32 本法施行細則，由中央主管教育行政機關定之。
§33 本法自公布日施行。

融合教育（inclusion education）

1.起源：近十幾年來，特教思潮回歸至主流教育理念，提倡讓特殊學生與一般學生有共同相處、學習、互動的機會，並強調每個學生應有相等的學習權下，近年來更進而提出了「融合」（inclusion）或「完全融合」（full inclusion）的理念，不再將特殊學生分離教育，強調讓特殊學生與普通學生融合在一起學習。

2.目的：融合教育這股特殊教育新起的思潮，正是為避免標記學生與剝奪學生的學習權（如社會技能發展），隨著融合教育理念的逐漸推展，普通班老師將愈來愈有機會接觸到特殊學生，因此我們有必要對融合教育做一番探討。
（資料來源：中華民國特殊教育概況第三章_特教行政）

3.定義：融合教育指的是將身心障礙兒童和普通同儕放在同一間教室一起學習的方式，它強調提供身心障礙兒童一正常化的教育環境，而非隔離的環境，在普通班中提供所有的特殊教育和相關服務措施，使特殊教育及普通教育合併為一個系統。融合教育已是世界潮流，融合教育在國外行之有年，目前較有成的國家有：加拿大、美國、西歐諸國、紐西蘭、澳洲，日本也逐漸在推廣中。

4.精神：「融合教育的信念」，乃基於所有的學生有權在他們所居住的地區接受免費的公共教育，即使對於障礙兒童。

（1）學校首先要想到的就是容納他們於普通班接受指導；其次學校和孩子的父母合作訂定個別化教育計畫（IEP），IEP可能包含其他相關的服務，便提供適當的機會使孩子能達成所預期的學習目標。

（2）基本上融合教育乃採取一元的教育系統，教育的對象是班級內所有具特殊需求的學生，而由普通教師、特

殊教師及相關專業人員協同合作，分擔責任，共同完
成教學工作，其要點為：

① 讓特殊兒童就讀普通班。

② 提供融合教育之普通班或學校足夠且適宜的支援。

③ 需針對特殊學生提出個別化教育計畫。

④ 讓普通學生與特殊學生均蒙其利。

（資料來源：融合教育研究報告）

309	4	特殊教育法規定，各級政府應按年從寬編列特殊教育經費，在地方政府不得低於當年度教育主管預算的多少百分比？①百分之一②百分之二③百分之三④百分之五。
310	4	民國86年修訂的「特殊教育法」規定身心障礙國民教育應向下延伸至幾歲？ ①6歲②5歲③4歲④3歲。
311	C	我國最近一次特殊教育法修訂公布於民國：(A)88年 (B)87年 (C)86年 (D)85年。
312	D	參與個別化教育計畫會議的人員應包括：(A)學校行政人員 (B)家長 (C)教師 (D)以上皆是。
313	D	下列何者非特殊教育法對資優教育所規範的內容？ (A)資賦優異者，得降低入學年齡 (B)資賦優異教學，得結合社區資源 (C)對身心障礙之資賦優異學生，應加強鑑定與輔導 (D)資賦優異教學，得依教師專長調整之
314	B	依「特殊教育法（民93）」第二十七條之規定，個別化教育計畫乃為下列何者提供？(A)資賦優異者 (B)身心障礙者 (C)學前兒童 (D)全體特殊兒童
315	4	學前及國民教育階段之安置學校（場所）應於開學二周後對已安置而未就學學生，安置學校應造冊通報教育單位及社政單位相互協調配合追蹤輔導。①三個月②四個月③五個月④六個月。

316	2	我國有關特殊教育法規定，特殊兒由學前教育階段進入國民小學作就學安置時，原幼稚園應安置前幾個月邀請安置學校及相關人員召開轉銜會議？①半個月②一個月③一個半月④二個月。
317	B	「各教育階段身心障礙學生個案轉銜服務各類資料表」之通報，應於學生安置確定後（A）一週　（B）二週　（C）三週　（D）四週　內完成
318	D	下列何者並非《特殊教育法》中所明定的資優學生？（A）體育資優生　（B）音樂資優生　（C）英語資優生　（D）以上皆是資優生
319	C	下列哪一項不屬於特殊教育法令中的「其他特殊才能優異」？（A）肢體動作　（B）工具運用　（C）組織　（D）棋藝
320	C	根據我國法令規定，能運用心智慧力產生創新及建設性之作品、發明、或問題解決者稱為：（A）領導才能優異　（B）發明能力優異　（C）創造能力優異　（D）特殊才能優異
321	B	下列哪一項縮短修業年限的說明內容是錯誤的？（A）逐科加速：依資優生學習成就優異之科目，將就讀教育階段內應修習之課程，以較少的時間逐科加速完成　（B）免修課程：資優生某一科或多科學業成就具有高一學業階段程度者，在校可免修該課程　（C）逐科跳級：資優生之部分學科程度，超越同年級學生一個年級以上者，採逐科跳級學習的方式，提早修習較高年級或較高教育階段之課程　（D）各科同時加速：資優生各科學習成就均優時，將就讀教育階段之課程，採全部學科同時加速之方式，以較少之時間完成
322	B	根據「資賦優異學生降低入學年齡縮短修業年限及升學辦

		法」的規定，資優學生縮短修業年限的方式有七種，下列何者並非其中之一？ (A)逐科加速 (B)提早入學 (C)逐科跳級 (D)各科同時加速
323	A	「依資優生學習成就優異之科目，將就讀教育階段內應修習之課程，以較少的時間加速完成。」是哪一種縮短修業年限的方式？ (A)逐科加速 (B)各科同時加速 (C)免修課程 (D)全部學科跳級
324	B	根據「身心障礙及資賦優異學生鑑定標準」，一般智慧優異學生的智力應達百分等級(A)97 (B)93 (C)95 (D)91 以上
325	B	下列何者非為資優兒童提早入學的鑑定原則？ (A)智慧評量結果在平均數正二個標準差以上 (B)智慧評量結果在百分等級九十三以上 (C)社會適應行為之評量結果與適齡兒童相當 (D)應由其父母或監護人提出申請
326	C	根據教育部「身心障礙及資賦優異學生鑑定標準」，所謂的一般智慧優異學生需符合某些鑑定基準，下列哪一項是正確的？ (A)智力或綜合性向測驗得分在平均數正二個標準差或百分等級九十七以上者 (B)獨立研究成果優異，經專家學者或指導教師推薦，並檢附具體資料者 (C)專家學者、指導教師或家長觀察推薦，並檢附學習特質與表現等具體資料者 (D)參加國際性或全國性有關學科競賽或展覽活動表現特別優異，獲前三等獎項者
327	A	依據特殊教育法身心障礙及資賦優異學生鑑定標準，何者非藝術才能優異者的鑑定標準？ (A)智力測驗得分在平均數正一點五個標準差以上者 (B)綜合性向測驗得分在百分等級九十三以上者 (C)專家學者觀察推薦，檢附學習表現具體資料者 (D)指導教師觀察推薦，檢附學習

		表現具體資料者。
328	A	依據特殊教育法身心障礙及資賦優異學生鑑定標準，何者非一般智慧優異者的鑑定標準？（A）智力測驗得分在平均數正二個標準差以上者 （B）綜合性向測驗得分在百分等級九十三以上者 （C）專家學者或指導教師觀察推薦，檢附學習表現具體資料者 （D）家長觀察推薦，檢附學習表現具體資料者
329	D	依據特殊教育法的規範，對資賦優異學生，每班人數不得超過多少人？（A）10人 （B）12人 （C）15人 （D）30人
330	4	特殊教育法及相關子法規定父母參與學校教育，下列敘述何者有誤？①參與孩子鑑定、安置會議表達意見的權利②參與孩子教學與輔導會議表達意見的權利③有選擇支援服務方式的權利④指定聘請任課教師人選的權利。
331	D	「對受畢學校正式教育以後的成年人所實施的各項教育活動的過程」稱為成人教育，其中成年人是指至少滿（A）十二歲以上（B）十五歲以上（C）十七歲以上（D）十八歲以上
332	3	依據我國特殊教育法之有關規定，學前教育階段身心障礙兒童在原則上以安置於何種教育機構為宜？（1）特殊教育幼稚園 （2）特殊學校幼稚部 （3）就讀一般幼稚園接受融合教育 （4）在家接受巡迴輔導。
333	4	在我國特殊教育法有關規定中，下列哪一階段並未規定要在個別化教育計畫中包含轉銜服務？（1）學前教育大班 （2）國小六年級 （3）國中三年級 （4）大學四年級。
334	2	依據我國特殊教育有關法規，特殊教育幼稚園每班兒童人

		數以不超過多少人為原則？(1)5　(2)10　(3)15　(4)20　人。
335	3	我國主管有疑似發展遲緩或身心障礙個案之早期通報的行政機構是 (1)衛生行政　(2)教育行政　(3)社會行政　(4)警察治安行政。
336	3	國民小學資源教室的主要承辦單位為？ (1)教務處　(2)訓導處　(3)輔導室　(4)總務處。
337	2	小明今年四歲，身心發展正常，但父、母親都領有重度殘障證明，家裏每月都靠著社會救濟金度日，請問小明屬於教保機構的哪一類招生對象？(1)發展特殊幼兒　(2)環境特殊幼兒　(3)文化特殊幼兒　(4)心理特殊幼兒。
338	D	下列哪一項是親職教育的重點？(A)課程設計(B)教學方法(C)資訊科技(D)角色學習。
339	D	「最少限制環境」是指：　(A)在身心障礙學生的自然環境內評估　(B)聚焦於社區本位目標的特殊教育服務　(C)在普通班教導所有身心障礙學生　(D)儘可能在接近正常的情境提供服務
340	A	對於身心障礙兒童的「教育安置」之基本原則：(A)最少限制(B)最多機會(C)積極介入(D)開放多元。
341	3	下列何者未在〈特殊教育法〉(民93)及其子法中提及？①個別化教育方案②專業團隊③個別化教育方案會議④最少限制環境。
342	4	下列哪一種身心障礙，不是特殊教育法所列的類別名稱？①自閉症②發展遲緩③嚴重情緒障礙④注意力缺陷過動症。
343	C	民國八十六年修正的特殊教育法增加的障礙類別是 (A)身體病弱　(B)多重障礙　(C)自閉症　(D)其他顯著障礙

344	③	ADHD 於新修特教法規中列於何類？①學習障礙 ②智慧障礙 ③嚴重情緒障礙 ④其他顯著障礙。
345	①	特殊教育法規定，特殊教育經費在縣市不得少於當年教育預算的百分之幾？①五②三 ③一 ④八。
346	B	哪一種方式是最大統合，最少限制的特殊教育安置方式？（A）普通班 （B）資源班 （C）自足式特殊班 （D）是課程為經驗。
347	②	「最少限制的環境」是指：①學校不要建圍牆 ②學生安置在最能發展潛能的環境③沒有障礙的公共設施 ④以上皆是。
348	C	就現行規定啟智班上課領域時數有所變更時，需由哪個層級來核定？（A）校長（B）輔導主任 （C）縣市政府 （D）教育部。
349	C	就連續安置模式的觀點來說，下列哪一種安置方式的環境限制最小？（A）在家教育（B）普通學校自足式特殊班 （C）資源教室 （D）特殊學校。
350	④	依據特殊教育法之規定，所謂「資賦優異」學生，是指在下列哪個領域中有卓越潛能或杰出表現者？①一般智慧②藝術才能 ③領導能力 ④以上皆是。
351	C	「優生保健法施行細則（民 89）」規定，醫療行為外的人工流產應於妊娠幾週內施行？ （A）十週（B）十二週（C）二十四週 （D）三十六週
352	D	我國<特殊教育法>規定，資優學生的類別，下列何者不包括在內？（A.領導才能 B.學術性向 C.藝術才能 D.社交才能）
353	B	根據修正「特殊教育法」（民 86），地方政府編列預算時，

		應優先辦理的是:(A)資優教育 (B)身心障礙教育 (C)兩者並重 (D)視情況而定。
354	B	有關我國特殊教育行政現況,下列何者正確?(A) 台北市教育局設置特殊教育股(B) 教育部設立特殊教育工作執行小組(C) 全國各縣市政府均設置特教推行委員會(D) 教育部中部辦公室設有特教科。
355	3	下列哪一種特殊教育環境的安置型態對於學習環境的限制最少?(1)巡迴輔導制 (2)普通班輔以諮詢服務 (3)資源教室 (4)特殊學校。
356	D	所謂「巡迴輔導」是指:(A)特殊學生到各處接受不同專業老師輔導(B)學生在資源班和普通班間受教育(C)學生每隔一段時間接受重覆課程教學(D)經訓練的老師到各地安置特殊學生的學校作輔導。
357	D	特殊教育學校(班)之設立,應力求普及,以小班、小校為原則之外,並應朝何方向發展?(A)商業化(B)獨特化(C)分立化(D)社區化。
358	A	有關資源班的敘述,哪一項是正確的?(A)是強調加廣、加深與加速教學的場所 (B)會加重「標籤」的不良後果 (C)發展學習宜加強升學輔導 (D)應以普通班為其基礎,重視補救教學。
359	A	我國特殊教育法(民73,民86)對於特殊教育課程、教材、教法的規定是: (A)「應」保持彈性 (B)「得」保持彈性 (C)「可」保持彈性 (D)「宜」保持彈性。
360	D	下列何者不是我國資優教育的特色? (A)強調彈性學制與課程 (B)採用多元才能的概念 (C)以充實方案為主(D)民間主導。

| 361 | B | 根據修正「特殊教育法」（民86），地方政府編列預算時，應優先辦理的是：(A)資優教育 (B)身心障礙教育 (C)兩者並重 (D)視情況而定。 |

填充題：

362	回歸主流	自1970年代以來，在特殊教育界興起一急速發展的運動，即儘可能將殘障兒童與正常兒童安置在一起接受教育，此一運動稱之為＿＿＿＿。
363	藝術才能 創造能力 領導才能	特殊教育法中所謂的資賦優異，係指在六類領域中有卓越潛能或傑出表現者；這六類領域分別是：一般智慧、學術性向、□□、□□、□□、和其他特殊才能。
364	身體病弱、 嚴重情緒障 礙、自閉症	〈特殊教育法〉（民93）所稱身心障礙，是指：智慧障礙、視覺障礙、聽覺障礙、語言障礙、肢體障礙、＿＿＿＿＿、＿＿＿＿＿＿、學習障礙、多重障礙、＿＿＿＿、發展遲緩、其他顯著障礙等十二類。
365	語暢異常、 語言發展遲 緩	〈身心障礙及資賦優異學生鑑定標準〉（民91）規定，語言障礙分為：構音障礙、聲音異常、＿＿＿＿＿、＿＿＿＿四類。
366	藝術才能、 領導能力	依〈特殊教育法〉（民93）所定，資賦優異的類型，除了一般智慧優異以外，還包括學術性向優異、＿＿＿＿優異、創造能力優異、＿＿＿＿＿＿優異、其他特殊才能優異。
367	學習、 生活適應	依據〈身心障礙及資賦優異學生鑑定標準〉所稱「智慧障礙」，指個人之智慧發展較同年齡者明顯遲緩，且在＿＿＿及＿＿＿＿＿能力表現上有嚴重困難者；其鑑定標準如下：一、心智功能明顯低下或個別智力

		測驗結果未能達到平均數負二個標準差。二、學生在自我照顧、動作、溝通、社會情緒或學科學習等表現上較同年齡者有顯著困難情形。
368	無障礙環境	〈特殊教育法〉（民93）第24條規定：就讀特殊學校（班）及一般學校普通班之身心障礙者，學校應依據其學習及生活需要，提供_____、資源教室、錄音及讀報服務、提醒、手語翻譯、調頻助聽器、代抄筆記、盲用電腦、擴視鏡、放大鏡、點字書籍、生活協助、復健治療、家庭、家長諮詢等必要之及教育輔助支援器材及相關支援服務。
369	一/每學期	個別化教育計畫的訂定應在身心障礙學生開學後____個月內完成，至少_____檢討一次。
370	三/五	〈特殊教育法〉（民93）規定，特殊教育經費占當年度教育主管預算比例：在中央政府不得少於百分之____，在地方政府不得少於百分之____。

名詞解釋：完全融合（full inclusion）

申論題：

在常態化邊班級融合教育的安置型態下，教師普遍面臨到班級內學生能力殊異、教學無法兼顧全體學生需求的困境。教師中的「客人」不止於身心障礙的學生，能力超前的資優生也常成為教室中的另類「客人」。基於適性教材教法對於引起學習者動機及促進能力發揮的重要性，學校教師在教材教法上應如何調整及設計具有「區分性」的課程，以兼顧不同能力學生的需求？

試述注意力缺陷過動症（ADHD）的類型、常見的適應問題與教學策略？

「個案輔導評量」有哪些主要內容？個案管理教師如何落實個案輔導評量？

在重視學生優勢潛能開發的前題下，學校應如何在資優生鑑定過程中調整鑑定工具及方式，以提高障礙學生接受資優教育的機會？

【特殊教育法施行細則】

民國 92 年 8 月 7 日修正

§1 本細則依特殊教育法（以下簡稱本法）第三十二條規定訂定之。
§2 （刪除）
§3 本法第七條第一項第一款所稱特殊幼稚園，指為身心障礙或資賦優異者專設之幼稚園；所稱特殊幼稚班，指在幼稚園為身心障礙或資賦優異者專設之班。 　　本法第七條第一項第二款及第三款所稱特殊教育學校，指為身心障礙或資賦優異者專設之學校；所稱特殊教育班，指在國民小學、國民中學、高級中學、職業學校或依本法第十六條第二項為身心障礙或資賦優異者專設之班。 　　本法第七條第一項第三款所稱高級中等以上學校，指高級中學、職業學校、專科學校及大學。
§4 政府、民間依本法第八條規定辦理特殊教育學校（班）者，其設立、變更及停辦之程序如下： 一、公立特殊教育學校： 　（一）國立者，由中央主管教育行政機關核定。 　（二）直轄市及縣（市）立者，由直轄市及縣（市）主管教育行政機關核定，報請中央主管教育行政機關備查。 二、公立學校之特殊教育班：由學校之主管教育行政機關核定。 三、私立特殊教育學校：依私立學校法規定之程序辦理。 四、私立學校之特殊教育班：由學校之主管教育行政機關核定。 　　各階段特殊教育除依前項規定辦理外，公、私立學校並得依學生之特殊教育需要，自行擬具特殊教育方案，向各級主管教育行政機關申請辦理之；

	其方案之基本內容及申請程序，由各級主管教育行政機關定之。
§5	各級主管教育行政機關得依本法第八條第三項委託民間辦理特殊教育學校（班）或其他教育方案，其委託方式及程序，由各該主管教育行政機關定之。
§6	為辦理本法第九條第一項身心障礙學生入學年齡向下延伸至三歲事項，直轄市、縣（市）政府應普設學前特殊教育設施，提供適當之相關服務。 　　直轄市、縣（市）政府對於前項接受學前特殊教育之身心障礙學生，應視實際需要提供教育補助費。 　　第一項所稱學前特殊教育設施，指在本法第七條第一項第一款所定場所設置之設備或提供之措施。
§7	學前教育階段身心障礙兒童，應以與普通兒童一起就學為原則。
§8	本法第十條所稱專責單位，指於各級主管教育行政機關置專任人員辦理特殊教育行政工作之單位。
§9	本法第十二條所稱特殊教育學生鑑定及就學輔導委員會（以下簡稱鑑輔會），應以綜合服務及團隊方式，辦理下列事項： 一、議決鑑定、安置及輔導之實施方式與程序。 二、建議專業團隊及特殊教育資源中心應遴聘之專業人員。 三、評估特殊教育工作績效。 四、執行鑑定、安置及輔導工作。 五、其他有關特殊教育鑑定、安置及輔導事項。 　　直轄市、縣（市）主管教育行政機關應從寬編列鑑輔會年度預算，必要時，由中央主管教育行政機關補助之。 　　鑑輔會應置主任委員一人，由直轄市、縣（市）主管教育行政機關首長兼任之；並指定專任人員辦理鑑輔會事務。鑑輔會之組織及運作方式，由直轄市、縣（市）主管教育行政機關定之。

§10 直轄市、縣（市）主管教育行政機關應結合鑑輔會、特殊教育資源中心、特殊教育諮詢委員會、身心障礙教育專業團隊及其他相關組織，建立特殊教育行政支援系統；其聯繫及運作方式，由直轄市、縣（市）主管教育行政機關定之。

　　前項所稱特殊教育資源中心，指直轄市、縣（市）主管教育行政機關為協助辦理特殊教育相關事項所設之任務編組；其成員，由直轄市、縣（市）主管教育行政機關就學校教師、學者專家或相關專業人員聘兼之。

§11 鑑輔會依本法第十二條安置身心障礙學生，應於身心障礙學生教育安置會議<u>七日</u>前，將鑑定資料送交學生家長；家長得邀請教師、學者專家或相關專業人員陪同列席該會議。

　　鑑輔會應就前項會議所為安置決議，於身心障礙學生入學前，對安置機構以書面提出下列建議：

一、安置場所環境及設備之改良。

二、復健服務之提供。

三、教育輔助器材之準備。

四、生活協助之計畫。

　　前項安置決議，鑑輔會應依本法第十三條<u>每年</u>評估其適當性；必要時，得視實際狀況調整安置方式。

§12 國民教育階段特殊教育學生之就學以<u>就近入學</u>為原則。但其學區無合適特殊教育場所可安置者，得經其主管鑑輔會鑑定後，安置於適當學區之特殊教育場所。

　　前項特殊教育學生屬身心障礙者，直轄市、縣（市）主管教育行政機關應依本法第十九條第三項規定，提供交通工具或補助其交通費。

§13 依本法第十三條輔導特殊教育學生就讀普通學校相當班級時，該班級教師應參與特殊教育專業知能研習，且應接受特殊教育教師

或相關專業人員所提供之諮詢服務。

　　本法第十三條所稱輔導就讀特殊教育學校（班），指下列就讀情形：

一、學生同時在普通班及資源班上課者。

二、學生同時在特殊教育班及普通班上課，且其在特殊教育班上課之時間超過其在校時間之二分之一者。

三、學生在校時間全部在特殊教育班上課者。

四、學生在特殊教育學校上課，且每日通學者。

五、學生在特殊教育學校上課，且在校住宿者。

§14 資賦優異學生入學後，學校應予有計畫之個別輔導；其輔導項目，應視學生需要定之。

§15 資賦優異學生，如須轉入普通班或一般學校就讀者，原就讀學校應輔導轉班或轉校，並將個案資料隨同移轉，以便追蹤輔導。

§16 各級主管教育行政機關於依本法第二十三條實施特殊教育學生狀況調查後，應建立各階段特殊教育學生通報系統，並與衛生、社政主管機關所建立之通報系統互相協調、結合。

　　本法第二十三條所定出版統計年報，應包含接受特殊教育服務之學生人數與比率、教育安置狀況、師資狀況及經費狀況等項目。

§17 本法第二十六條所定提供特殊教育學生家庭支援服務，應由各級學校指定專責單位辦理。其服務內容應於開學後二週內告知特殊教育學生家長；必要時，應依據家長之個別需要調整服務內容及方式。

§18 本法第二十七條所稱個別化教育計畫，指運用專業團隊合作方式，針對身心障礙學生個別特性所擬定之特殊教育及相關服務計畫，其內容應包括下列事項：

一、學生認知能力、溝通能力、行動能力、情緒、人際關係、感

官功能、健康狀況、生活自理能力、國文、數學等學業能力之現況。

二、學生家庭狀況。

三、學生身心障礙狀況對其在普通班上課及生活之影響。

四、適合學生之評量方式。

五、學生因行為問題影響學習者，其行政支援及處理方式。

六、學年教育目標及學期教育目標。

七、學生所需要之特殊教育及相關專業服務。

八、學生能參與普通學校（班）之時間及項目。

九、學期教育目標是否達成之評量日期及標準。

十、學前教育大班、國小六年級、國中三年級及高中（職）三年級學生之轉銜服務內容。

　　前項第十款所稱轉銜服務，應依據各教育階段之需要，包括升學輔導、生活、就業、心理輔導、福利服務及其他相關專業服務等項目。

　　參與擬定個別化教育計畫之人員，應包括學校行政人員、教師、學生家長、相關專業人員等，並得邀請學生參與；必要時，學生家長得邀請相關人員陪同。

§19 前條個別化教育計畫，學校應於身心障礙學生開學後一個月內訂定，每學期至少檢討一次。

§20 依本法第二十九條第二項鑑定身心障礙之資賦優異學生及社經文化地位不利之資賦優異學生時，應選擇適用該學生之評量工具及程序，得不同於一般資賦優異學生。

　　依本法第二十九條第二項輔導身心障礙之資賦優異學生及社經文化地位不利之資賦優異學生時，其教育方案應保持最大彈性，不受人數限制，並得跨校實施。

　　學校對於身心障礙之資賦優異學生之教學，應就其身心狀

況，予以特殊設計及支援。

§21 各教育階段特殊教育之評鑑，該管主管教育行政機關，應至少每二年辦理一次；其評鑑項目，由各級主管教育行政機關定之。

直轄市及縣（市）主管教育行政機關辦理特殊教育之績效，中央主管教育行政機關應至少每二年訪視評鑑一次。

前二項之評鑑，必要時，該管主管教育行政機關得委任或委託大學校院或民間團體辦理之。

§22 本細則自發布日施行。

371	1	依據我國特殊教育法施行細則之規定，學前教育階段之身心障礙兒童的安置以何方式為原則？①融合班②自足式特教班③特殊學校④特殊資源教室。
372	B	下列何者為有效個別化教育方案的基本原理？（A）使各類學生獲得平等的學習效果　（B）規劃的是暫時性方案　（C）強調教學的效果　　（D）利用各種資源進行個別教學
373	A	個別化教育方案的主要目的是（A）強調具體的宗旨和目標（B）量化學校提供身心障礙學生服務的績效　（C）包括說話和語文為主要焦點的特殊教育　（D）提供每年一次評估
374	A	個別化教育方案是針對某一身心障礙學生的（A）診斷與處方　（B）教學計畫　（C）成績報告　（D）家長與學校的契約書
375	2	每一位特殊兒童的個別化教育計畫（IEP）之訂定應該在何時完成？①每學期開學前一個月內②每學期開學後一個月內③每學年開學前一個月內④每學年開學後一個月內。
376	A	特殊教育學生鑑定及就學輔導委員會（鑑輔會），應於身心障礙學生教育安置會議（A）一週（B）二週（C）一月（D）

		二月　之前，將鑑定資料送交學生家長
377	D	「身心障礙教育專業團隊設置與實施辦法（民88）」未將下列何者列入專業團隊？（A）特殊教育教師　（B）普通教育教師　（C）教育行政人員　（D）學生家長
378	D	「身心障礙者保護法（民90）」規定：為適時提供療育與服務，中央衛生主管機關應建立疑似身心障礙（A）零歲　（B）三歲　（C）五歲　（D）六歲　以下嬰幼兒早期發現通報系統
379	A	「特殊教育法施行細則（民92）」規定，學校應於身心障礙學生開學（A）後一個月　（B）後兩週　（C）前一個月　（D）前一週　內訂定個別化教育計畫
380	B	各級學校應提供特殊教育學生家庭支援服務，其服務內容應於開學後（A）一週　（B）二週　（C）三週　（D）四週　內，告知特殊教育學生家長
381	D	依據特殊教育有關法令，小學生的轉銜服務應強調以下何種服務？（A）升學輔導　（B）心理輔導　（C）福利服務　（D）以上皆是
382	A	根據特殊教育法，重度障礙兒童：（A）可以安置在普通班　（B）應該安置在普通班　（C）不宜安置在普通班　（D）最好安置在特教班以免損及其他學生之受教權
383	4	在我國特殊教育法有關規定中，下列哪一階段並未規定要在個別化教育計畫中包含轉銜服務？（1）學前教育大班　（2）國小六年級　（3）國中三年級　（4）大學四年級。
384	A	有關資源班的敘述，哪一項是正確的？（A）是強調加廣、加深與加速教學的場所（B）會加重「標籤」的不良後果（C）發展學習宜加強升學輔導　（D）應以普通班為其基礎，重視

		補救教學。
385	④	依據特殊教育法規學校應於開學後多久內，指定單位提供特教學生家庭支援服務計畫？①一個月 ②二個月 ③一週 ④二週。
386	①	下列哪一項不是特教班教師為特教生應該做的義務？①申辦身心障礙手冊 ②家庭聯繫 ③申請身心障礙輔具 ④編撰教材。
387	①	特殊教育法規定國民教育階段特殊教育學生入學原則為 ①就近學習 ②依障礙別入學 ③依障礙程度入學 ④依學校設班情況入學。
388	④	對於學習障礙學生的鑑定何者為錯？①智力正常 ②排除文化不利 ③有顯著的內在能力差異 ④包括教學不當引起。
389	A	下列哪一項不是 IEP 規定的內容？（A）學生家庭狀況 （B）認知能力 （C）教學活動設計 （D）所需相關專業服務。
390	B	根據新特教法的規定，學生之 IEP 至少多久要檢討一次？（A）3 個月 （B）一學期（C）一學年 （D）二學年。
391	B	特殊教育法施行細則規定，中小學特殊班的教學及輔導至少每隔幾年要評鑑一次？ （A）一年（B）二年（C）三年（D）四年
392	B	依據新特教法規的規定，各級政府對於特殊教育工作至少多久要評鑑一次？（A）一年 （B）二年 （C）三年 （D）四年。

填充題：

393	個別化教育計畫／IEP	在教學過程中為顧及學生的個別能力與需要所特別擬定的教育方案稱之為_____英文簡稱_____

名詞解釋：相關專業服務

簡答題：

為滿足身心障礙者多元的需求，專業團隊有其必要，試論述專業團隊服務的範圍與型態？

【身心障礙及資賦優異學生鑑定標準】

民國 91 年 5 月 9 日發布　全文 20 條

§1 本標準依特殊教育法（以下簡稱本法）第三條第三項及第四條第二項規定訂定之。

§2 各類特殊教育學生之鑑定，由各直轄市、縣（市）政府「特殊教育學生鑑定及就學輔導委員會」（以下簡稱鑑輔會）負責相關事宜。

　　各類特殊教育學生之鑑定，應採多元評量之原則，依學生個別狀況，採取標準化評量、直接觀察、晤談、醫學檢查等方式，或參考身心障礙手冊記載蒐集個案資料，綜合研判之。

§3 本法第三條第二項第一款所稱智能障礙，指個人之智能發展較同年齡者明顯遲緩，且在學習及生活適應能力表現上有嚴重困難者；其鑑定標準如下：

一、心智功能明顯低下或個別智力測驗結果未達平均數負二個標準差。

二、學生在自我照顧、動作、溝通、社會情緒或學科學習等表現上較同年齡者有顯著困難情形。

§4 本法第三條第二項第二款所稱視覺障礙，指由於先天或後天原因，導致視覺器官之構造缺損，或機能發生部分或全部之障礙，經矯正後對事物之視覺辨認仍有困難者；其鑑定標準如下：

一、視力經最佳矯正後，依萬國式視力表所測定優眼視力未達〇‧三或視野在二十度以內者。

二、無法以前款視力表測定時，以其他方式測定後認定者。

§5 本法第三條第二項第三款所稱聽覺障礙，指由於先天或後天原因，導致聽覺器官之構造缺損，或機能發生部分或全部之障礙，

導致對聲音之聽取或辨識有困難者；其鑑定標準如下：

一、接受自覺性純音聽力檢查後，其優耳語音頻率聽閾達二十五分貝以上者。

二、無法接受前款自覺性純音聽力檢查時，以他覺性聽力檢查方式測定後認定者。

§6　本法第三條第二項第四款所稱語言障礙，指語言理解或語言表達能力與同年齡者相較，有顯著偏差或遲緩現象，而造成溝通困難者；其狀況及鑑定標準如下：

一、構音障礙：說話之語音有省略、替代、添加、歪曲、聲調錯誤或含糊不清等現象，並因而導致溝通困難者。

二、聲音異常：說話之音質、音調、音量或共鳴與個人之性別或年齡不相稱，並因而導致溝通困難者。

三、語暢異常：說話之節律有明顯且不自主之重複、延長、中斷，首語難發或急促不清等現象者。

四、語言發展遲緩：語言之語形、語意、語彙、語法、語用之發展，在語言理解或語言表達方面，較同年齡者有明顯偏差或遲緩現象者。

§7　本法第三條第二項第五款所稱肢體障礙，指上肢、下肢或軀幹之機能有部分或全部障礙，致影響學習者；其鑑定標準依行政院衛生署所定「身心障礙等級」中所列肢體障礙之標準。

§8　本法第三條第二項第六款所稱身體病弱，指罹患慢性疾病，體能虛弱，需要長期療養，以致影響學習者；其鑑定由醫師診斷後認定之。

§9　本法第三條第二項第七款所稱嚴重情緒障礙，指長期情緒或行為反應顯著異常，嚴重影響生活適應者；其障礙並非因智能、感官或健康等因素直接造成之結果。

　　情緒障礙之症狀包括精神性疾患、情感性疾患、畏懼性疾

患、焦慮性疾患、注意力缺陷過動症、或有其他持續性之情緒或行為問題者。

　　嚴重情緒障礙之鑑定標準如下：

一、行為或情緒顯著異於其同年齡或社會文化之常態者，得參考精神科醫師之診斷認定之。

二、除學校外，至少在其他一個情境中顯現適應困難者。

三、在學業、社會、人際、生活等適應有顯著困難，且經評估後確定一般教育所提供之輔導無顯著成效者。

§10 本法第三條第二項第八款所稱<u>學習障礙</u>，指統稱因神經心理功能異常而顯現出注意、記憶、理解、推理、表達、知覺或知覺動作協調等能力有顯著問題，以致在聽、說、讀、寫、算等學習上有顯著困難者；其障礙並非因感官、智能、情緒等障礙因素或文化刺激不足、教學不當等環境因素所直接造成之結果；其鑑定標準如下：

一、智力正常或在正常程度以上者。

二、個人內在能力有顯著差異者。

三、注意、記憶、聽覺理解、口語表達、基本閱讀技巧、閱讀理解、書寫、數學運算、推理或知覺動作協調等任一能力表現有顯著困難，且經評估後確定一般教育所提供之學習輔導無顯著成效者。

§11 本法第三條第二項第九款所稱<u>多重障礙</u>，指具兩種以上不具連帶關係且非源於同一原因造成之障礙而影響學習者。多重障礙之鑑定，應參照本標準其他各類障礙之鑑定標準。

§12 本法第三條第二項第十款所稱<u>自閉症</u>，指因神經心理功能異常而顯現出溝通、社會互動、行為及興趣表現上有嚴重問題，造成在學習及生活適應上有顯著困難者；其鑑定標準如下：

一、顯著口語、非口語之溝通困難者。

二、顯著社會互動困難者。

三、表現固定而有限之行為模式及興趣者。

§13 本法第三條第二項第十一款所稱發展遲緩，指未滿六歲之兒童，因生理、心理或社會環境因素，在知覺、認知、動作、溝通、社會情緒或自理能力等方面之發展較同年齡顯著遲緩，且其障礙類別無法確定者；其鑑定依兒童發展及養育環境評估等資料，綜合研判之。

§14 本法第四條第一項第一款所稱一般智能優異，指在記憶、理解、分析、綜合、推理、評鑑等方面較同年齡具有卓越潛能或傑出表現者；其鑑定標準如下：

一、智力或綜合性向測驗得分在平均數正一點五個標準差或百分等級九十三以上者。

二、專家學者、指導教師或家長觀察推薦，並檢附學習特質與表現等具體資料者。

§15 本法第四條第一項第二款所稱學術性向優異，指在語文、數學、社會科學或自然科學等學術領域，較同年齡具有卓越潛能或傑出表現者；其鑑定標準為下列各款規定之一：

一、某領域學術性向或成就測驗得分在平均數正一點五個標準差或百分等級九十三以上，經專家學者、指導教師或家長觀察推薦，並檢附專長學科學習特質與表現等具體資料者。

二、參加國際性或全國性有關學科競賽或展覽活動表現特別優異，獲前三等獎項者。

三、參加學術研究單位長期輔導之有關學科研習活動，成就特別優異，經主辦單位推薦者。

四、獨立研究成果優異，經專家學者或指導教師推薦，並檢附具體資料者。

§16 本法第四條第一項第三款所稱藝術才能優異，指在視覺或表演

藝術方面具有卓越潛能或傑出表現者；其鑑定標準為下列各款規定之一：

一、某領域藝術性向測驗得分在平均數正一點五個標準差或百分等級九十三以上者，或術科測驗表現優異者。

二、參加國際性或全國性各該類科競賽表現特別優異，獲前三等獎項者。

三、專家學者、指導教師或家長觀察推薦，並檢附藝術才能特質與表現等具體資料者。

§17 本法第四條第一項第四款所稱創造能力優異，指運用心智能力產生創新及建設性之作品、發明、或問題解決者；其鑑定標準為下列各款規定之一：

一、創造能力測驗或創造性特質量表得分在平均數正一點五個標準差或百分等級九十三以上者。

二、參加國際性或全國性創造發明競賽表現特別優異，獲前三等獎項者。

三、專家學者、指導教師或家長觀察推薦，並檢附創造才能特質與表現等具體資料者。

§18 本法第四條第一項第五款所稱領導才能優異，指具有優異之計畫、組織、溝通、協調、預測、決策、評鑑等能力，而在處理團體事務上有傑出表現者；其鑑定標準為下列各款規定之一：

一、領導才能測驗或領導特質量表得分在平均數正一點五個標準差或百分等級九十三以上者。

二、專家學者、指導教師、家長或同儕觀察推薦，並檢附領導才能特質與表現等具體資料者。

§19 本法第四條第一項第六款所稱其他特殊才能優異，指在肢體動作、工具運用、電腦、棋藝、牌藝等能力具有卓越潛能或傑出表現者；其鑑定標準為下列各款規定之一：

> 一、參加國際性或全國性技藝競賽表現特別優異，獲前三等獎
> 項者。
> 二、專家學者、指導教師或家長觀察推薦，並檢附專長才能特
> 質與表現等具體資料者。
>
> §20 本標準自發布日施行。

394	C	身心障礙及資賦優異學生鑑定標準（民91）第十三條「特殊教育法第三條第二項第十一款所稱發展遲緩」係指未滿（A）十二歲 （B）十歲 （C）六歲 （D）三歲 之兒童。
395	4	〈身心障礙及資賦優異學生鑑定標準〉（民91）規定，發展遲緩是指未①三歲②四歲③五歲④六歲之兒童。
396	AB	依據「身心障礙及資賦優異學生鑑定標準」，哪些障礙類別有「排它因素」？（A）嚴重情緒障礙 （B）學習障礙 （C）語言障礙 （D）智能障礙。（複選題）

申論題：

依據「身心障礙暨資賦優異學生鑑定標準」，試申述一般智慧優異的涵義及其鑑定標準？
獨立研究（independentnstudies）有哪些主要的步驟？指導資優學生從事獨立研究時，應注意哪些指導原則？

【特殊教育相關專業人員及助理人員遴選用辦法】

民國 88 年 1 月 20 日發布 全文 12 條。

§1　本辦法依特殊教育法(以下簡稱本法)第十七條第二項規定定之。

§2　本辦法所稱特殊教育相關專業人員，指為身心障礙學生及其教師與家長提供專業服務之下列專（兼）任人員：

一、醫師：以具專科醫師資格者為限。

二、物理治療師、職能治療師及語言治療等治療人員。

三、社會工作師。

四、臨床心理、職業輔導、定向行動專業人員。

五、其他相關專業人員。

　　本辦法所稱特殊教育助理人員，指協助身心障礙學生學習及生活輔導之下列專（兼）任人員及本辦法施行前已依法任用之生活輔導員：

一、教師助理員。

二、住宿生管理員。

§3　特殊教育相關專業人員應與教師或其他人員充分合作，積極參與並提供下列專業服務：

一、身心障礙學生鑑定、個別化教育計畫之擬定與執行及追蹤評鑑等直接服務。

二、特殊教育教師、普通教育師及家長諮詢等間接服務。

　　前項所稱其他人員，指本法第二十二條所定專業團隊應包含之衛生醫療、教育、社會福利、就業服務等專業人員。

§4　特殊教育助理人員之職責如下：

一、教師助理員：在特殊教育教師督導下，協助評量、教學、生活輔導、、學生上下學及家長聯繫等事宜。

二、住宿生管理員：負責特殊教育學校（班）住宿學生之生活照
　　顧、管理及訓練等事宜。

　　第二條第二項所稱生活輔導員之職責，由其任職學校、幼稚
園依前項各款所定職責決定之。

§5　特殊教育相關專業人員應任用公務人員高等考試及格者，或經專
門職業及技術人員轉任公務人員條例規定，　取得專業證照及轉
任公務人員任用資格者為原則，但政府未辦理專業證照或考試之
特殊教育相關專業人員，得聘用下列人員之一擔任：

一、國內外大學校院該專業本學系、所畢業後，曾任該專業工作
　　一年以上者。

二、國內外大學校院該專業相關系、所畢業，且於修畢該專業課
　　程三百六十小時後，曾任該專業工作一年以上者。

§6　特殊教育助理人員應僱用高中（職）以上學校畢業或具同等學歷
之資格者。

§7　聘用之特殊教育相關專業人員之報酬，由省（市）及（市）政府
依聘用人員之相關規定辦理。

　　兼任之特殊教育相關專業人員之報酬，按鐘點給付，其支給
標準，由省（市）及縣（市）政府擬訂，專案報請行政院核定。

　　特殊教育助理人員之報酬，由省（市）及縣（市）政府依約
僱人員之相關規定辦理。

§8　特殊教育相關專業人員及助理人員之遴用，應經各學校、幼稚園
之甄審委員會公開甄選，並依程序進用。

§9　特殊教育相關專業人員及助理人員，除任用者外，應於到職後一
個月內，由學校、幼稚園檢附下列各項文件，報請所屬主管教育
行政機關備查：

一、履歷表。

二、聘用（僱用）契約書。

　　三、服務證明書。

　　四、學經歷證件影本。

§10　新任之特殊教育相關專業人員及助理人員，應接受學校、幼稚園或主管教育行政機關辦理之職前訓練。

　　特殊教育相關專業人員及助理人員，應積極參與主管教育行政機關及該專業團體辦理之在職進修活動。

§11　本辦法施行前已登記為特殊教育專業教師，且在原學校、幼稚園繼續任職者，仍依原有規定繼續聘任。

　　本辦法施行前已登記為特殊教育專業試用教師，且在原學校、幼稚園繼續任職者，於其試用教師證書有效期限內，修畢相關專門科目二十學分以上者，仍依原有規定辦理。

　　本辦法施行後，現職約雇生活輔導員在其雇用期滿前，其任職學校、幼稚園應依其職責調整其職稱為教師助理或住宿生管理員。

　　前項經調整職稱之現職約僱生活輔導員，在本辦法施行前已實際工作三年以上且服務成績優良者，任職學校、幼園於其僱用期滿後，視實際需要，得再僱用之。

§12　本辦法自發布日施行。

397	3	依據「特殊教育設施及人員設置標準」中第七條規定，學前教育階段，每年以不超過多少人為原則？①六人②八人③十人④十二人。
398	2	依據我國特殊教育設施及人員設置標準，特殊教育學校或特殊幼稚園所，如有身心障礙兒童，每多少人可增置教師助理員一人？①15人②20人③25人④30人。
399	②	下列何者不是特殊教育相關專業人員？①醫師 ②職業輔導

		專業人員 ③教師助理員 ④社會工作師。
400	B	各類特殊教育班員額編制方面，在學前教育及國民小學教育階段：每班置教師不少於幾人？（A）1人（B）2人（C）3人（D）4人。
401	C	承上題，在國民中學及高級中等教育階段：每班置教師不少於幾人？（A）1人（B）2人（C）3人（D）4人。

申論題：

請說明特教教師、相關專業人員、特殊教育教師助理員三者之角色任務及運作原則。

【兒童及少年性交易防制條例施行細則】

民國 89 年 12 月 30 日修正

第 一 章　總則
§1　本細則依兒童及少年性交易防制條例（以下簡稱本條例）第三十八條規定訂定之。
§2　本條例第十條第一項所稱主管機關，係指兒童或少年所在地之直轄市、縣（市）主管機關。 　　　本條例第十一條第一項所稱主管機關，係指兒童或少年住所地之直轄市、縣（市）主管機關。但所在地與住所地不同時，係指所在地之直轄市、縣（市）主管機關。 　　　本條例第十二條所稱主管機關，係指直轄市、縣（市）主管機關。 　　　本條例第十五條至第十七條所稱主管機關，係指行為地之直轄市、縣（市）主管機關。 　　　本條例第十八條第三項、第五項、第六項及第二十條第二項、第三項所稱主管機關，係指兒童或少年住所地之直轄市、縣（市）主管機關。 　　　本條例第三十三條第一項所稱出版品之目的事業主管機關及第二項所稱新聞主管機關，係指直轄市、縣（市）政府。 　　　本條例第三十四條第一項、第三十五條第一項前段所稱主管機關，係指犯罪行為人住所或居所地之直轄市、縣（市）主管機關。但犯罪行為人無住所、居所者，係指犯罪地之直轄市、縣（市）主管機關。 　　　本條例第三十五條第一項後段所稱輔導教育辦法，由中央主管機關定之。

§3 司法機關為本條例第四章之案件偵查、審判中，或法院為第三章之事件審理、裁定中，傳喚安置中兒童或少年時，安置兒童或少年之主管機關應指派社工人員護送兒童或少年到場。

§4 本條例第十六條第一項、第十七條第一項之聲請，由行為地主管機關為之。

第二章　名詞定義

§5 本條例第十條第一項、第十一條第一項所稱社工人員，第十五條第一項所稱專業人員，係指下列人員：

一、主管機關編制內或聘雇之社會工作及社會行政人員。

二、受主管機關委託之兒童福利機構、少年福利機構之社會工作人員。

三、其他受主管機關委託之適當人員。

§6 本條例第十三條第二項所稱專業人員，包括下列人員：

一、社會工作人員。

二、心理輔導人員。

三、醫師。

四、護理人員。

五、其他有關專業人員。

前項人員，得以特約方式設置。

§7 本條例第十六條第二項第二款所稱其他適當場所，係指行為地主管機關委託之兒童福利機構、少年福利機構或寄養家庭。

§8 本條例第三十一條所稱臺灣地區，係指臺灣、澎湖、金門、馬祖及政府統治權所及之其他地區。

第三章　文書

§9 主管機關或本條例第六條所定之單位依本條例第九條受理報告，應填具三聯單。第一聯送當地檢察機關，第二聯照會其他得

受理報告之單位，第三聯由受理報告單位自存。

　　前項三聯單之格式，由中央主管機關會同法務部定之。

§10 法官、檢察官、司法警察官、司法警察、聯合稽查小組或本條例第六條之任務編組為本條例第十五條第一項之移送時，應檢具現存之證據或其他可供參考之資料，並以移送書載明下列事項：

一、被移送人之姓名、性別、出生年月日、國民身分證統一編號、職業、住所或居所及其他足資辨別之特徵。

二、具體事實。

§11 依本條例第十六條第一項、第十七條第一項規定報告時，應以書面為之。

　　前項報告書之格式，由中央主管機關協商司法院定之。

§12 受理本條例第九條第一項報告之機關或單位，對報告人及告發人之身分資料應另行封存，不得附入移送法院審理之文書內。

第四章　期日及期間

§13 本條例第十五條第一項所稱二十四小時，自依同條項規定通知主管機關時起算。

　　本條例第十六條第一項所稱七十二小時期間之終止，逾法定上班時間者，以次日上午代之。其次日為休息日時，以其休息日之次日上午代之。

§14 下列時間不計入本條例第十五條第一項、第十六條第一項所定期間之計算：

一、在途護送時間。

二、交通障礙時間。

三、其他不可抗力之事由所生不得已之遲滯時間。

§15 主管機關於接獲法院依本條例第十六條第二項、第十七條第二

項規定之裁定前，應繼續安置兒童或少年。 　　前項繼續安置期間，應分別併計入短期收容中心之觀察輔導期間、中途學校之特殊教育期間。
§16 本條例第十八條第六項之延長特殊教育期間之裁定，不以一次為限，其每次延長之期間不得逾<u>二年</u>。但以延長至<u>滿二十歲</u>為止。
第五章　機構
§17 本條例第十三條第一項規定直轄市、縣（市）主管機關應置之緊急收容中心及短期收容中心，得視實際情形合併設置，並得採行公設民營或委託民間之方式辦理。
§18 兒童或少年被安置後，短期收容中心應行健康及性病檢查，有下列情形之一者，主管機關應於聲請裁定時，建議法院為適當之處置： 一、罹患愛滋病或性病者。 二、罹患精神疾病之嚴重病人。 三、懷孕者。 四、罹患法定傳染病者。 五、智障者。 　　前項檢查報告，短期收容中心應依法院裁定，通知各該主管機關。
第六章　保護程序
§19 兒童或少年有下列行為之一，而有從事性交易之虞者，應依本條例第十五條至第十八條規定處理： 一、坐檯陪酒。 二、伴遊、伴唱或伴舞。 三、其他涉及色情之侍應工作。

§20 本條例第十五條第一項規定之指認及訊問前，主管機關指派之專業人員得要求與兒童或少年單獨晤談。

　　兒童或少年進行指認加害者時，警察機關應使之隔離或採間接方式。

§21 法官、檢察官、司法警察官、司法警察、聯合稽查小組或本條例第六條之任務編組依本條例第十五條第一項通知主管機關指派專業人員到場，應給予適當之在途時間。

　　主管機關指派之專業人員逾時未能到場，前項通知單位應記明事實，並得在不妨礙該兒童或少年身心情況下，逕為本條例第十五條第一項之指認及訊問。

§22 主管機關依本條例第十五條第一項安置兒童或少年後應向其法定代理人或最近尊親屬敘明安置之依據，並告知其應配合事項。但其法定代理人或最近尊親屬無法通知者，不在此限。

§23 主管機關依本條例第十五條、第十六條安置兒童或少年期間，發現另有犯本條例第二十二條至第二十九條之罪者，應通知檢察機關或本條例第六條所定之單位。

§24 依本條例第十六條第一項安置兒童或少年時，應建立個案資料；必要時，得請該兒童或少年住所地之直轄市、縣（市）主管機關配合提供資料。

§25 依本條例第十七條第一項安置兒童或少年時，應建立個案資料；並通知該兒童或少年住所地之直轄市、縣（市）主管機關評估其家庭之適任程序。

　　前項家庭適任評估，應於二周內完成，並以書面送達行為地之直轄市、縣（市）主管機關。

§26 依本條例第十六條第一項、第十七條第一項規定聲請法院裁定，不得隨案移送兒童或少年。但法院請求隨案移送時，不在此限。

§27 主管機關依本條例第十六條第一項、第十七條第一項規定安置
　　少年期間，少年年滿十八歲者，仍應依本條例規定辦理。

§28 兒童或少年經法院依本條例第十六條第二項第一款、第十八條
　　第一項裁定不予安置，或依本條例第十八條第三項裁定交由父
　　母監護者，如應受交付之人經催告仍不領回兒童或少年，主管
　　機關應暫予適當之安置。

§29 主管機關對法院依本條例第十六條第二項第一款、第十八條第
　　一項裁定不予安置之兒童或少年，應視法院交付對象，通知其
　　住所或所在地之兒童福利或少年福利主管機關。

§30 主管機關依本條例第十八條第三項對交由父母監護或為其他適
　　當處遇之兒童或少年續予輔導及協助時，得以書面指定時間、
　　地點，通知其到場。
　　　　前項輔導及協助，主管機關應指派專業人員為之。

§31 主管機關依本條例第十八條第五項、第六項認有或無繼續特殊
　　教育之必要，應於中途學校檢具事證以書面通知後始得為之。
　　　　主管機關接獲前項通知，應邀集專家學者評估，中途學校
　　應予配合，並給予必要協助。

§32 經前條評估確認兒童或少年無繼續特殊教育之必要者，於聲請
　　法院裁定前，或接受特殊教育期滿，認為無繼續特殊教育之必
　　要者，主管機關應協助該兒童或少年及其家庭預為必要之返家
　　準備。
　　　　兒童或少年返家後，主管機關應續予輔導及協助，其期間
　　至少一年或至其年滿二十歲止。
　　　　前項輔導與協助，教育、勞工、衛生、警察等單位，應全
　　力配合。

§33 主管機關依本條例第十五條第三項或第十八條第三項規定，對
　　十五歲以上或國民中學畢業而從事性交易或有從事之虞者，認

為有提供職業訓練或就業服務必要時，應移請當地公共職業訓練機構或公立就業服務機構依其意願施予職業訓練或推介就業。

主管機關對移由公共職業訓練機構或公立就業服務機構提供協助者，應定期或不定期派社工人員訪視，以協助其適應社會生活。

§34 本條例第十八條第四項規定之特殊教育期滿或法院依本條例第十八條第五項規定裁定免除特殊教育後，兒童或少年之法定代理人經催告仍不領回該兒童或少年，主管機關應委託兒童福利機構、少年福利機構或其他適當場所續予安置。

§35 返家後之兒童或少年，與社會、家庭、學校發生失調情況者，住所地之直轄市、縣（市）主管機關認有保護之必要時，依兒童福利法或少年福利法之規定處理。

§36 主管機關依本條例第十五條第三項或第十八條第三項規定，對兒童或少年續予輔導及協助期間，兒童或少年因就學、接受職業訓練或就業等因素，經其法定代理人同意離開家庭居住，主管機關認有續予輔導及協助之必要者，得移請其所在地之直轄市、縣（市）主管機關處理。

§37 兒童或少年逃離安置之場所或中途學校，或返家後脫離家庭者，主管機關應立即以書面通知逃脫當地警察機關協尋。逃離期間不計入緊急收容、短期收容及特殊教育期間。

協尋於其原因消滅或少年年滿二十歲時，主管機關應即以書面通知前項警察機關撤銷協尋。

第七章　自行救助者之保護

§38 直轄市、縣（市）政府或本條例第六條所定之單位依本條例第二十一條受理十八歲以上之人之請求，應通知行為地之直轄市、縣（市）主管機關。

行為地之直轄市、縣（市）主管機關接獲前項通知後，應

	迅即處理；處理遭遇困難時，得請求檢察或警察機關予以必要之協助。
§39	對於十八歲以上之人之安置保護，應視其性向及志願，就其生活、醫療、就學、就業、接受職業訓練或法律訴訟時，給予適當輔導及協助。
第八章　處分程序	
§40	依本條例第三十四條第一項規定應公告犯罪行為人姓名、照片及判決要旨者，由犯罪行為人住所或居所地之直轄市、縣（市）主管機關於接獲法院之確定判決後為之；犯罪行為人無住所或居所者，由犯罪地之直轄市、縣（市）主管機關為之。
§41	本條例第三十四條之主管機關於取得照片遭遇困難時，得請求原移送警察機關或執行監所配合提供。
§42	主管機關依本條例第三十五條第二項、第三十六條規定處罰鍰，應填發處分書，受處分者應於收受處分書後三十日內繳納罰鍰。 　前項處分書格式，由中央主管機關定之。
第九章　附則	
§43	行為地之直轄市、縣（市）主管機關接獲警察機關、檢察機關及法院對加害者為移送、不起訴、起訴或判決之書面通知，應納入個案資料檔案，並依個案安置狀況，通知各該主管機關。
§44	本細則自發布日施行。

402	D	學校若發生違反少年福利法、兒童福利法、兒童及少年性交易防治條例之事件，依規定應於多少小時內通報？（A） 三小時 （B） 六小時 （C）十二小時 （D） 二十四小時。

【兒童及少年保護通報及處理辦法】

民國 93 年 4 月 8 日發布
民國 94 年 3 月 28 日修正

§1 本辦法依兒童及少年福利法（以下簡稱本法）第三十四條第四項規定訂定之。
§2 醫事人員、社會工作人員、教育人員、保育人員、警察、司法人員及其他執行兒童及少年福利業務人員，知悉有應保護之兒童及少年時，應於<u>二十四小時</u>內填具通報表，以電信傳真或其他科技設備傳送等方式通報直轄市、縣（市）主管機關；情況緊急時，得先以言詞、電話通訊方式通報，並於二十四小時內填具通報表，送直轄市、縣（市）主管機關。
§3 前條以外之任何人知悉有應保護之兒童及少年時，得以前條規定方式或其他任何方式通報直轄市、縣（市）主管機關。
§4 直轄市、縣（市）主管機關於知悉或接獲前二條通報，應立即指派社會工作人員進行調查處理，至遲不得超過二十四小時，並應於受理案件後上班日<u>四日</u>內提出調查報告。 　　前項調查處理應進行安全性評估，並以當面訪視到兒童及少年為原則。 　　兒童及少年需緊急安置者，應依本法第三十七條第二項及本法施行細則第十二條規定，於<u>七十二小時</u>內提出調查報告。
§5 直轄市、縣（市）主管機關於知悉或接獲本法第三十四條第一項第一款及第二款情事之通報，應立即會同當地警察機關進行調查，並視案情需要，提供必要處理及協助。 　　前項通報屬警察機關查獲之案件者，由直轄市、縣（市）主管機關逕依本法第三十五條、第四十八條、第五十五條、第五十七條及第六十五條規定辦理。

§6 兒童及少年有本法第三十四條第一項情形者，於直轄市、縣（市）主管機關處理前，警察機關、兒童及少年福利機構、醫療院所或學校，應提供兒童及少年適當保護及照顧；其有接受診治之必要者，應立即送醫；其有觸犯刑罰法律之行為或觸犯之虞，或有被害情形者，應通報警察機關，警察機關經查處將案件移送司法機關者，並應通知直轄市、縣（市）主管機關。
§7 直轄市、縣（市）主管機關依第四條及第五條規定辦理調查處理，經評估有本法第三十六條第一項規定需緊急安置者，應以書面通報當地地方法院及警察機關勤務指揮中心，並通知兒童及少年之父母、監護人。 　　兒童及少年經法院裁定繼續安置期間，依法執行監護事務之人應定期作成兒童及少年照顧輔導報告，送由直轄市、縣（市）主管機關按個案進展作成報告，送交地方法院備查。
§8 緊急安置之保護個案於<u>七十二小時</u>期限屆滿前，直轄市、縣（市）主管機關應評估繼續安置之必要性；其安置原因未消滅暫不適重返家庭者，得聲請法院裁定繼續安置；安置原因消滅時，應將兒童及少年交付其父母或監護人。
§9 保護個案在法院裁定繼續安置期間，直轄市、縣（市）主管機關最遲應於安置期間期滿前<u>十五日</u>完成延長安置必要性之評估，其有延長安置之必要者，並應於期間屆滿前七日向法院提出聲請。聲請再延長安置者，亦同。
§10 直轄市、縣（市）主管機關對於安置期間期滿或撤銷安置之兒童及少年，應續予追蹤輔導<u>一年</u>，並定期作成追蹤輔導報告。
§11 直轄市、縣（市）主管機關依本法第四十三條第一項規定提出之兒童及少年家庭處遇計畫，應由社會工作人員實施個案管理，結合相關資源，提供兒童及少年及其家庭相關處遇服務。
§12 本辦法所定書、表格式，由中央主管機關定之。
§13 本辦法自發布日施行。

【性別平等教育法】

民國 93 年 6 月 23 日發布

第一章　總則
§1　為促進性別地位之實質平等，消除性別歧視，維護人格尊嚴，厚植並建立性別平等之教育資源與環境，特制定本法。 　　本法未規定者，適用其他法律之規定。
§2　本法用詞定義如下： 　　一、性別平等教育：指以教育方式消除性別歧視，促進性別地位之實質平等。 　　二、學校：指公私立各級學校。 　　三、性侵害：指性侵害犯罪防治法所稱性侵害犯罪之行為。 　　四、性騷擾：指符合下列情形之一，且未達性侵害之程度者： 　　　（一）以明示或暗示之方式，從事不受歡迎且具有性意味或性別歧視之言詞或行為，致影響他人之人格尊嚴、學習、或工作之機會或表現者。 　　　（二）以性或性別有關之行為，作為自己或他人獲得、喪失或減損其學習或工作有關權益之條件者。 　　五、校園性侵害或性騷擾事件：指性侵害或性騷擾事件之一方為學校校長、教師、職員、工友或學生，他方為學生者。
§3　本法所稱主管機關：在中央為教育部；在直轄市為直轄市政府；在縣（市）為縣（市）政府。
§4　中央主管機關應設性別平等教育委員會，其任務如下： 　　一、研擬全國性之性別平等教育相關法規、政策及年度實施計畫。 　　二、協調及整合相關資源，協助並補助地方主管機關及所主管學校、社教機構落實性別平等教育之實施與發展。

三、督導考核地方主管機關及所主管學校、社教機構性別平等教育相關工作之實施。

四、推動性別平等教育之課程、教學、評量與相關問題之研究與發展。

五、規劃及辦理性別平等教育人員之培訓。

六、提供性別平等教育相關事項之諮詢服務及調查、處理與本法有關之案件。

七、推動全國性有關性別平等之家庭教育及社會教育。

八、其他關於全國性之性別平等教育事務。

§5 直轄市、縣（市）主管機關應設性別平等教育委員會，其任務如下：

一、研擬地方之性別平等教育相關法規、政策及年度實施計畫。

二、協調及整合相關資源，並協助所主管學校、社教機構落實性別平等教育之實施與發展。

三、督導考核所主管學校、社教機構性別平等教育相關工作之實施。

四、推動性別平等教育之課程、教學、評量及相關問題之研究發展。

五、提供所主管學校、社教機構性別平等教育相關事項之諮詢服務及調查、處理與本法有關之案件。

六、辦理所主管學校教育人員及相關人員之在職進修。

七、推動地方有關性別平等之家庭教育及社會教育。

八、其他關於地方之性別平等教育事務。

§6 學校應設性別平等教育委員會，其任務如下：

一、統整學校各單位相關資源，擬訂性別平等教育實施計畫，落實並檢視其實施成果。

二、規劃或辦理學生、教職員工及家長性別平等教育相關活動。

三、研發並推廣性別平等教育之課程、教學及評量。

四、研擬性別平等教育實施與校園性侵害及性騷擾之防治規定，建立機制，並協調及整合相關資源。

五、調查及處理與本法有關之案件。

六、規劃及建立性別平等之安全校園空間。

七、推動社區有關性別平等之家庭教育與社會教育。

八、其他關於學校或社區之性別平等教育事務。

§7 中央主管機關之性別平等教育委員會，置委員十七人至二十三人，採任期制，以教育部部長為主任委員，其中女性委員應占委員總數二分之一以上；性別平等教育相關領域之專家學者、民間團體代表及實務工作者之委員合計，應占委員總數三分之二以上。

　　前項性別平等教育委員會每三個月應至少開會一次，並應由專人處理有關業務；其組織、會議及其他相關事項，由中央主管機關定之。

§8 直轄市、縣（市）主管機關之性別平等教育委員會，置委員九人至二十三人，採任期制，以直轄市、縣（市）首長為主任委員，其中女性委員應占委員總數二分之一以上；性別平等教育相關領域之專家學者、民間團體代表及實務工作者之委員合計，應占委員總數三分之一以上。

　　前項性別平等教育委員會每三個月應至少開會一次，並應由專人處理有關業務；其組織、會議及其他相關事項，由直轄市、縣（市）主管機關定之。

§9 學校之性別平等教育委員會，置委員五人至二十一人，採任期制，以校長為主任委員，其中女性委員應占委員總數二分之一以上，並得聘具性別平等意識之教師代表、職工代表、家長代表、學生代表及性別平等教育相關領域之專家學者為委員。

前項性別平等教育委員會<u>每學期</u>應至少開會一次，並應由專人處理有關業務；其組織、會議及其他相關事項，由學校定之。
§10 中央、直轄市、縣（市）主管機關及學校每年應參考所設之性別平等教育委員會所擬各項實施方案編列經費預算。
§11 主管機關應督導考核所主管學校、社教機構或下級機關辦理性別平等教育相關工作，並提供必要之協助；其績效優良者，應給予獎勵，績效不良者，應予糾正並輔導改進。
第 二 章　學習環境與資源
§12 學校應提供性別平等之學習環境，建立安全之校園空間。 　　學校應尊重學生與教職員工之性別特質及性傾向。 　　學校應訂定性別平等教育實施規定，並公告周知。
§13 學校之招生及就學許可不得有性別或性傾向之差別待遇。但基於<u>歷史傳統</u>、<u>特定教育目標</u>或其他非因性別因素之正當理由，經該管主管機關核准而設置之學校、班級、課程者，不在此限。
§14 學校不得因學生之性別或性傾向而給予教學、活動、評量、獎懲、福利及服務上之差別待遇。但性質僅適合特定性別者，不在此限。學校對因性別或性傾向而處於不利處境之學生應積極提供協助，以改善其處境。 　　學校應積極維護懷孕學生之受教權，並提供必要之協助。
§15 教職員工之職前教育、新進人員培訓、在職進修及教育行政主管人員之儲訓課程，應納入性別平等教育之內容；其中師資培育之大學之教育專業課程，應有性別平等教育相關課程。
§16 學校之<u>考績委員會</u>、<u>申訴評議委員會</u>、<u>教師評審委員會</u>及中央與直轄市、縣（市）主管機關之教師申訴評議委員會之組成，任一性別委員應占委員總數<u>三分之一</u>以上。但學校之考績委員會及教師評審委員會因該校任一性別教師人數少於委員總數三分之一者，不在此限。

學校或主管機關相關組織未符合前項規定者，應自本法施行之日起一年內完成改組。
第 三 章　課程、教材與教學
§17 學校之課程設置及活動設計，應鼓勵學生發揮潛能，不得因性別而有差別待遇。 　　　　國民中小學除應將性別平等教育融入課程外，每學期應實施性別平等教育相關課程或活動至少<u>四小時</u>。 　　　　高級中等學校及專科學校五年制<u>前三年</u>應將性別平等教育融入課程。 　　　　大專校院應廣開性別研究相關課程。 　　　　學校應發展符合性別平等之課程規劃與評量方式。
§18 學校教材之編寫、審查及選用，應符合性別平等教育原則；教材內容應平衡反映不同性別之歷史貢獻及生活經驗，並呈現多元之性別觀點。
§19 教師使用教材及從事教育活動時，應具備性別平等意識，破除性別刻板印象，避免性別偏見及性別歧視。 　　　　教師應鼓勵學生修習非傳統性別之學科領域。
第 四 章　校園性侵害或性騷擾之防治
§20 為預防與處理校園性侵害或性騷擾事件，中央主管機關應訂定校園性侵害或性騷擾之防治準則；其內容應包括學校安全規劃、校內外教學與人際互動注意事項、校園性侵害或性騷擾之處理機制、程序及救濟方法。 　　　　學校應依前項準則訂定防治規定，並公告周知。
§21 學校或主管機關處理校園性侵害或性騷擾事件，除依相關法律或法規規定通報外，並應將該事件交由所設之性別平等教育委員會調查處理。
§22 學校或主管機關調查處理校園性侵害或性騷擾事件時，應秉持客觀、公正、專業之原則，給予雙方當事人充分陳述意見及答辯之

	機會。但應避免重複詢問。
	當事人及檢舉人之姓名或其他足以辨識身分之資料，除有調查之必要或基於公共安全之考量者外，應予保密。
§23	學校或主管機關於調查處理校園性侵害或性騷擾事件期間，得採取必要之處置，以保障當事人之受教權或工作權。
§24	學校或主管機關處理校園性侵害或性騷擾事件，應告知被害人或其法定代理人其得主張之權益及各種救濟途徑，或轉介至相關機構處理，必要時，應提供心理輔導、保護措施或其他協助。
§25	校園性侵害或性騷擾事件經學校或主管機關調查屬實後，應依相關法律或法規規定自行或將加害人移送其他權責機關懲處。 　　學校、主管機關或其他權責機關為性騷擾事件之懲處時，並得命加害人為下列一款或數款之處置： 一、經被害人或其法定代理人之同意，向被害人道歉。 二、接受八小時之性別平等教育相關課程。 三、接受心理輔導。 四、其他符合教育目的之措施。 　　第一項懲處涉及加害人身分之改變時，應給予其書面陳述意見之機會。
§26	學校或主管機關調查校園性侵害或性騷擾事件過程中，得視情況就相關事項、處理方式及原則予以說明，並得於事件處理完成後，經被害人或其法定代理人之同意，將事件之有無、樣態及處理方式予以公布。但不得揭露當事人之姓名或其他足以識別其身分之資料。
§27	學校或主管機關應建立校園性侵害或性騷擾事件及加害人之檔案資料。 　　前項加害人轉至其他學校就讀或服務時，主管機關及原就讀或服務之學校應於知悉後一個月內，通報加害人現就讀或服務之學校。

接獲前項通報之學校，應對加害人實施必要之追蹤輔導，非有正當理由，並不得公布加害人之姓名或其他足以識別其身分之資料。

第五章　申請調查及救濟

§28 學校違反本法規定時，被害人或其法定代理人得向學校所屬主管機關申請調查。

校園性侵害或性騷擾事件之被害人或其法定代理人得以書面向行為人所屬學校申請調查。但學校之首長為加害人時，應向學校所屬主管機關申請調查。

任何人知悉前二項之事件時，得依其規定程序向學校或主管機關檢舉之。

§29 學校或主管機關於接獲調查申請或檢舉時，應於<u>二十日內</u>以書面通知申請人或檢舉人是否受理。

學校或主管機關於接獲調查申請或檢舉時，有下列情形之一者，應不予受理：

一、非屬本法所規定之事項者。

二、申請人或檢舉人未具真實姓名。

三、同一事件已處理完畢者。

前項不受理之書面通知，應敘明理由。

申請人或檢舉人於第一項之期限內未收到通知或接獲不受理通知之次日起二十日內，得以書面具明理由，向學校或主管機關申復。

§30 學校或主管機關接獲前條第一項之申請或檢舉後，除有前條第二項所定事由外，應於三日內交由所設之性別平等教育委員會調查處理。

學校或主管機關之性別平等教育委員會處理前項事件時，得成立調查小組調查之。

前項小組成員應具性別平等意識，女性人數比例，應占成員總數二分之一以上，必要時，部分小組成員得外聘。處理校園性侵害或性騷擾事件所成立之調查小組，其成員中具性侵害或性騷擾事件調查專業素養之專家學者之人數比例於學校應占成員總數三分之一以上，於主管機關應占成員總數二分之一以上；雙方當事人分屬不同學校時，並應有申請人學校代表。

性別平等教育委員會或調查小組依本法規定進行調查時，行為人、申請人及受邀協助調查之人或單位，應予配合，並提供相關資料。

行政程序法有關管轄、移送、迴避、送達、補正等相關規定，於本法適用或準用之。

性別平等教育委員會之調查處理，不受該事件司法程序進行之影響。

性別平等教育委員會為調查處理時，應衡酌雙方當事人之權力差距。

§31 學校或主管機關性別平等教育委員會應於受理申請或檢舉後二個月內完成調查。必要時，得延長之，延長以二次為限，每次不得逾一個月，並應通知申請人、檢舉人及行為人。

性別平等教育委員會調查完成後，應將調查報告及處理建議，以書面向其所屬學校或主管機關提出報告。

學校或主管機關應於接獲前項調查報告後二個月內，自行或移送相關權責機關依本法或相關法律或法規規定議處，並將處理之結果，以書面載明事實及理由通知申請人、檢舉人及行為人。

學校或主管機關為前項議處前，得要求性別平等教育委員會之代表列席說明。

§32 申請人及行為人對於前條第三項處理之結果有不服者，得於收到書面通知次日起二十日內，以書面具明理由向學校或主管機關申復。

前項申復以一次為限。 　　學校或主管機關發現調查程序有重大瑕疵或有足以影響原調查認定之新事實、新證據時，得要求性別平等教育委員會重新調查。
§33 性別平等教育委員會於接獲前條學校或主管機關重新調查之要求時，應另組調查小組；其調查處理程序，依本法之相關規定。
§34 申請人或行為人對學校或主管機關之申復結果不服，得於接獲書面通知書之次日起<u>三十日內</u>，依下列規定提起救濟： 一、公私立學校校長、教師：依<u>教師法</u>之規定。 二、公立學校依公務人員任用法任用之職員及中華民國七十四年五月三日教育人員任用條例施行前未納入銓敘之職員：依<u>公務人員保障法</u>之規定。 三、私立學校職員：依<u>兩性工作平等法</u>之規定。 四、公私立學校工友：依<u>兩性工作平等法</u>之規定。 五、公私立學校學生：依規定向<u>所屬學校</u>提起申訴。
§35 學校及主管機關對於與本法事件有關之事實認定，應依據其所設性別平等教育委員會之調查報告。 　　法院對於前項事實之認定，應審酌各級性別平等教育委員會之調查報告。
第六章　罰則
§36 學校違反第十三條、第十四條、第二十條第二項、第二十二條第二項或第二十七條第三項規定者，應處新臺幣一萬元以上十萬元以下罰鍰。 　　行為人違反第三十條第四項規定而無正當理由者，由學校報請主管機關處新臺幣一萬元以上五萬元以下罰鍰，並得連續處罰至其配合或提供相關資料為止。
第七章　附則
§37 本法施行細則，由中央主管機關定之。

§38 本法自公布日施行。

403	A	根據「性別平等教育法」，國小除應將性別平等教育融入課程外，每學期至少應實施性別平等教育相關課程或活動幾小時？ (A)4小時 (B)5小時 (C)6小時 (D)8小時。
404	②	性別平等教育法第六條規定學校要設什麼組織？ ①申訴評議委員會②性別平等教育委員會③性侵害和性騷擾處理小組④性別教育委員會。
405	1	據民國九十三年的性別平等教育法規規定，學校應設立性別平等教育委員會，其中女性委員應占委員總數的多少比例？①二分之一②三分之一③四分之一④五分之一。
406	3	教育部積極推動兩性平等教育，各級學校兩性平等教育委員會或小組由校長召集，成員必須包括單位主管、教師、職員代表，但女性代表須占：（兩性平等教育工作計畫）(1) 四分之一以上 (2) 三分之一以上 (3) 二分之一以上 (4) 三分之二以上。
407	C	根據「性別平等教育法」之規定，學校之招生及就學許可不得有性別或性傾向之差別待遇，但例外的情況為何？(A)全校校務會議之決議 (B)全校家長會之決議 (C)特定教育目標之考量 (D)教師會之建議。
408	B	行政院近期針對未來同性戀、異性戀在校園裡應受到平等待遇，未婚懷孕學生的受教權也不容剝奪等議題，通過了何種法律？(A)男女平等法 (B)性別平等法 (C)人權平等法 (D)兩性平等法。

填充題：

409	家長	高級中等以下學校教師評審委員會之組成，應包含教師代表、學校行政人員代表及□代表一人。

【性別平等教育法施行細則】

民國 94 年 6 月 13 日公布

§1　本細則依性別平等教育法（以下簡稱本法）第三十七條規定訂定之。

§2　本法第一條第一項及第二條第一款所稱性別地位之實質平等，指任何人不因其生理性別、性傾向、性別特質或性別認同等不同，而受到差別之待遇。

§3　性別平等教育委員會依本法第四條第一款、第五條第一款及第六條第一款規定研擬實施計畫時，其內容應包括下列事項：

一、目標：評估前一年實施成效，擬定年度主題並確定未來發展方向。

二、策略：內部各單位計畫或事務之統整，與相關機關（構）之合作聯繫及資源整合。

三、項目：明列年度具體工作項目。

四、資源：研擬經費及人力需求。

§4　性別平等教育委員會依本法第四條第三款與第五條第三款及主管機關依本法第十一條規定進行督導考核時，得以統合視導方式為之，並得邀請性別平等教育相關專家學者及民間團體代表參加。

　　督導考核應定期為之，於半年前公告考核基準及細目，其結果並應作為統合視導評比及校務評鑑之參據。

§5　本法第四條第四款、第五條第四款及第六條第三款所定課程、教學、評量之研究發展，其內容包括下列事項：

一、課程部分：

（一）本法第十五條之教職員工之職前教育、新進人員培訓、

在職進修及教育行政主管人員之儲訓課程。

（二）學生依第十七條第一項所受之課程及活動。

二、教學部分：

（一）創新及開發性別平等教育相關之教學法。

（二）提升教師運用性別平等教育相關教學法之能力。

三、評量部分：

（一）性別平等之認知、情意及實踐。

（二）觀察、實作、表演、口試、筆試、作業、學習歷程檔案、研究報告等多元適性評量方式。

§6 本法第四條第六款及第五條第五款所定諮詢服務事項如下：

一、協助提供性別平等教育相關書籍、期刊、論文、人才檔案、學術及民間團體等資料。

二、協助其他性別平等教育委員會之組成及運作。

三、協助成立性別平等教育相關研究及教學單位。

四、提供其他有關落實本法之諮詢服務。

§7 本法第七條第一項、第八條第一項及第九條第一項所稱性別平等教育相關領域，指從事<u>性別、性教育、多元文化議題</u>等有關之研究、教學或實務工作。

§8 本法第九條第一項、第十九條第一項及第三十條第三項所稱<u>性別平等意識</u>，指個人認同性別平等之價值，瞭解性別不平等之現象及其成因，並具有協助改善現況之意願。

§9 學校依本法第十二條第一項規定建立安全之校園空間時，應就下列事項，考量其無性別偏見、安全、友善及公平分配等原則：

一、空間配置。

二、管理及保全。

三、標示系統、求救系統及安全路線。

四、盥洗設施及運動設施。

五、照明及空間視覺穿透性。

六、其他相關事項。

§10 本法第十二條第三項所定公告方式，除應張貼於學校公告欄外，並得以書面、口頭、網際網路或其他適當方式為之。

§11 本法第十四條第三項所定必要之協助，應包含善用校內外資源，提供懷孕或生產學生之適性教育，並採彈性措施，協助其完成學業及提供相關輔導。

§12 本法第十六條第一項所稱學校之考績委員會，指為辦理學校教職員工成績考核而組成之委員會。但公立學校，指以教師為考核範圍之委員會為限。

本法第十六條第一項所稱學校之教師評審委員會，指校級之委員會。

§13 本法第十七條第二項所定性別平等教育相關課程，應涵蓋情感教育、性教育、同志教育等課程，以提升學生之性別平等意識。

§14 為執行本法第十八條規定，高級中等以下學校教材之編寫、審查及選用，應由有性別平等意識之教師參與；教材內容並應破除性別偏見及尊卑觀念，呈現性別平等及多元之價值。

§15 教師為執行本法第十九條第二項鼓勵學生修習非傳統性別之學科領域，應於輔導學生修習課程、選擇科系或探索生涯發展時，鼓勵學生適性多元發展，避免將特定學科性別化。

§16 本法第三十條第七項所稱雙方當事人之權力差距，指當事人雙方間存在之地位、知識、年齡、體力、身分、族群或資源之不對等狀況。

§17 性別平等教育委員會依本法第三十一條第二項規定提出報告，其內容應包括下列事項：

一、申請調查事件之案由，包括當事人或檢舉之敘述。

二、調查訪談過程紀錄，包括日期及對象。

三、被申請調查人、申請調查人、證人與相關人士之陳述及答辯。

四、相關物證之查驗。

五、事實認定及理由。

六、處理建議。

§18 本細則自發布日施行。

【家庭教育法】

民國 92 年 2 月 6 日發布

§1 為增進國民家庭生活知能，健全國民身心發展，營造幸福家庭，以建立祥和社會，特制定本法；本法未規定者，適用其他有關法律之規定。

§2 本法所稱家庭教育，係指具有增進家人關係與家庭功能之各種教育活動，其範圍如下：

一、親職教育。

二、子職教育。

三、兩性教育。

四、婚姻教育。

五、倫理教育。

六、家庭資源與管理教育。

七、其他家庭教育事項。

§3 本法所稱主管機關：在中央為教育部；在直轄市為直轄市政府；在縣（市）為縣（市）政府。

本法涉及各目的事業主管機關職掌時，各該機關應配合辦理。

§4 中央主管機關掌理下列事項：

一、家庭教育法規及政策之研訂事項。

二、推展家庭教育工作之研究及發展事項。

三、推展全國性家庭教育工作之策劃、委辦及督導事項。

四、推展全國性家庭教育工作之獎助及評鑑事項。

五、家庭教育專業人員之職前及在職訓練事項。

六、家庭教育之宣導及推展事項。

七、推展國際家庭教育業務之交流及合作事項。

八、其他全國性家庭教育之推展事項。

§5 直轄市、縣（市）主管機關掌理下列事項：

一、推展地方性家庭教育之策劃、辦理及督導事項。

二、所屬學校、機構等辦理家庭教育工作之獎助及評鑑事項。

三、家庭教育志願工作人員之在職訓練事項。

四、推展地方與國際家庭教育業務之交流及合作事項。

五、其他地方性家庭教育之推展事項。

§6 各級主管機關應遴聘（派）學者專家、機關、團體代表組成<u>家庭</u>
<u>教育諮詢委員會</u>，其任務如下：

一、提供有關家庭教育政策及法規興革之意見。

二、協調、督導及考核有關機關、團體推展家庭教育之事項。

三、研訂實施家庭教育措施之發展方向。

四、提供家庭教育推展策略、方案、計畫等事項之意見。

五、提供家庭教育課程、教材、活動之規劃、研發等事項之意見。

六、提供推展家庭教育機構提高服務效能事項之意見。

七、其他有關推展家庭教育之諮詢事項。

　　前項家庭教育<u>諮詢</u>委員會之委員遴選、組織及運作方式，由
各級主管機關定之。

§7 直轄市、縣（市）主管機關應遴聘家庭教育專業人員，設置家庭
教育中心，並結合教育、文化、衛生、社政、戶政、勞工、新聞
等相關機關或單位、學校及大　傳播媒體辦理下列事項：

一、各項家庭教育推廣活動。

二、志願工作人員人力資源之開發、培訓、考核等事項。

三、國民之家庭教育諮詢及輔導事項。

四、其他有關家庭教育推展事項。

　　前項家庭教育專業人員之資格、遴聘及培訓辦法，由中央主

管機關定之。

第一項家庭教育中心之組織規程，由各級主管機關定之。

本法公布施行前，各直轄市、縣（市）政府依規定已進用之家庭教育中心專業人員，經主管機關認定為績優並符合第二項專業人員資格者，得依業務需要優先聘用之。

§8 推展家庭教育之機構、團體如下：

一、家庭教育中心。

二、各級社會教育機構。

三、各級學校。

四、各類型大眾傳播機構。

五、其他與家庭教育有關之公私立機構或團體。

§9 推展家庭教育機構、團體得徵訓志願工作人員，協助家庭教育之推展。

§10 各級主管機關應對推展家庭教育之專業人員、行政人員及志願工作人員，提供各種進修課程或訓練；其課程或訓練內容、由各該主管機關定之。

§11 家庭教育之推展，以多元、彈性、符合終身學習為原則，依其對象及實際需要，得採演講、座談、遠距教學、個案輔導、自學、參加成長團體及其他方式為之。

§12 高級中等以下學校每學年應在正式課程外實施四小時以上家庭教育課程及活動，並應會同家長會辦理親職教育。

各級主管機關應積極鼓勵師資培育機構，將家庭教育相關課程列為必修科目或通識教育課程。

§13 中央主管機關得視需要研訂優先接受家庭教育服務之對象及措施並推動之；必要時，得委託直轄市、縣（市）主管機關或推展家庭教育機構、團體辦理。

前項優先對象及推動措施之方式，由中央主管機關定之。

§14 直轄市、縣（市）主管教育行政機關應針對適婚男女，提供至少四小時婚前家庭教育課程，以培養正確之婚姻觀念，促進家庭美滿；必要時，得研訂獎勵措施，鼓勵適婚男女參加。

§15 各級學校於學生有重大違規事件或特殊行為時，應即通知其家長或監護人；並提供相關家庭教育諮商或輔導之課程，其辦法，由該管主管機關定之。

前項各級學校為家長或監護人提供家庭教育諮商或輔導之課程內容、時數、家長參與、家庭訪問及其他相關事項之辦法，由該管主管機關定之。

§16 中央主管機關得委託相關機構、學校，進行各類家庭教育課程、教材之研發。

§17 各級主管機關應寬籌家庭教育經費，並於教育經費預算內編列專款，積極推展家庭教育。

§18 各級主管機關應研訂獎助事項，鼓勵公私立學校及機構、團體、私人辦理推展家庭教育之工作。

§19 本法施行細則，由中央主管機關定之。

§20 本法自公布日施行。

410	③	目前法令規定高級中學以下學校每學年應實施多少小時以上的家庭教育課程及活動？①八 ②六 ③四 ④二。
411	D	下列那一項是親職教育的重點？（A）課程設計（B）教學方法（C）資訊科技（D）角色學習。
412	D	家庭教育屬於：（A）非正式教育（B）正式教育（C）正規教育 （D）非正規教育。
413	B	家庭教育與親職教育的範圍是一樣的。（A）是 （B）否
414	4	家庭是協助教育實施的重要機構。依「家庭教育法」之規定，

		高中以下學校每年應於正式課程實施之外，實施多少小時親職教育課程與活動？　（1）10　（2）8　（3）6　（4）4
415	C	依據立法院三讀通過的「家庭教育法」之規定，高中以下學校每年應在正式課程之外，實施多少小時以上家庭教育課程及活動？　（A）2小時　（B）4小時　（C）6小時　（D）8小時。
416	AB CD	根據「家庭教育法」，下列哪些屬於家庭教育的範圍？　（A）子職教育　（B）親職教育　（C）婚姻教育　（D）倫理教育。（複選題）

【家庭教育法施行細則】

民國 93 年 2 月 13 日公布

§1 本細則依家庭教育法（以下簡稱本法）第十九條規定訂定之。

§2 本法第二條之用詞定義如下：

　　一、親職教育：指增進父母職能之教育活動。

　　二、子職教育：指增進子女本分之教育活動。

　　三、兩性教育：指增進性別知能之教育活動。

　　四、婚姻教育：指增進夫妻關係之教育活動。

　　五、倫理教育：指增進家族成員相互尊重及關懷之教育活動。

　　六、家庭資源與管理教育：指增進家庭各類資源運用及管理之教育活動。

§3 本法所稱志願工作人員，指由推展家庭教育機構、團體，依志願服務法相關規定召募、訓練及實習，並經考核通過者。

§4 本法第十一條所定家庭教育之推展，以多元、彈性、符合終身學習為原則，指推展家庭教育機構、團體，依教育對象及其需求，調整課程內容及實施方式；對個人家庭教育知能之增進，依其人生全程發展階段之不同，提供其所需知能。

§5 高級中等以下學校依本法第十二條第一項規定，在正式課程外實施之家庭教育課程及活動，應依學生身心發展、家庭狀況、學校人力、物力，結合社區資源為之，並於學校行事曆載明。

§6 各級主管機關依本法第十二條第二項規定，鼓勵師資培育機構辦理家庭教育相關課程，得以獎勵或補助等方式為之。

§7 直轄市、縣（市）主管機關依本法第十四條規定，辦理適婚男女婚前家庭教育課程，應依實施對象之需求規劃適當內容。必要時，並得邀集相關主管機關、團體等共同研訂實施計畫、推展策

略及獎勵措施。

　　前項婚前家庭教育課程得包含下列內容：

一、婚姻願景及承諾。

二、解決婚姻及家庭問題之能力。

三、經營婚姻及家庭生活相關資源之取得。

§8 各級主管機關依本法第十八條規定訂定獎助事項時，應明定獎助
　　之對象、項目及基準等事項。

　　各級主管機關辦理前項獎助時，應定期對辦理推展家庭教育
　　工作之公私立學校及機構、團體、私人實施評鑑。

§9 本細則自發布日施行。

【公立高級中等以下學校校長成績考察辦法】

民國 93 年 9 月 16 日修正

§1 本辦法依高級中學法第十二條之二、職業學校法第十條之二及國民教育法第十八條第二項規定訂定之。

§2 校長任職至學年度終了屆滿一學年者，應予成績考核，不滿一學年而已達六個月者，另予成績考核。其在考核年度內有下列各款情形者，得併計年資參加考核：

一、經遴選至其他學校年資未中斷者。

二、專任教師經遴選為校長年資未中斷者。

　　前項另予成績考核，於學年度終了辦理之。但辭職、退休、資遣、死亡或留職停薪者得隨時辦理之。

　　在同一考核年度內再任人員，除已辦理另予成績考核者外，其再任至學年度終了已達六個月者，得於學年度終了辦理另予成績考核。

　　轉任公務人員、公營事業人員或其他公職者，如其轉任前之年資，未經所轉任機關並計辦理考績、考成或考核者，得由轉任前之學校予以查明後，於學年度終了辦理另予成績考核。

§3 校長成績考核以一百分為滿分，其等次及獎懲規定如下：

一、甲等：八十分以上。除晉本薪或年功薪一級外，並給與一個月薪給總額之一次獎金，已支年功薪最高級者，給與二個月薪給總額之一次獎金。

二、乙等：七十分以上，不滿八十分。除晉本薪或年功薪一級外，並給與半個月薪給總額之一次獎金，已支年功薪最高薪級者，給與一個半月薪給總額之一次獎金。

三、丙等：六十分以上，不滿七十分。留支原薪級。

　　　另予成績考核，列甲等者，給與一個月薪給總額之一次獎金；列乙等者，給與半個月薪給總額之一次獎金；列丙等者，不予獎勵。

§4 校長之成績考核，應就下列事項，綜合評定其分數，並依前條規定，定其等次：

一、執行教育政策及法令之績效占百分之二十五。

二、領導教職員改進教學之能力占百分之二十五。

三、辦理行政事務之效果占百分之二十。

四、言行操守及對人處事之態度占百分之二十。

五、其他個案應列入考慮之項目占百分之十。

§5 校長在考核年度內有下列情形之一者，不得考列甲等：

一、事病假併計超過十四日者。

二、曾受懲戒處分者。

三、依公立學校教職員成績考核辦法功過相抵後累積仍達記過以上處分者。

四、因案停職期間達六十日者。

五、實際執行職務未達六個月者。但經遴選為校長年資未中斷，因主管教育行政機關三月一日以後始辦理布達交接，致實際執行校長職務未達六個月者，不在此限。

六、學校採用或推銷坊間專為應付升學或考試之各種參考書、測驗紙，經查屬實者。

七、未依規定常態編班，經查屬實者。

　　　校長在考核年度內有下列情形之一者，不得考列乙等以上：

一、曾受記大過處分或功過相抵後累積仍達一大過以上處分者。

二、有奢侈放蕩、冶遊賭博等不良行為，經查屬實者。

三、曾受科刑判決確定尚未達解聘或免職程度者。

四、已達依法令規定延長病假者。

§6 校長之平時考核，其獎勵分嘉獎、記功、記大功；懲處分申誡、記過、記大過。同一學年度內平時考核之獎懲得相互抵銷。

平時考核之獎懲標準，準用公立學校教職員成績考核辦法第八條之規定。

§7 校長之考核程序如下：

一、國立學校校長由教育部考核之。

二、國立大學校院附屬（設）之學校，其校長為專任者，由各該大學校院校長考核，報請教育部核定之。

三、直轄市立學校校長由直轄市政府教育局考核，報請直轄市政府核定之。

四、縣（市）立學校校長由縣（市）政府考核之。

§8 各級主管教育行政機關辦理所屬校長成績考核，應成立成績考核委員會，辦理初核事項，受考人數不滿二十人者，得免予組織成績考核委員會。委員會置委員九人至十七人，由機關首長就本機關有關人員中遴派之，並指定一人為主席。

成績考核委員會委員之任期為一年，起迄時間由各級主管教育行政機關自行訂定。

§9 成績考核委員會會議時，須有全體委員三分之二以上出席，出席委員過半數之同意，方得為決議。可否同數時，取決於主席。

§10 各級主管教育行政機關首長對本機關成績考核委員會之初核結果有不同意見時，應交回復議，對復議結果仍不同意時，得變更之。但應於考核案內記明其事實及理由。

校長成績考核分數及獎懲，核定機關如有疑義，應通知原辦理機關詳敘事實及理由，或通知原辦理機關重加考核，必要時亦得調卷查核或派員查核，認為不實時，其等次分數或獎懲得逕予變更。

§11 校長之成績考核經核定後，應由考核機關以書面通知受考核人。

§12	成績考核結果應自下學年度第一個月起執行。 　　第三條所稱薪給總額，係指受考人考核後之本薪、年功薪及其他法定加給。但主管職務加給及地域加給，以受考當年度最後一個月所支為準。
§13	校長於收受考核結果通知後，如有不服者，得提出申訴，其申訴準用教師申訴之規定。
§14	各級主管教育行政機關首長或各單位主管辦理考核，如有不公或徇私舞弊情事，依法予以懲處。
§15	辦理考核人員，在考核進行中，應嚴守秘密，並不得遺漏違誤，違者按情節輕重予以懲處。
§16	考核需用之表件格式，由各級主管教育行政機關定之。
§17	公立幼稚園園長之成績考核，依幼稚教育法第十三條第二項規定，比照公立國民小學校長之規定辦理。
§18	本辦法自發布日施行。

417	4	依「公立學校教職員成績考核辦法」之規定，教師年度考核欲得四條一款（甲等）者，該年若有請事、病假，除須依照規定補課或請人代課外，其事、病假併計不得超過多少天才符合規定？（1）5天；（2）7天；（3）10天；（4）14天。

【終身學習法】

民國 91 年 6 月 26 日發布

§1 為鼓勵終身學習，推動終身教育，增進學習機會，提升國民素質，特制定本法。
§2 本法所稱主管機關：在中央為教育部；在直轄市為直轄市政府；在縣（市）為縣（市）政府。
§3 本法用詞定義如下： 一、終身學習：指個人在生命全程中所從事之各類學習活動。 二、終身學習機構：指提供學習活動之學校、機關、機構及團體。 三、正規教育：指由小學到大學具有層級架構之教育體制。 四、非正規教育：指在正規教育體制外，針對特定目的或對象而設計之有組織之教育活動。 五、社區大學：指在正規教育體制外，由直轄市、縣（市）主管機關自行或委託辦理，提供社區居民終身學習活動之教育機構。 六、回流教育：指個人於學校畢業或肄業後，以全時或部分時間方式，再至學校繼續進修，使教育、工作及休閒生活交替進行之教育型態。 七、學習型組織：指組織支援成員之學習活動，採有效之措施，促進成員在組織目的達成下繼續學習，使個人不斷成長進步，同時組織之功能、結構及文化亦不斷創新與成長，而導致成員與組織同步發展。 八、帶薪學習制度：指機關或雇主給予員工固定公假，參與終身學習，提升員工工作及專業知能。
§4 各級主管機關應整體規劃終身學習政策、計畫及活動。

　　　　各級主管機關應依前項規定，協調、統整並督導所轄或所屬終身學習機構，辦理終身學習活動，以提供有系統、多元化之學習機會。

　　　　各級主管機關為確保弱勢族群終身學習資源，並引導再投入社會服務機會，應優先提供<u>原住民、身心障礙者及低收入戶</u>之終身學習機會及資源。

§5 為促進居民終身學習，各級地方政府應結合民間非營利機構、組織及團體，並依該地區既有各類終身學習活動，研擬終身學習整體計畫，送各主管機關之終身學習推展委員會審議通過後實施。

§6 各級主管機關應設終身學習推展委員，其任務如下：

一、審議終身學習之政策、計畫及活動。

二、協調、指導終身學習機構推展終身學習活動。

三、提供終身學習整體發展之方向。

四、其他相關諮詢事項。

　　　　前項委員會之委員，由各級主管機關就學者、專家及終身學習機構與政府機關之代表聘兼之；其中應包括第四條第三項弱勢族群之代表若干人

§7 終身學習機構提供學習之內容，依其層級，應重視學前教育、國民教育、中等教育、高等教育之銜接；依其性質，應加強正規教育與非正規教育之統整。

§8 各級各類學校在學習活動中應培養學生終身學習之理念、態度、能力及方法，並建立其終身學習之習慣。

§9 直轄市、縣（市）主管機關為推展終身學習，提供國民生活知能及人文素養，培育現代社會公民，得依規定設置社區大學或委託辦理之；其設置、組織、師資、課程、招生及其他相關事項，由各級政府自定之。

§10 各級政府應結合各級各類社會教育及文化機構，並利用民間非

營利機構、組織及團體資源，建構學習網路體系，開拓國民終身學習機會。
§11 各級主管機關為推展終身學習活動，建構學習社會，應輔導並獎勵終身學習機構，發展學習型組織。
§12 各級主管機關應建立各級各類回流教育制度，提供學習機會，以滿足國民終身學習需求。
§13 各級政府得籌措經費或接受團體、個人捐贈，設立財團法人終身學習基金會，以協助推展終身學習活動。
§14 終身學習機構應優先指定專業人員或由專人規劃推展終身學習活動。 　　　　主管機關應提供前項人員在職進修機會。
§15 終身學習機構得視需要採用<u>遠距教學</u>、<u>網路教學</u>或結合傳播媒體進行教學，並輔以<u>面授</u>、<u>書面</u>輔導及其他適當之教學方式施教，以增進多元學習機會。 　　　　為促使終身學習傳播管道普及化，對於電視、廣播、網際網路、平面等相關媒體積極參與終身學習節目或內容之製播、製作，或提供一定時數或排定時段，免費或低價提供播放各類終身學習節目者，政府應酌予經費補助或公開獎勵；其補助或獎勵辦法，由中央主管機關定之。 　　　　電子媒體應提供一定比例時段之頻道，播放有關終身學習之節目；其有關節目認定、釋出時數及時段等相關規定，由中央主管機關會同目的事業主管機關定之。
§16 中央主管機關為激勵國民參與終身學習意願，對非正規教育之學習活動，應建立<u>學習成就認證制度</u>，並作為入學採認或升遷考核之參據。 　　　　前項學習成就認證制度之建立，應包括課程之認可、學習成就之採認、學分之有效期間、入學採認之條件及其他有關事

	項；其辦法，由中央主管機關定之。
§17	學校、機關、機構及團體為鼓勵國民參與終身學習活動，經主管機關核准，得發行<u>終身學習卡</u>，累積學習時數，作為採認學習成就之依據。
§18	中央主管機關得針對原住民、身心障礙者及低收入戶參與依第十六條第二項所訂辦法規定之認可課程，酌予補助其所繳納之學費。 前項原住民、身心障礙者及低收入戶之界定、補助之方式、比率、程序及其他相關事項之辦法，由中央主管機關定之。
§19	各級政府為鼓勵國民參與終身學習活動，應積極推動員工帶薪學習制度。 中央主管機關對於積極推動員工帶薪學習制度之機關或雇主，得予以獎勵。 前項獎勵對象、條件、程序、方式及其他相關事項之辦法，由中央主管機關定之。
§20	各級政府應寬列預算，以推動終身學習活動。 為均衡區域終身學習之發展，中央主管機關對特殊需求之區域及對象，應優先予以經費補助。
§21	各級主管機關得會同目的事業主管機關監督及評鑑終身學習機構，其績效優良者，應予獎勵。
§22	本法施行細則，由中央主管機關定之。
§23	本法自公布日施行。

418	4	規定機關或雇主給予員工固定公假的帶薪學習制度以提升員工及專業知能的法規是①教師法②幼稚教育法③兒童及少年福利法④終身學習法。

419	B	聯合國教科文組織於 2003 年提出終身學習的第五支柱，此係指（A）學會發展（B）學會改變（C）學會與人相處（D）學會追求知識。
420	C	UNESCO 是指下列哪一種組織？（A）聯合國兒童基金會（B）歐洲經濟合作組織（C）聯合國教科文組織（D）國際比較教育學會。
421	B	倡導終身學習最積極的國際組織是：（A. APEC B. UNESCO C.WTO D.NATO）
422	A	最近立法院通過一項法律，積極推動員工「帶薪學習制度」，請問這項法律是（A）終身學習法 （B）全民教育法 （C）勞動基準法 （D）工會法
423	AB CD	我國加入 WTO 後，在教育服務事業方面的開放承諾包括哪些？ （A）國外高中職以上學校可以來台設校 （B）國外學校可以提供跨國遠距教學服務 （C）外國人可以來台設立短期補習班 （D）外國留學服務業可以在台營業（複選題）
424	A	為促進終生學習，建立學習社會，目前政府推動下列哪項措施？ （A）規定中小學教師必須進修一定時數或學分，以落實在職進修 （B）研究所免試入學，以擴大招收在職人員進修 （C）鼓勵企業設立進修學習單位，提供企業外人士進修 （D）鼓勵社教機構設立研究所，提供民眾修習碩、博士學位的機會
425	AB D	下列那些措施能達成終生學習，建立學習社會的目的？A. 廣設社區學院，以提供在職人員進修 B. 規定中小學教師每年必須進修１８小時或１學分，以落實在職進修 C. 所有研究所免試入學，以擴大招收在職人員修讀 D. 加強遠距教學與空中教學，以誘發更多潛在的學習者（複選題）

【終身學習法施行細則】

民國 92 年 11 月 14 日公布

§1 本細則依終身學習法（以下簡稱本法）第二十二條規定訂定之。
§2 終身學習機構辦理本法第三條第四款之非正規教育，不得依學位授予法規定授予學位。
§3 各級主管機關依本法第六條規定所設終身學習推展委員會，由委員十一人至二十五人組成之；其中終身學習機構及政府機關之代表合計不超過委員總額二分之一，本法第四條第三項之弱勢族群代表至少二人。
§4 終身學習機構依本法第七條規定提供學習之內容，應考量民眾學習需求，並就教育階段之層級及性質，注意其課程內涵之銜接及實施方式。
§5 直轄市、縣（市）主管機關依本法第九條規定設置或委託辦理社區大學，應編列年度預算支應。
§6 各級主管機關依本法第十條規定建構學習網路體系，應輔導終身學習機構建置終身學習資料庫，並相互連接，以促進資訊流通。
§7 各級主管機關依本法第十一條規定輔導並獎勵終身學習機構，發展學習型組織，應以公開、客觀之方式為之。
§8 各級主管機關依本法第十二條規定建立各級各類回流教育制度，應研擬各類學習方案，映鼓勵所屬學校提供學習機會，開辦各類推廣教育班次及在職專班、在職班，招收在職人士重回學校學習。
§9 各級政府依本法第十三條規定設立財團法人終身學習基金會，其任務如下： 一、募集資金、整合終身學習資源。 二、補助辦理各類終身學習活動。

三、辦理國內、外終身學習交流活動。	
四、辦理終身學習學術研討會、研習活動。	
五、出版終身學習相關書刊。	
六、辦理其他相關公益性終身學習事務。	
§10 本法第二十條第二項所稱特殊需求之區域，指<u>偏遠、山地、離島</u>等地區；所稱特殊需求之對象，指本法第四條第三項之<u>原住民、身心障礙者及低收入戶</u>。	
§11 本細則自發布日施行。	

解釋名詞：終生學習

426	4	各大學所開設的「碩士在職專班」是屬於哪一種教育型態？（1）正規教育 （2）非正規教育 （3）正式教育 （4）回流教育。
427	B	教育部推動回流教育的目標在於 （A）精簡教師人力（B）實現學習社會（C）導正高等教育（D）改變家長觀念。

【教師申訴評議委員會組織及評議準則】

民國 85 年 8 月 14 日公布
民國 94 年 8 月 19 日修正

第一章　總則
§1　本準則依教師法第二十九條第二項規定訂定之。
§2　教師申訴之主管機關，在中央為教育部；在省為省政府、在直轄市為直轄市政府；在縣（市）為縣（市）政府。
§3　教師對學校或主管教育行政機關有關其個人之措施，認為違法或不當，致損害其權益者，得提出申訴。
§4　各級主管機關及專科以上學校為辦理教師申訴案件之評議，應設教師申訴評議委員會（以下簡稱申評會）。 　　各級主管機關應依其業務需要訂定申評會編組表，列明職稱、職等、員額。 　　前項編組所需人員於本機關現有員額內均用。
第二章　組織
§5　各級主管機關申評會置委員十五人至二十一人，均為無給職，任期二年，由機關首長遴聘教師、教育學者、該地區教師組織或分會代表、主管機關代表、社會公正人士擔任，其中未兼行政職務之教師不得少於委員總額三分之二；任一性別委員應占委員總數三分之一以上。 　　申評會委員因故出缺時，繼任委員之任期至原任期屆滿之日止。
§6　各級主管機關申評會委員會議，由機關首長或其指定之人員召集之；專科以上學校申評會委員會議，由校長或其指定之人員召集之。

前項委員會議經委員二分之一以上之書面請求,召集人應於二十日內召集之。
§7 各級主管機關申評會主席由委員互選之,並主持會議,任期一年,連選得連任。 前項主席因故不能主持會議時,由其指定委員一人代理主席。 申評會主席,不得由該級主管教育行政機關首長擔任。
§8 專科以上學校申評會之組成、主席產生方式及委員任期之規定,由各校擬訂,經校務會議通過後,報中央主管機關核定。 前項申評會之組成應包含教育學者、該地區教師組織或分會代表、學校代表及社會公正人士,其中未兼行政職務之教師不得少於委員總額三分之二;任一性別委員應占委員總數三分之一以上。 第一項申評會主席,不得由該校校長擔任。
第三章　管轄
§9 教師提起申訴、再申訴之管轄如下: 一、對於專科以上學校之措施不服者,向該學校申評會提起申訴;如不服其評議決定者,向中央主管機關申評會提起再申訴。 二、對於高級中等以下學校之措施不服者,向學校所屬主管機關申評會提起申訴;如不服其評議決定者,向其上級主管機關申評會提起再申訴。但學校所屬主管機關為教育部者,向中央主管機關申評會提起之申訴,以再申訴論。 三、對於縣(市)主管教育行政機關之措施不服者,向縣(市)主管機關申評會提起申訴;如不服其評議決定者,向省主管機關申評會提起再申訴。 四、對於直轄市主管教育行政機關之措施不服者,向直轄市主管機關申評會提起申訴;如不服其評議決定者,向中央主管機

關申評會提起再申訴。

五、對於教育部之措施不服者，向中央主管機關申評會提起申訴，並以再申訴論。

§10 原措施之學校或主管教育行政機關不服申訴評議決定，得提起再申訴者，其再申訴之管轄，準用前條規定。

第四章　申訴之提起

§11 申訴之提起應於收受或知悉措施之次日起<u>三十日內</u>以書面為之；再申訴應於申訴評議書達到之次日起三十日內以書面為之。

原措施之學校或主管教育行政機關依法應以可供存證查核之方式送達其措施於申訴人者，以該送達之日為知悉日。

§12 申訴應具申訴書，載明下列事項，由申訴人署名，並應檢附原措施文書、有關之文件及證據：

一、申訴人姓名、出生年月日、身分證明文件號碼、服務學校及職稱、住居所、電話。

二、有代理人或代表人者，其姓名、出生年月日、身分證明文件號碼、住居所、電話。

三、原措施之學校或主管教育行政機關。

四、收受或知悉措施之年月日、申訴之事實及理由。

五、希望獲得之具體補救。

六、提起申訴之年月日。

七、受理申訴之學校或主管機關申評會。

八、載明就本申訴事件有無提起訴願、訴訟。

再申訴時，應另檢附原申訴書、原申訴評議書，並敘明其受送達之時間及方式。

§13 提起申訴不合前條規定者，申評會得通知申訴人於二十日內補正。屆期未補正者，申評會得逕為評議。

第五章　申訴評議

§14 申評會應自收到申訴書之次日起<u>十日內</u>，以書面檢附申訴書影本及相關書件，通知為原措施之學校或主管教育行政機關提出說明。

　　學校或主管教育行政機關應自前項書面通知達到之次日起二十日內，擬具說明書連同關係文件，送受理之申評會，並應將說明書抄送申訴人。但原措施之學校或主管教育行政機關認申訴為有理由者，得自行撤銷或變更原措施，並函知管轄之申評會。

　　原措施之學校或主管教育行政機關屆前項期限未提出說明者，申評會得逕為評議。

　　第一項期間，於依前條規定補正者，自補正之次日起算；未為補正者，自補正期限屆滿之次日起算。

§15 申訴提起後，於評議書送達申訴人前，申訴人得撤回之。申訴經撤回者，申評會應終結申訴案件之評議，並以書面通知申訴人、原措施之學校或主管教育行政機關。

　　申訴人撤回申訴後，不得就同一原因事實重行提起申訴。

§16 提起申訴之教師就申訴案件或相牽連之事件，同時或先後另行提起訴願、行政訴訟、民事或刑事訴訟者，應即以書面通知申評會。

　　申評會依前項通知或依職權知有前項情形時，應停止申訴案件之評議，並以書面通知申訴人；於停止原因消滅後，經申訴人書面請求時，應繼續評議，並以書面通知申訴人。

　　申訴案件全部或一部之評議決定，以訴願或訴訟之法律關係是否成立為據者，申評會於訴願或訴訟程序終結前，應停止申訴案件之評議，並以書面通知申訴人；於停止原因消滅後，應繼續評議，並以書面通知申訴人。

§17 申評會委員會議以<u>不公開</u>為原則。

評議時，得經委員會議決議邀請申訴人、關係人、學者專家或有關機關指派之人員到場說明。

申訴人、原措施之學校或主管教育行政機關申請於委員會議評議時到場說明者，經委員會議決議同意後，應指定時間地點通知其到場說明。

依前項規定到場說明時，得偕同輔佐人一人為之。

申訴案件有實地瞭解之必要時，得經委員會議決議，推派委員代表至少三人為之；並於委員會議時報告。

§18 申評會委員於申訴案件有利害關係者，應自行迴避，不得參與評議。

有具體事實足認申評會委員就申訴案件有偏頗之虞者，申訴人得舉其原因及事實向申評會申請委員迴避。

前項申請，由委員會議決議之。

申評會委員於評議程序中，除經委員會議決議外，不得與當事人、代表其利益之人或利害關係人為程序外之接觸。

第六章　評議決定

§19 申評會之評議決定，除依第十六條規定停止評議者外，自收受申訴書之次日起，應於三個月內為之；必要時，得予延長，並通知申訴人。延長以一次為限，最長不得逾二個月。

前項期間，於依第十三條規定補正者，自補正之次日起算；未為補正者，自補正期限屆滿之次日起算；依第十六條規定停止評議者，自繼續評議之日起重行起算。

§20 申訴有下列各款情形之一者，應為不受理之評議決定：

一、提起申訴逾第十一條規定之期間。

二、申訴人不適格。

三、非屬教師權益事項。

四、原措施已不存在或依申訴已無補救實益。

五、對已決定或已撤回之申訴案件就同一原因事實重行提起申訴。
§21 申評會委員會議於評議前認為必要時,得推派委員三人至五人審查,委員於詳閱卷證、研析事實及應行適用之法規後,向委員會議提出審查意見。
§22 申評會於申訴案件評議前,應擬具處理意見連同卷證提請評議。 　　申評會於必要時,得推派委員三人審查,委員於詳閱卷證、研析事實及應行適用之法規後,向申評會提出審查意見。
§23 申訴無理由者,申評會應為駁回之評議決定。
§24 申訴有理由者,申評會應為有理由之評議決定;其有補救措施者,並應於評議書主文中載明。
§25 申評會委員應親自出席委員會議,經委員二分之一以上出席,始得開議;評議決定應經出席委員三分之二以上之同意行之;其他事項之決議以出席委員過半數之同意行之。 　　委員會議為前項決議時,迴避之委員不計入出席委員人數。
§26 申評會委員會議之評議決定,以無記名投票表決方式為之,其評議經過及個別委員意見應對外嚴守秘密。 　　前項表決結果應載明於當次會議紀錄;表決票應當場封緘,經會議主席及委員推選之監票委員簽名,由申評會妥當保存。
§27 申評會應指定人員製作評議紀錄附卷;委員於評議中所持與評議決定不同之意見,經其請求者,應列入委員會議紀錄。
§28 評議書應載明下列事項: 　一、申訴人姓名、出生年月日、身分證明文件號碼、服務之學校及職稱、住居所。 　二、有代理人或代表人者,其姓名、出生年月日、身分證明文

件號碼、住居所。

三、原措施之學校或主管教育行政機關。

四、主文、事實及理由；其係不受理決定者，得不記載事實。

五、申評會主席署名。申評會作成評議書時主席因故不能執行職務者，由代理主席署名，並記載其事由。

六、評議書作成之年月日。

評議書應附記如不服評議決定，得於評議書送達之次日起三十日內，向第九條所定再申訴機關提起再申訴。但不得提再申訴，或其申訴依規定以再申訴論者，應附記如不服評議決定，得按事件之性質，依相關法律規定於法定期限內，向該管機關提起訴願或訴訟。

§29 評議書以申評會所屬學校或主管機關名義行之，作成評議書正本，並以該學校或主管機關名義以足供存證查核之方式送達評議書正本於申訴人、原措施之學校或主管教育行政機關及該地區教師組織。但該地區教師組織未依法設立者，得不予送達。

申訴案件有代表人或代理人者，除受送達之權限受有限制者外，前項評議書之送達，向該代表人或代理人為之；代表人或代理人有二人以上者，送達得僅向其中一人為之。

§30 提起再申訴者，應具體指陳原措施、申訴評議決定之違法或不當，並應載明其希望獲得之具體補救。

提起再申訴者，其範圍不得逾申訴之內容。

本準則有關申訴之規定，除於再申訴已有規定者外，其與再申訴性質不相牴觸者，於再申訴準用之。

§31 評議決定有下列各款情事之一者，即為確定：

一、依規定得提起再申訴，而申訴人、原措施之學校或主管教育行政機關於評議書送達之次日起三十日內未提起再申訴。

二、再申訴評議書送達於再申訴人。	
三、依第九條第二款但書或第五款規定提起申訴，其評議書送達於申訴人。	

第七章　附則

§32 評議決定確定後，學校或主管教育行政機關應依評議決定執行，主管機關並應依法監督其確實執行。

§33 依本準則規定所為之申訴、再申訴說明及應具備之書件應以中文書寫；其書件引述外文者，應譯成中文，並應附原外文資料。

　　因申訴、再申訴所提出之資料，以錄音帶、錄影帶、電子郵件提出者，應檢附文字抄本，並應載明其取得之時間、地點，及其無非法盜錄、截取之聲明。

§34 現有申評會之組織與本準則規定不符者，除性別平等教育法另有規定外，應自本準則修正施行之日起一年內調整之。

§35 本準則自發布日施行。

428	B	在臺北市公立國民小學服務的教師，認為學校行政單位不當處理時，應先向哪個單位提出申訴？（A）服務學校之申訴評議委員會（B）市政府申訴評議委員會（C）教育部申訴評議委員會（D）視事情的性質與嚴重程度決定。
429	C	教師申訴之提起應於知悉措施之次日起幾日內以書面為之？（A）10日內（B）20日內（C）30日內（D）2個月內
430	3	據教師申訴評議委員會組織及評議準則規定，各級主管機關申評會置委員幾人？①五至二十一②十一至二十一③十五至二十一④二十一至二十五。
431	C	縣立國民中學教師如果對於學校處分有所不服，應先向何單位申訴？（A）該國中之教師評審委員會　（B）該國中之教

		師申訴評議委員會 （C）該縣之教師申訴評議委員會 （D）教育部之教師申訴評議委員會。
432	A	下列各種委員會常見於學校之中，請選出一個名稱和權責不相符合的選項？（A）「成績考核委員會」—執行學校教師成績考核工作，其程序是先由校長初核後，再交由委員會最後審核 （B）「教師申訴評議委員會」--辦理教師申訴案件之評議，申訴之程序及再申訴二級 （C）「學校教師會」--主要為維護及再申訴教師專業尊嚴與自主權，學校班級數少於 20 班時，得跨區合併成立 （D）「教師評審委員會」-- 主要辦理經公開甄選之新進教師的審查。
433	1	學校教師評審委員會在審議教師教學不力，不能勝任工作，有具體事實或違反聘約情節重大者，應有全體委員多少人以上出席、多少人以上通過，始得決議？（1）2/3 出席、1/2 通過；（2）1/2 出席、1/2 通過；（3）1/2 出席、2/3 通過；（4）2/3 出席、3/4 通過。

【教師輔導與管教學生辦法】已廢除

民國 86 年 7 月 16 日發布全文 30 條

民國 88 年 6 月 29 日修正發布第二十七條

民國 92 年 10 月 16 日廢止「教師輔導與管教學生辦法」

第一章　總　則
§1 本辦法依教育法第十七條規定訂定之。
§2 各級學校教師輔導與管教學生，依本辦法之規定。本辦法未規定者，適用其他相關法令及各校校規。
§3 教師輔導與管教學生應符合下列之目的： 　　一、鼓勵學生優良表現，培養學生自尊尊人、自治自律之處世態度。 　　二、導引學生身心發展，激發個人潛能，培養健全人格。 　　三、養成學生良好生活習慣，建立符合社會規範之行為。 　　四、確保班級教學及學校教育活動之正常進行。
§4 教師輔導與管教學生時，應依下列原則處理： 　　一、尊重學生人格尊嚴。 　　二、重視學生個別差異。 　　三、配合學生心智發展需求。 　　四、維護學生受教權益。 　　五、發揮教育愛心與耐心。 　　六、啟發學生反省與自製能力。 　　七、不因個人或少數人錯誤而懲罰全體學生。
§5 凡經學校或教師安排之教育活動，教師應負起輔導與管教學生之責任。
§6 教師應參加輔導知能之進修或研習，以增進專業知能。
§7 教師應對學生實施生活、學習、生涯、心理與健康等各種輔導。

前項輔導需具特殊專業能力者，得請輔導單位或其他相關單位協助。
§8 學生干擾或妨礙教學活動正常進行，違反校規、社會規範或法律，或從事有害身心健康之行為者，教師應施予適當輔導與管教。 　　前項輔導與管教無效時，得移請學校訓輔單位或其他相關單位處理。
§9 教師管教學生，應事先瞭解學生行為動機，並明示必要管教之理由。 　　教師不得為情緒性或惡意性之管教。
§10 教師因實施輔導與管教學生所獲得之個人或家庭資料，非依法律規定，不得對外公開或洩漏。
§11 教師輔導與管教學生，不得因學生之性別、能力或成績、宗教、種族、黨派、地域、家庭背景、身心障礙、或犯罪紀錄等，而為歧視待遇。
§12 教師應秉客觀、平和、懇切之態度，對涉及爭議之學生為適當勸導，並就爭議事件為公正合理處置，力謀學生當事人之和諧。
第二章　大學與專科學校
§13 大學應依本辦法、大學法及其相關規定，訂定學生輔導與獎懲要點。 　　大學教師輔導與獎懲學生應依前項規定辦理。
§14 專科學校應依本辦法及相關規定，訂定學生輔導與獎懲要點。 　　專科學校教師輔導與獎懲學生應依前項規定辦理。
第三章　高級中等以下學校
§15 教師為鼓勵學生優良表現，得給予嘉勉、獎卡或其他適當之獎勵。 　　教師對於特殊優良學生，得移請學校為下列獎勵： 　一、嘉獎。

二、小功。

三、大功。

四、獎品、獎狀、獎金、獎章。

五、其他特別獎勵。

§16 教師管教學生應依學生人格特質、身心健康、家庭因素、行為動機與平時表現等，採取下列措施：

一、勸導改過、口頭糾正。

二、取消參加課程表列以外之活動。

三、留置學生於課後輔導或矯正其行為。

四、調整座位。

五、適當增加額外作業或工作。

六、責令道歉或寫悔過書。

七、扣減學生操行成績。

八、責令賠償所損害之公物或他人物品等。

九、其他適當措施。

前項措施於必要時，教師除通知家長或監護人外，得請訓導處、輔導室或其他相關單位協助之。

§17 依前條所為之管教無效時，或違規情節重大者，教師得移請學校為下列措施：

一、警告。

二、小過。

三、大過。

四、假日輔導。

五、心理輔導。

六、留校察看。

七、轉換班級或改變學習環境。

八、家長或監護人帶回管教。

九、移送司法機關或相關單位處理。

十、其他適當措施。

　　高級中等學校除前項之措施外，必要時得為退學之處分。

　　第一項第二款、第三款與第六款之記過與留校察看不適用國民小學。

§18 依第十六條第九款與第十七條第十款之規定，以其他適當措施管教學生時，其執行應經適當程序，且不得對學生身心造成傷害。

§19 學生携帶之物品足以影響學生專心學習或干擾教學活動進行者，教師或學校得保管之，必要時得通知家長或監護人領回。

§20 學生攜帶或使用下列物品者，教師或訓輔人員應立即處置，並視其情節移送相關單位處理：

一、具有殺傷力之刀械、槍砲、彈藥及其它危險物品。

二、毒藥、毒品及麻醉藥品。

三、猥褻或暴力之書刊、圖片、影片、磁碟片或卡帶。

四、菸、酒、檳榔或其他有礙學生身心健康之物品。

五、其他違禁品。

§21 學校應邀集校內相關單位主管、家長會代表、教師代表及學生代表，依本辦法之規定，共同訂定學校輔導與管教學生要點，報請主管教育行政機關核定後實施。

§22 學校為處理學生獎懲事項，應設學生獎懲委員會。其組織、獎懲標準、運作方式等規定，由各校邀集校內相關單位主管、家長會代表、教師代表及學生代表共同訂定之。

§23 學生獎懲委員會審議學生重大違規事件時，應秉公正及不公開原則，瞭解事實經過，並應給予學生當事人或家長、監護人陳述意見之機會。

§24 學生獎懲委員會為重大獎懲決議後，應做成決定書，並記載事

項、理由及獎懲依據，通知學生當事人及其家長或監護人。必要時並得要求家長或監護人配合輔導。 　　前項決定書，應經校長核定後執行，校長認為決定不當時，得退回再議。
§25 學生因重大違規事件經處分後，教師應追蹤輔導，必要時會同學校輔導單位協助學生改過遷善。 　　對於必須長期輔導者，學校得要求家長配合並協請社會輔導或醫療機構處理。
第四章　救　　濟
§26 學生對學校有關其個人之管教措施，認為違法或不當致損害其權益者，得以書面向學校申訴。
§27 學校應成立申訴評議委員會，其組織及評議規定，除大學與專科學校自行訂定外，高級中等以下學校由各該主管教育行政機關邀集家長會代表、地方教師會代表或教師代表及相關人員等共同訂定之。
§28 學生受開除學籍、退約或類此之處分，足以改變學生身分致損及其受教育權益者，經向學校申訴未獲救濟，得依法提起訴願及行政訴訟。 　　前項學生申訴得由家長或監護人代理之。
第五章　附　　則
§29 各級學校得訂定懲罰存記及改過銷過要點，以鼓勵學生改過遷善。
§30 本辦法自發布日施行。

教育部　函

發文日期：中華民國九十二年五月三十日

發文字號：台訓（一）字第〇九二〇〇七四〇六〇號函

正本：臺北市政府教育局、高雄市政府教育局、各縣市政府、福建省政府、本部中部辦公室、公私立大專校院、各部屬國民小學

副本：本部各單位

主旨：中華民國九十二年一月十五日總統華總一義字第〇九二〇〇〇〇五四二〇號令修正公布教師法部分條文，有關其中第十七條第一項第四款、第九款及第二項修正條文，請依說明辦理，請　查照。

說明：

一、本部為配合教師法第十七條第一項第四款、第九款及第二項條文修正，協助學校依法訂定教師輔導與管教學生、擔任導師辦法，於本（九十二）年四月二十八日邀集專家學者及大專校院、直轄市政府教育局、縣（市）政府等代表，召開「研商因應教師法第十七條第一項第四款、第九款修正條文會議」，獲致共識，請依會議決議辦理。

二、本部將依法廢止「教師輔導與管教學生辦法」，請本部中部辦公室、直轄市政府教育局及縣（市）政府本於權責督導所屬中小學全面檢視各校原已訂定之學校輔導與管教學生要點，並依「教師法」第十七條規定，於本（九十二）年九月底前訂定學校教師輔導與管教學生辦法，經校務會議通過後實施，並公告周知。

三、主管教育行政機關督導所屬學校訂定教師輔導與管教學生辦法時，應注意下列事項：

（一）學校教師輔導與管教學生辦法請參照本部前頒「教師輔導與管教學生辦法」之精神與旨意訂定。

（二）學校教師輔導與管教學生辦法之訂定必須具備民主參與之過程，讓教師、學生及家長代表有充分表達意見與討論之機會，藉此學習民主程序及法治精神。辦法條文之規範必須合理、正當且符合教育目的，輔導管教措施必須符合比例原則，能與事實之嚴重性相當。

（三）學校所定教師輔導與管教學生辦法，應提供學生對管教措施申訴之救濟途徑，以保障學生學習、生活與受教權益，增進校園和諧；學生因重大違規事件受處分後，教師及輔導單位應追蹤輔導。

（四）學校訂定之教師輔導與管教學生辦法不得逾各級法令之規定，任何管教措施均不得對學生身心造成傷害。如有不當管教事件，應依相關規定予以懲處。

四、本部將依法廢止「中等以上學校導師制實施辦法」，學校應依「教師法」第十七條規定，於本（九十二）年九月底前訂定教師擔任導師辦法，經校務會議通過後實施，並公告周知。有關導師費之發給，請依相關法令併同本部（人事處）報行政院中之「教師待遇條例」（草案）辦理。各校於訂定擔任導師辦法時，請注意下列事項：

（一）各校導師對於學生之性向、興趣、特長、學習

態度及家庭環境等，應有充分之瞭解，對於學生之思想行為，學業及身心健康，均應體察個性及個別差異，根據教學及學生事務（訓導）等計畫，施以適當之指導，鼓勵學生優良表現，使其正常發展，養成健全人格。

（二）各校導師應妥為安排適當時間指導學生、舉行座談會、討論會以及其他有關團體生活之指導，並將上開實施情形扼要記載，隨時指導學生改進其缺點，與學生家長或監護人聯繫，如平時發現學生有不良習性或其他特殊事項，應隨時通知家長注意。

（三）各校應召開<u>導師會議每學期至少一次</u>，討論工作實施情形，並研究有關學生事務工作（訓導與輔導）之共同問題。

（四）導師宜適時參加輔導知能之進修或研習，以增進專業知能，提升輔導學生之能力。

（五）導師輔導學生得視實際需要，移請學校訓輔單位或其他相關單位協助處理。

（六）各校為落實導師制宜建立相關績效考核機制。

| 34 | 4 | 依據教師輔導與管教辦法規定，當國中生違規情節重大者，教師得移請學校為管教措施，下列哪一項措施對國中生並不適當？（1）留校察看 （2）轉換班級 （3）移送司法機關處理 （4）退學。 |
| 35 | 3 | 下列哪一項不是教師輔導與管理學生處理的原則？①不因個人或少數人的錯誤而懲罰全體學生 ②尊重學生人格尊嚴 ③應該公開處分以改正行為 ④重視個別差異。 |

【國民小學與國民中學班級編制及教職員員額編制標準】

民國 70 年 1 月 28 日訂定發布全文 6 條

民國 88 年 12 月 10 日修正發布名稱及第 3、4 條條文

（原名：國民小學與國民中學班級編制及教職員工員額編制標準）

§1 本標準依據國民教育法第十二條之規定訂定之。
§2 國民小學及國民中學，每班學生人數以四十人為原則。其每班學生人數最多不得超過四十五人。山地、偏遠、離島及特別地區之學校，每班學生人數得視實際情形予以降低，且以維持年級教學為準。 　　因財政困難未能達到前項標準之地區，得由直轄市、縣（市）政府另訂分期逐年降低班級人數標準，函經教育部核准後實施。特殊教育學校（班）班級編制標準，依特殊教育設施設置標準辦理。
§3 國民小學教職員員額編制如下： 一、校長：每校置校長一人，專任。 二、主任：各處、室及分校置主任一人，均由教師兼任。 三、組長：各組置組長一人，均由教師兼任。 四、教師：每班置教師一・五人為原則，全校未達九班者，得增置教師一人。 　　　　但財政困難之地區，得由直轄市、縣（市）政府另訂實施年度。辦理實驗之學校得視需要增置教師；其增置標準，視實驗性質訂定之。 五、輔導教師：二十四班以下者，置輔導教師一人，二十五班以上者，每二十四班增置一人，均由教師兼任。

六、幹事：（含各處、室職員及圖書館、教具室、實驗室管理員
　　等，不含人事、主計專任人員）　七十二班以下者，置一人
　　至三人；七十三班以上者，置三人至五人。

七、護士或護理師：七十二班以下者，得置一人；七十三班以上
　　者，得置二人，並得置兼任醫師。辦理醫療實驗之學校，得
　　視需要增置護士或護理師。

八、住宿生輔導員：山地及偏遠地區學校，學生宿舍有十二人以
　　上住宿生者，得置住宿生輔導員一人，五十人以上住宿生
　　者，得置二人。但學生宿舍有十一人以下住宿生者，必要時
　　得置住宿生輔導員一人或指派專人兼任。

九、營養師：自行辦理學校午餐者，每校得置營養師或特約營養
　　師。但採聯合辦理者，其人員設置，由直轄市、縣（市）政
　　府另訂之。

十、人事及主計人員之設置，依人事、主計人員設置標準辦理。
　　　　前項第七款護士或護理師之進用，其具有護士資格者，
　　以護士任用；具有護理師資格者，以護理師任用。

§4 國民中學教職員員額編制如下：

一、校長：每校置校長一人，專任。

二、主任：各處、室及分校置主任一人，均由教師兼任。

三、組長、副組長：各組置組長一人，除文書、出納、事務三組
　　組長得專任外，餘均由教師兼任。六十一班以上者，訓導處
　　及輔導室得共置副組長一人至三人，均由教師兼任。

四、教師：每班置教師二人，每九班得增置教師一人；全校未達
　　九班者，得增置教師一人。但財政困難之地區，得由直轄市、
　　縣（市）政府另訂實施年度。

　　　　辦理實驗之學校得視需要增置教師；其增置標準，視實
　　驗性質訂定之。

五、輔導教師：十五班以下者，置輔導教師一人，十六班以上者，
　　每十五班增置一人，均占教師名額。

六、幹事：（含各處、室職員及圖書館、教具室、實驗室、家政
　　教室管理員、工藝工廠雜工等，不含人事、主計專任人員）
　　三十六班以下者，置二人至九人，三十七班至七十二班者，
　　置三人至十三人；七十三班以上者，置五人至二十人。

七、護士或護理師：七十二班以下者，得置一人；七十三班以上
　　者，得置二人，並得置兼任醫師。辦理醫療實驗之學校，得
　　視需要增置護士或護理師。

八、住宿生輔導員：山地及偏遠地區學校，學生宿舍有十二人以
　　上住宿生者，得置住宿生輔導員一人，五十人以上住宿生
　　者，得置二人。

九、營養師：自行辦理學校午餐者，每校得置營養師或特約營養
　　師。但採聯合辦理者，其人員設置，由直轄市、縣（市）政
　　府另訂之。

十、人事及主計人員之設置，依人事、主計人員設置標準辦理。
　　前項第七款護士或護理師之進用，其具有護士資格者，以護
　士任用；具有護理資格者，以護理師任用。

§5 直轄市、縣（市）政府得視財政狀況及實際業務需要，參照本標
　　準自行另訂員額設置有關規定。

§6 本標準自發布日施行。

【教師請假規則】

公告日期：民國 94 年 05 月 05 日

教師請假規則草案總說明

　　依 92 年 1 月 15 日修正公布之教師法第 18 條之 1 規定：「（第 1 項）教師因婚、喪、疾病、分娩或其他正當事由，得依教師請假規則請假。（第 2 項）教師請假規則，應包括教師請假假別、日數、請假程序，核定權責與違反之處理及其他相關事項，並由教育部定之。」爰參照現行教師請假之相關函釋及教師法等相關教師權益之規定，另邀集各縣市政府代表、全國教師會代表、學校代表及校長協會、家長協會團體等，歷 13 次會議研商，擬具本草案。其條文重點臚列如下：

一、明定本規則訂定之法律依據及適用對象。（草案第 1 條至第 2 條）

二、明定教師核給各類假別之天數及條件。（草案第 3 條至第 7 條）

三、明定進修研究及兼任行政職務教師核給休假之相關規定。（草案第 8 條至第 12 條）

四、明定教師請假之程序、應辦事項及未依規定辦理之處理方式。（草案第 13 條至第 15 條）

五、明定假期之核給除延長病假外，扣除例假日。（草案第 16 條）

六、明定各級學校除教師外，公立學校校長、其他依法聘任編制內專任人員、幼稚園專任老師、各級學校護理教師準用本規則。（草案第 17 條）

七、明定各級私立學校（院），除相關法定及個人權益假別外，

得由各校自行訂之。（草案第 18 條）

八、明定本規則施行日。（草案第 19 條）

---

§1 本規則依教師法第十八條之一規定訂定之。

§2 本規則於公立及已立案之私立學校編制內，按月支給待遇，並依法取得教師資格之專任教師適用之。

本規則所稱主管教育行政機關：在中央為教育部；在直轄市為直轄市政府在縣（市）為縣（市）政府。

軍警學校、矯正學校依教育人員任用條例規定聘任之專任教師，於適用本規則時，其主管機關為其上級機關。

§3 教師之請假，依下列規定：

一、因事得請事假，每學年准給<u>七日</u>。其家庭成員預防接種、發生嚴重之疾病或其他重大事故須親自照顧時，得請<u>家庭照顧假</u>，每學年准給七日，其請假日數並入事假計算。超過規定日數之事假，應按日扣除薪給，其所遺課務代理費用應由學校支付。

二、因疾病必須治療或休養者，得請病假，每學年准給<u>二十八日</u>。其超過規定日數者，以事假抵銷。女性教師因生理日致工作有困難者，每月得請生理假一日，其請假日數並入病假計算。其超過規定日數者，以事假抵銷。患重病經合法醫療機構或合格專科醫師診斷非短時間所能治愈者，經學校核准得延長之。其延長期間自第一次請延長病假之首日起算，二學年內合併計算不得超過<u>一年</u>。但銷假上班一年以上者，其延長病假得重行起算。

三、因結婚者，給婚假<u>十四日</u>。除因特殊事由經學校核准延後給假者外，應自結婚之日起一個月內請畢。但因事實需要得於結婚之日前五天內提前核給。

四、因懷孕者，於分娩前，給<u>產前假八日</u>，得分次申請，不得保
　　留至分娩後；於分娩後，給<u>娩假四十二日</u>；懷孕滿五個月以
　　上流產者，給流產假四十二日；懷孕三個月以上未滿五個月
　　流產者，給流產假二十一日；懷孕未滿三個月流產者，給流
　　產假十四日。娩假及流產假應一次請畢，且不得扣除寒暑假
　　之日數。即將分娩前，已請畢產前假，且經合法醫療機構或
　　偏遠地區未設醫療機構之醫師證明，確有需要請假者，得於
　　分娩前申請娩假。但流產者，其流產假扣除已請之娩假日數。

五、因配偶分娩者，給<u>陪產假二日</u>，得分次申請。但應於配偶分
　　娩日前後三日內請畢，例假日順延之。

六、因父母、配偶死亡者，給喪假十五日；繼父母、配偶之父母、
　　子女死亡者，給喪假十日；曾祖父母、祖父母、配偶之祖父
　　母、配偶之繼父母、兄弟姐妹死亡者，給喪假五日。除繼父
　　母、配偶之繼父母，以教師或其配偶於成年前受該繼父母扶
　　養或於該繼父母死亡前仍與共居者為限外，其餘喪假應以原
　　因發生時所存在之天然血親或擬制血親為限。喪假得分次申
　　請，但應於死亡之日起百日內請畢。

七、因捐贈骨髓或器官者，視實際需要給假。

　　前項第一款所定準給事假日數，任職未滿一學年者，依在職
月數比例計算，比例計算後未滿半日者以半日計；超過半日未滿
一日者，以一日計。

　　第一項所定事假、病假、產前假得以時計。婚假、陪產假、
喪假，每次請假應至少半日。

§4 教師有下列各款情事之一者，給予公假。其期間由學校視實際需
　　要定之：

一、奉派參加政府召集之集會。

二、奉派考察或參加國際會議。

三、依法受各種兵役召集。

四、參加政府依法主辦之各項投票。

五、依主管教育行政機關訂定之激勵法規規定給假者。

六、因執行職務或上下班途中發生危險以致傷病，必須休養或療治，其期間在二年以內者。

七、因教學或研究需要，經服務學校或主管教育行政機關主動薦送或指派國內外全時進修、研究，其期間在一年以內者。

八、參加政府舉辦與職務有關之考試，經學校同意者。

九、參加本校舉辦之活動，經學校同意者。

十、應國內外機關團體或學校邀請，參加與其職務有關之各項會議或活動，或基於法定義務出席作證、答辯，經學校同意者。

十一、因教學或研究需要，依服務學校訂定之章則或經主管教育行政機關主動薦送、指派或同意利用其授課之餘以部分辦公時間進修、研究，每周在八小時以內者。兼任行政職務教師寒暑假期間之時數得酌予延長。

十二、經服務學校或主管教育行政機關核准，赴國外學校或機構自費參加與其職務有關之進修、研究。

十三、校際間因教學互相支援，經服務學校同意前往該支援學校兼課者。

十四、專科以上學校因產學合作需要兼職，經學校同意者。

十五、因法定傳染病經各級衛生主管機關認定應強制隔離者。但因可歸責於當事人事由而罹病者，不在此限。

§5 教師請病假已滿第三條第一項第二款延長之期限或請公假已滿第四條第六款之期限，仍不能銷假者，應予留職停薪或依法辦理退休或資遣。

前項人員自留職停薪之日起已逾一年仍未痊癒，應依法辦理退休或資遣。

但其留職停薪係因執行職務且情況特殊者，得由主管教育行政機關或學校審酌延長之，其延長以一年為限。

§6 教師經學校依第三條第一項第二款核准延長病假或依前條同意留職停薪期間聘期屆滿者，學校應予繼續聘任。

依前條規定留職停薪人員，於留職停薪期間病愈者，得檢具合法醫療機構或合格專科醫師證明書，向原服務學校申請復職。

§7 請延長病假跨越二學年度者，其假期之計算應扣除各學年度得請事、病假之日數。延長病假期間取得合法醫療機構或合格專科醫師之康復證明銷假上班者，開學後再請延長病假時，其延長病假視為未中斷，且不得扣除寒暑假之日數。但開學後即銷假且實際上課已達一學期以上者，寒暑假期間得不予併計。

教師兼任行政職務者，其延長病假依前項規定辦理，並應扣除休假之日數。

§8 公立中小學教師兼任行政職務者，應給予休假，其專任教師年資得並計核給，服務年資滿一學年者，自第二學年起，每學年應給休假七日；服務滿三學年者，自第四學年起，每學年應給休假十四日；滿六學年者，自第七學年起，每學年應給休假二十一日；滿九學年者，自第十學年起，每學年應給休假二十八日；滿十四學年者，自第十五學年起，每學年應給休假三十日。

初任教師於學年度開始一個月以後到職，並奉派兼任行政職務者，於次學年續兼時，得按到職當學年在職月數比例核給休假。第三學年續兼者，依前項規定給假。

除初任教師外，於學年度中奉派兼任行政職務者，當年之休假日數依第一項規定按實際兼任行政職務月數比例核給，比例計算後未滿半日者以半日計；超過半日未滿一日者，以一日計。

私立學校及公立專科以上學校兼任行政職務教師之休假，由各校自行定之。

§9 教師因介聘轉任或因退休、資遣、辭聘再任其他學校教師年資銜接者，其兼任行政職務時之休假年資得前後併計。

因辭聘、退休、資遣、留職停薪、不續聘、停聘、解聘、撤職、休職或受免職懲處，再任或復聘年資未銜接者，依前條第二項規定核給休假。

退伍前後任教職者，其軍職年資之併計，依前二項規定。

§10 兼任行政職務之教師，其休假應於寒暑假期間實施為原則。但在不影響教學及校務推展之情形下，各校得於學期期間視實際需要核給休假。

§11 教師符合第八條休假規定者，每學年至少應休畢規定之日數；未達應休畢日數資格者，應全部休畢。休假並得酌予發給休假補助。每次休假，應至少半日。

前項應休假日數以外之休假，確因公務或業務需要經學校核准無法休假時，酌予獎勵，不予保留。但學年度中免兼任行政職務者，依當學年實際兼任月數比例計算核給之休假天數扣除應休畢日數後仍有未休假之日數者，得酌予獎勵或補助。

第一項應休畢規定之日數、休假補助及未休假獎勵或補助之基準，由中央主管教育行政機關定之。

第一項及第二項之休假補助或獎勵，私立學校及公立專科以上學校得比照前項基準定之。

§12 公立中小學寒暑假期間，除<u>例假日、返校服務及進修研究</u>等活動之日外，餘視為教師假期。

前項教師返校服務及進修研究等活動之事項及日數，由各級主管教育行政機關與同級教師會協商訂定；無地方教師會之縣市，由主管教育行政機關或學校訂定。

前二項返校服務及進修研究等活動之實施，由<u>校務會議決定之</u>，教師無法配合參與時，應依規定辦理請假手續。

§13 教師請假、公假或休假，應填具假單，經學校核准後，始得離

開。但有急病或緊急事故，得由其同事或親友代辦或補辦請假手續。

　　請娩假、流產假、陪產假、二日以上之病假及骨髓捐贈或器官捐贈假，應檢具合法醫療機構或合格專科醫師證明書。

§14 教師請假、公假或休假，其課務應委託同事或其他適當人員代理，惟教師無法覓得合適代理人時，學校應協調派員代理。兼任行政職務之教師休假期間，其行政職務應由學校預為排定現職人員代理順序。

　　前項所遺課務之調課補課代課規定，由各級主管教育行政機關與同級教師會協商訂定；無地方教師會之縣市，由主管教育行政機關或學校訂定。

§15 未辦請（補）假、公假或休假手續而擅離職守或假期已滿仍未銷假，或請假有虛偽情事者，均以曠職論；無故缺課者，以曠課論。曠職或曠課者，扣除其曠職或曠課日數之薪給。

§16 本規則所規定假期之核給，扣除例假日。但因病延長假期者，例假日均不予扣除。按時請假者，以規定之出勤時間為準。

§17 本規則於下列人員準用之：

一、各級公立學校校長。

二、各級學校除教師外其他依法聘任編制內專任人員。

三、公立幼稚園及已完成財團法人登記之私立幼稚園專任教師。

四、教育部依法定資格派任之高級中等以上學校護理教師。

　　前項第一款人員請假，應報請主管教育行政機關核准，其核准權責及程序由各級主管教育行政機關定之。

§18 各級私立學校教師之請假，除第三條家庭照顧假、生理假、婚假、娩假、陪產假及第四條第一、二、三、四、八、九、十款公假假別及日數之規定外，餘得由各校自行定之。

§19 本規則自發布日施行。

【教育部推動認輔制度實施要點】

民國 84 年 5 月 25 日
民國 91 年 10 月 03 日修正

一、目的

　　鼓勵教師志願輔導適應困難學生及行為偏差學生，協助其心智發展，並培養其健全人格順利成長與發展。

二、依據

　　教育部青少年輔導計畫。

三、辦理單位

　　直轄市、縣（市）政府研訂年度執行計畫，並督導所屬學校辦理之。

四、實施方法

　（一）認輔教師遴選辦法

　　　1. 專任教師：凡中小學合格教師，具有輔導熱忱者，並以曾接受過輔導專業訓練者為優先。

　　　2. 兼任教師：退休教師、學生家長或熱心輔導工作人士，具有專業知能者，得經學校「輔導計畫執行小組」建議主管教育行政機關核准後聘用之。

　（二）實施對象

　　　1. 校內適應困難學生、行為偏差學生及中輟復學學生為優先實施對象。學生適應困難及行為偏差指標，由學校「輔導計畫執行小組」研議後，作為遴選認輔學生之依據。

　　　2. 每位老師以認輔一至二位學生為原則。

（三）認輔教師為無給職：惟為獎勵其敬業精神、發揚師道，對積極認輔教師應予以獎勵。

五、學校執行事項

（一）定期召開學校「輔導計畫執行小組」會議，研議討論學校認輔工作執行計畫及執行情形。

（二）鼓勵教師志願參與認輔工作。

（三）甄選具有專業輔導知能之退休教師、學生家長或熱心輔導人士為兼任認輔人員。

（四）選擇編配接受認輔學生，或協助學生安排認輔教師。

（五）規劃認輔教師參與研習。

（六）安排認輔教師接受專業督導。

（七）策劃個別輔導、團體輔導及個案研討會之實施。

（八）受輔學生資料之保管與運用。

六、認輔教師工作事項

（一）晤談認輔學生：適時進行。（參考標準—每兩周壹次，每次三十分鐘）

（二）電話關懷認輔學生：晚上或假期間進行。（參考標準—每月壹次）

（三）實施家庭訪問：有必要時進行，平日亦可用電話與認輔學生家長溝通。

（四）參與輔導知能研習與個案研討會：配合輔導室規劃進行。

（五）接受輔導專業督導：配合輔導室安排進行。

（六）紀錄認輔學生輔導資料：簡略摘記晤談、電話聯絡、家庭訪問大要（作為敘獎及延續輔導依據）

七、受輔學生資料保管

受輔學生輔導資料，由各校輔導室以紀錄冊或電腦磁

片統一建檔保管，並由輔導室人員會同認輔教師適時更新。認輔教師得借用認輔學生輔導資料，惟必須遵守保密倫理，妥為保管，更新之資料應適時知會輔導室。

八、教師專業督導

（一）凡是參與認輔之教師，一年之內得優先參加為期三天至一週之認輔教師儲備研習及輔導知能研習一次，個案研討會兩次，接受「輔導計畫輔導團」督導兩次以上。第二年起繼續參與個案研討會活動，並接受專業督導。

（二）直轄市、縣（市）政府「輔導計畫輔導團」，扮演認輔教師專業督導角色，應針對所屬學校認輔制度之實施，執行輔導訪視工作，協助解決各校認輔工作衍生問題，增進教師專業輔導績效。

九、成立重點學校

直轄市、縣（市）政府應就所屬學校，依高中、高職、國中、國小階層，分別成立認輔工作重點學校，定期辦理分區認輔教師個案研討會，協助認輔教師提升輔導知能；並統籌彙集認輔相關資源，支援分區學校執行工作。

十、督導考評

主管教育行政機關應就所屬學校執行認輔制度情形，擬定年度督導考評計畫，並列為整體「輔導計畫督考」重點工作，加強督導各校辦理。

十一、獎勵措施

（一）續優認輔教師由主管教育行政機關從優敘獎，具有特殊貢獻，推薦為執行輔導計畫有功人員，予以公開表揚。

（二）主管教育行政機關編印之各項輔導資料（例如輔導期

刊、輔導叢書、輔導手冊等）應優先免費發送各校認
輔教師。

（三）執行認輔制度成功之個案，由教育部定期彙編「認輔
之光」專輯，分送所有認輔教師參考，系統介紹輔導
案例，並表揚認輔教師。

【各級學校法治教育實施要點】

壹、教育部為厚植各級學校法治教育，培育學校師生具法治素養，涵育法治教育文化，以建立法治之社會，特訂定本要點。

貳、各級學校為推展法治教育應配合辦理事項：

一、成立法治教育推廣小組，依據學校實際需要，訂定年度工作計畫，落實推動學校法治教育工作。

二、配合導師時間、學校朝（週）會及相關課程等，協調法治教育服務團、警察治安機關、律師公會等，到校實施法律知識宣講與法治宣導；對於較常發生之校園事件或社會重大案件，學校（或老師）應實施隨機教育。

三、教師應將法治教育融入於各科教學活動中；並採動態式的教學方法（如價值澄清、角色扮演、觀摩或參觀等），以提高學生學習興趣。

四、邀集學生（或代表）共同制定學校校規與班級生活公約，並建立學校輔導管教、獎懲、申訴制度等，將其印成手冊，促請家長與學生共同瞭解遵守。

五、設立學生相關自治組織，輔導學生學習解決衝突與糾紛，加強學生對法治生活的思考與討論。

六、辦理以法律知識為主題之課外活動，如有獎徵答、演講、作文、書法、壁報比賽、法律劇場、法治夏令營及校外參訪等，並運用學校文化走廊、電子看板及公布欄等，加強宣導法治觀念。

七、安排師生參觀法院、少年輔育院、鄉鎮市區公所等相關機構，並辦理座談會或討論會，以作教育性指導。

八、嚴格取締考試作弊，建立學生正確法治觀念，落實法治
　　精神。

九、健全學生自治團體組織，使學生於各項活動中學習民主
　　法治規範。

十、於校內實施學生改過銷過要點時，應結合親職教育，不
　　定期辦理高危險群學生及家長之法治宣導活動，建立正
　　確法治觀念。

參、高級中等以下各級學校推展法治教育實施策略：

一、每學年應至少辦理二次教師進修活動，四次學生宣導活
　　動；並得考量實際需要，聘請法律學者專家針對校內教
　　師辦理連續性之研修活動。

二、成立校內教師研習會或讀書會，定期集會研討校園法治
　　相關問題，分享彼此經驗，提升教師法治素養。

三、國民小學及國民中學每周應至少一次運用彈性應用時
　　間或導師時間，透過本部發送之「小執法說故事」、「國
　　中法治與人權教育補充教材」或其他相關補充教材，結
　　合時事與生活，以生動活潑之方式施教。

四、於校內設置法治教育圖書專櫃，搜集相關書刊資料並妥
　　善管理運用各項法治教育補充教材。

五、透過各班班會之召開，學習遵守會議相關規範，並由學
　　校或班級規劃討論法治相關議題，加強學生對法治生活
　　的思考與討論。

六、配合學校辦理新生訓練、親職教育、家長座談會等活
　　動，宣導相關法令及學校規定，加強法治觀念。

七、結合學校家長會、各地方法院檢察署、各大學法律系
　　（所）、法律服務社及各地律師公會等相關社會公益團
　　體等，辦理法治宣導活動。

八、將各項法治教育活動列入學校行事曆中，並定期彙報相關活動成果資料予所屬教育行政主管機關。

肆、大專院校推展法治教育實施策略：

一、大專院校應廣為開設法律相關課程、學程或建立進修管道。

二、鼓勵學校社團辦理全校性或跨校性民主法治及議事規則研習營。

三、鼓勵學校相關系（所）、社團協助中小學辦理法治教育宣導活動。

四、鼓勵教師參與研發法治教育教材、規劃研習活動，並支援、協助中小學培訓法治教育師資及相關宣導活動。

伍、各級學校推動法治教育工作績效，由主管教育行政機關定期督導考評與獎勵；學校並應定期表揚、獎勵推行法治教育有特殊表現之師生及社會人士。

陸、本要點奉核定後實施，修正時亦同。

【中途學校實施辦法】

民國 94 年 11 月 22 日公布

公告文號：台訓（三）字第 0940161310B 號

中途學校實施辦法草案總說明

　　兒童及少年性交易防制條例第十四條於九十四年二月五日修正公布，依該條第二項規定：「中途學校應聘請社工、心理、輔導及教育等專業人員，並結合專業與民間資源，提供特殊教育及輔導；其課程、教材及教法，應保持彈性，以適合學生身心特性及需要；其實施辦法，由教育部訂之」。爰訂定「中途學校實施辦法」（以下簡稱本辦法），計二十條，要點如次：

§1 本辦法依兒童及少年性交易防制條例（以下簡稱本條例）第十四條第二項規定訂定之。

§2 本辦法所稱中途學校，指依本條例第十四條第一項設置之中途學校。

§3 中途學校教學之實施，分為<u>一般教學及假期教學</u>二部分。一般教學比照普通學校分<u>上、下學期制</u>，必要時得調整之。假期教學實施時段為<u>夜間、假日及寒暑假</u>。

§4 中途學校之一般教學實施，除依據本辦法及各級學校課程綱要進行外，並應考量學生個別差異及需要設計適合且彈性之課程。其課程內容應包含<u>基本課程、生涯探索課程及身心輔導課程</u>等。

　　前項身心輔導課程，應配合個別諮商、團體輔導之實施，強化輔導及性交易防制之內容，每周至少應有一節性交易防制教育之課程。

　　中途學校為因應學生學習需求，得合併計算全校授課總節數，參酌學生人數、教師專長、學生能力及需求，彈性分配各類

	組授課時數，提供多元特殊教育服務方式，惟調整後不得減少學生授課總節數。
§5	中途學校之假期教學課程實施，得依實際需要安排夜間假日及寒暑假期間，應含一般學科補救教學、輔導探索課程、主題課程、校外教學、社團活動、技藝訓練等，並應考量學生個別差異及需要設計適合且彈性之課程。 　　前項師資得聘請校內外教師、專業輔導人員或助理人員兼任，其鐘點費及授課時數依相關法令規定從優核給。
§6	中途學校於中央應設置相關課程小組，提供必要之諮詢協助並促進校際之聯繫；直轄市、縣（市）主管機關及學校應成立課程發展委員會或小組規劃課程，必要時得聯合組成，其成員應包括直轄市、縣（市）主管機關人員、學校行政人員代表、教師代表、輔導老師、社工師（員）等，並得聘請學者專家或家長列席諮詢。
§7	中途學校課程發展委員會或小組應訂定課程計畫，並彈性運用教材、教法、教學時數及評量方式；課程計畫應包含課程、領域、科目及教學時數，並報該管主管教育行政機關備查。
§8	中途學校應積極運用各設有輔導諮商、社會工作、心理、犯罪防治、教育系（所）、學程及中心之大學校院資源，協助中途學校進行學生身心輔導與課程及教材教法之研究發展。
§9	中途學校課程之實施，應秉持有教無類、因材施教之精神，以<u>多元開放和主動參與</u>為原則；教師於教學活動中，宜融入生活品德及法治觀念，並適時進行價值之澄清及導正。
§10	中途學校課程之實施，應以專業分工合作模式，成立個案評估小組，整合教師、專業人員、行政人員及社會資源等共同運作，並擬具個別化教育輔導安置計畫，以提供學生多元化、適性化、體驗性及服務性等學習機會。 　　前項個別化教育輔導安置計畫，應由相關專業人員，整合

相關資源於學生裁定入校一個月內擬訂之。其計畫內容應包含學生之基本資料、問題分析、課程安排、個別與團體輔導策略及相關資源之整合分工等，並得視個案適應情形彈性調整之。

§11 中途學校各該主管機關，應就權責範圍，定期辦理課程、教材教法及輔導等在職進修活動。

§12 中途學校學生學習評量應以個別化及彈性化為原則，其方式應包含形成性評量及總結性評量，並得依評量結果隨時調整教學及輔導計畫。

§13 中途學校專業人員、教職員工及相關人員應善盡學生資料保護、保密之責，非依法律規定，不得提供或揭示學生之資料，以維護學生之人權。

　　前項學生資料包括轉介單位提供之學生個人資料、評估報告、衡鑑資料、法院裁定書、心理輔導相關記錄等及各業務單位因業務、課程或活動需要所建立之書面或電子檔案資料（影像、文字檔）及照片（肖像）等，凡可足以辨別學生身份之資訊均屬之。

§14 中途學校應邀請學生家長參與學校舉辦之家長座談會、親職教育或其他為輔導學生所辦理之各項活動。

§15 中途學校應聘請下列相關專業人員，以為學生及其教師與家長提供專業服務：

一、社工：社會工作師。

二、心理、輔導：臨床心理師或諮商心理師等治療人員。

三、其他教育相關專業人員。

　　前項專業人員應任用公務人員高等考試及格，或經專門職業及技術人員轉任公務人員條例規定，取得專業證照及轉任公務人員任用資格者為原則。

　　但政府未辦理專業證照或考試之相關專業人員，得優先考

	量遴用輔導諮商、社會工作、心理、犯罪防治、特殊教育或修畢輔導諮商相關課程至少十學分以上等專業人員。
§16	中途學校應訂定學生獎懲規定，建立學生申訴制度，並報該主管機關備查。
§17	中途學校依本條例第十八條第五項、第六項認學生無繼續特殊教育之必要，應檢具事證以書面通知主管機關。 　　主管機關接獲前項通知，應邀集專家學者評估，中途學校應予配合並給予協助。 　　經前項評估確認學生無繼續特殊教育之必要者，中途學校應配合主管機關及相關教育、勞工、衛生、警政等單位，協助兒童或少年及其家庭預為必要之返家準備。
§18	中途學校學生戶籍所在地與中途學校所在地之直轄市、縣（市）主管機關應密切合作，並提供中途學校教育所需之行政及教學支援。
§19	教育部及內政部應依規定定期辦理訪視，直轄市、縣（市）主管機關應督導中途學校之課程實施過程，建立有系統之評估機制，協助中途學校調整課程、教學進程及輔導計畫。
§20	本辦法自發布日施行。

【原住民族教育法】

民國 87 年 06 月 17 日公布

民國 93 年 09 月 01 日修正公布全文 35 條

第一章　總　則
§1　（立法宗旨） 　　　　根據憲法增修條文第十條之規定，政府應依原住民之民族意願，保障原住民之民族教育權，以發展原住民之民族教育文化，特制定本法。 　　　　本法未規定者，適用其他相關法律之規定。
§2　（原住民族教育之精神及目的） 　　　　原住民為原住民族教育之主體，政府應本於多元、平等、自主、尊重之精神，推展原住民族教育。 　　　　原住民族教育應以維護民族尊嚴、延續民族命脈、增進民族福祉、促進族群共榮為目的。
§3　（主管機關） 　　　　本法所稱主管教育行政機關：在中央為教育部；在直轄市為直轄市政府；在縣（市）為縣（市）政府。 　　　　本法所稱原住民族主管機關：在中央為行政院原住民族委員會；在直轄市為直轄市政府；在縣（市）為縣（市）政府。 　　　　原住民族之一般教育，由主管教育行政機關規劃辦理；原住民族之民族教育，由原住民族主管機關規劃辦理，必要時，應會同主管教育行政機關為之。 　　　　中央主管教育行政機關應設置原住民族一般教育專責單位。
§4　（名詞定義）本法用詞定義如下： 　　一、原住民族教育：為原住民族之一般教育及民族教育之統稱。

二、一般教育：指依原住民學生教育需要，對原住民學生所實施之一般性質教育。

三、民族教育：指依原住民族文化特性，對原住民學生所實施之傳統民族文化教育。

四、原住民族學校：指為原住民族需要所設立，重視傳統民族文化教育之學校。

五、原住民教育班：指為原住民學生教育需要，於一般學校中開設之班級。

六、原住民重點學校：指原住民學生達一定人數或比例之中小學；其人數或比例於本法施行細則定之。

七、原住民族教育師資：指於原住民族學校、原住民教育班或原住民重點學校擔任原住民族教育課程教學之師資。

八、部落社區教育：指提供原住民族終身學習課程、促進原住民族文化之創新，培育部落社區發展人才及現代化公民所實施之教育。

§5　（確保教育機會均等）

　　各級政府應採積極扶助之措施，確保原住民接受各級各類教育之機會均等，並建立符合原住民族需求之教育體系。

§6　（民族教育審議委員會之設置）

　　中央原住民族主管機關應設立<u>民族教育審議委員</u>會，負責諮詢、審議民族教育政策事項。

　　前項委員會由教師、家長、專家學者組成，其中具原住民身分者，不得少於<u>二分之一</u>，並應兼顧<u>族群比例</u>；其設置辦法，由中央原住民族主管機關會同中央主管教育行政機關定之。

　　中央民族教育審議委員會應與地方政府定期辦理聯繫會報

§7　（直轄市、縣市民族教育審議委員會之設置）

　　直轄市、縣（市）主管機關得視需要，設立直轄市、縣（市）

民族教育審議委員會，負責諮詢、審議地方民族教育事項。

前項委員會成員中具原住民身分者，不得少於二分之一；其設置規定，由直轄市、縣（市）主管機關定之。

§8 （學校員額編制）

各級政府得視需要，寬列原住民重點學校員額編制，於徵得設籍於該學區年滿二十歲居民之多數同意，得合併設立學校或實施合併教學。

§9 （教育預算之編列）

中央政府應寬列預算，專款辦理原住民族教育；其比例合計不得少於中央主管教育行政機關預算總額之百分之一・二。

各級政府應鼓勵國內外組織、團體及個人捐資興助原住民族教育。

第二章 就 學

§10 （幼稚園及托育服務）

原住民族地區應普設公立幼稚園，提供原住民幼兒入學機會。

原住民幼兒有就讀公立幼稚園之優先權。

政府對於就讀公私立幼稚園之原住民幼兒，視實際需要補助其學費，其補助辦法，由中央主管教育行政機關會同中央原住民族主管機關定之。

中央社政主管機關，對於原住民幼兒之托育服務，應比照前三項規定辦理。

§11 （各級原住民族學校或教育班之設立）

各級政府得視需要設立各級原住民族學校或原住民教育班，以利就學，並維護其文化。

§12 （原住民學生住宿及費用補助）

高級中等以下學校得辦理原住民學生住宿，由生活輔導人員

管理之；其住宿及伙食費用，由中央政府編列預算全額補助。
§13（特殊潛能之發掘） 　　　　高級中等以下學校應主動發掘原住民學生特殊潛能，並依其性向、專長，輔導其適性發展。 　　前項所需輔導經費，由中央政府編列預算酌予補助。
§14（實施民族教育） 　　　　高級中等以下學校於原住民學生就讀時，均應實施民族教育；其原住民學生達一定人數或比例時，應設立民族教育資源教室，進行民族教育及一般課業輔導。 　　　　前項人數或比例，由中央原住民族主管機關會同中央主管教育行政機關公告之。
§15（民族教育資源中心之設立） 　　　　直轄市、縣（市）主管機關應擇定一所以上學校，設立民族教育資源中心，支援轄區內或鄰近地區各級一般學校之民族教育。
§16（保障入學及就學機會） 　　　　高級中等以上學校，應保障原住民學生入學及就學機會，必要時，得採額外保障辦理；公費留學並應提供名額，保障培育原住民之人才；其辦法，由中央主管教育行政機關定之。
§17（鼓勵大學設相關院、系、所、中心） 　　　　為發展原住民之民族學術，培育原住民高等人才及培養原住民族教育師資，以促進原住民於政治、經濟、教育、文化、社會等各方面之發展，政府應鼓勵大學設相關院、系、所、中心。 　　前項大學院、系、所、中心辦理與原住民教育相關事項，中央原住民族主管機關得編列預算酌予補助。
§18（原住民族學生資源中心之設置） 　　　　大專校院之原住民學生達一定人數或比例者，各級政府應鼓

勵設置<u>原住民族學生資源中心</u>，以輔導其生活及學業；其人數或比例，由中央原住民族主管機關會同中央主管教育行政機關公告之。

前項所需經費，由中央政府編列預算酌予補助。

§19（補助助學金及減免學雜費）

各級政府對於原住民學生就讀高級中等學校，應補助其助學金，就讀專科以上學校，應減免其學雜費；其補助、減免及其他應遵行事項之辦法，由各該主管教育行政機關定之。

各級政府對於原住民學生應提供教育獎助，並採取適當優惠措施，以輔導其就學。

各大專校院應就其學雜費收入所提撥之學生就學獎助經費，優先協助清寒原住民學生。

第三章　課　程

§20（課程及教材宗旨）

各級各類學校相關課程及教材，應採<u>多元文化觀點</u>，並納入原住民各族歷史文化及價值觀，以增進族群間之瞭解及尊重。

§21（提供學習族語等機會）

各級政府對學前教育及國民教育階段之原住民學生，應提供學習其族語、歷史及文化之機會。

§22（原住民代表參與課程及教材選編）

各級各類學校有關民族教育之課程發表及教材選編，應尊重原住民之意見，並邀請具原住民身分之代表參與規劃設計。

原住民族中、小學及原住民重點學校之民族教育教材，由直轄市、縣（市）民族教育審議委員會依地方需要審議之。

第四章　師　資

§23（各師資培育之大學招生保留一定名額予原住民學生）

為保障原住民族教育師資之來源，各師資培育之大學招生，應保留一定名額予原住民學生，並得依地方政府之原住民教育師資需求，提供公費名額或設師資培育專班。

§24 （師資應修習民族文化等教育課程）

原住民族教育師資應修習原住民族文化或多元文化教育課程，以增進教學之專業能力；其課程、學分、研習時數及其他應遵行事項之辦法，由中央原住民族主管機關會同中央主管教育行政機關定之。

擔任族語教學之師資，應通過族語能力認證；其認證辦法，由中央原住民族主管機關定之。

§25 （優先聘任、遴選原則）

原住民族中、小學、原住民教育班及原住民重點學校之專任教師甄選，應優先聘任原住民各族教師。原住民族中、小學及原住民重點學校主任、校長，應優先遴選原住民各族群中已具主任、校長資格者擔任。

前二項教師、主任、校長之聘任或遴選辦法，由中央主管教育行政機關會同中央原住民族主管機關定之。

§26 （遴聘相關專長人士教學）

各級各類學校為實施原住民族語言、文化及藝能有關之支援教學，得遴聘原住民族耆老或具相關專長人士；其認證辦法，由中央原住民族主管機關定之。

§27 （辦理民族教育研習工作）

中央原住民族主管機關為提升原住民族教育師資之專業能力，得辦理民族教育研習工作。

第五章 社會教育

§28 （原住民族推廣教育機構之設立）

地方政府得設立或輔導民間設立原住民族推廣教育機構，提

供原住民下列教育：

一、識字教育。

二、各級學校補習或進修教育。

三、民族技藝、特殊技能或職業訓練。

四、家庭教育。

五、語言文化教育。

六、部落社區教育。

七、人權教育。

八、婦女教育。

九、其他成人教育。

　　前項第一款及第二款教育之費用，由中央政府全額補助；其他各款視需要補助之。

§29 （設置專屬頻道、成立原住民族文化事業基金會）

　　為設置原住民族專屬頻道及經營文化傳播媒體事業，以傳承原住民族文化教育，中央原住民族主管機關應編列經費及接受私人或法人團體之捐助，成立財團法人原住民族文化事業基金會；其董事、監察人之人數，原住民各族代表不得少於三分之一。

　　前項基金會成立前，中央原住民族主管機關於會商目的事業主管機關後，得指定公共電視、教育廣播電臺及有線廣播電視系統經營者提供時段或頻道，播送原住民族節目。

　　中央原住民族主管機關應於電腦網路中設置專屬網站。

　　第一項基金會之組織，另以法律定之。

§30 （行政法人原住民族文化中心或博物館之設置）

　　中央政府應視需要設置行政法人原住民族文化中心或博物館，必要時，得以既有收藏原住民族文物之博物館辦理改制；其組織，另以法律定之。

　　從事前項事務之相關人員，應熟悉原住民族語言文化，並應

	優先進用具有原住民身分之相關專業人員。
	§31（學校社教機關應提供原住民教育機會） 　　各級各類學校及社會教育文化機構應依據原住民族需要，結合公、私立機構及社會團體，提供原住民社會教育及文化活動機會，並加強其家庭教育。
	第六章　研究、評鑑、獎勵
	§32（民族教育研究發展機構之設置） 　　各級政府得設民族教育研究發展機構或委託相關學校、學術機構、團體，從事民族教育課程、教材及教學之實驗、研究及評鑑、研習以及其他有關原住民族教育發展事項。 　　原住民族教育之各項實驗、研究及評鑑，其規劃與執行，應有多數比例之具有原住民身分代表參與。
	§33（獎助從事民族教育人員） 　　各級政府對於從事民族教育之學校、機構、團體及人員，其成效優良者，應予獎助。
	第七章　附　則
	§34（施行細則之訂定） 　　本法施行細則，由中央主管教育行政機關會同中央原住民族主管機關定之。
	§35 本法自公布日施行。

436	BC D	下列有關原住民教育的陳述，何者為真？A. 原住民族教育法尚在立法院審議當中　B. 各大學教育學程招生時，應保留一定名額給原住民族學生　C. 擔任原住民教育的師資應有多元文化教育的能力　D. 原住民地區學校教師流動率高，影響學生受教品質（複選題）

437	1	政府對原住民族教育政策的重視,在原住民族教育法中規定,中央主管教育行政機關應寬列預算,其比例合計不得少於中央教育行政主管機關預算總額的多少比例?①百分之一②百分之三③百分之五④百分之十。
438	4	據原住民族教育法規定,中央應設置原住民族教育審議委員會,由教師、家長及專家學者組成,其中原住民各族群代表不得少於多少比例? ①五分之二②三分之二③三分一④二分一。

【原住民族教育施行細則】

民國 94 年 9 月 13 日修正

§1　本細則依原住民族教育法（以下簡稱本法）第三十四條規定訂定之。
§2　民族教育之實施，應尊重各原住民族文化特性及價值體系，並依其歷史、語言、藝術、生活習慣、社會制度、生態資源及傳統知識，辦理相關教育措施及活動。
§3　本法第四條第六款所定原住民學生達一定人數或比例之中小學，在原住民族地區，指該校原住民學生人數達學生總數三分之一以上者；在非原住民族地區，指該校原住民學生人數達一百人以上或達學生總數三分之一以上，經各該主管教育行政機關視實際需要擇一認定者。
§4　本法第九條第一項所定中央政府應寬列預算，其編列方式及比率，應由中央主管教育行政機關會同中央原住民族主管機關定之。
§5　本法第十條第二項所稱原住民幼兒，指設籍該直轄市、縣（市）且於當年度九月一日滿四足歲至入國民小學前者。 　　　本法第十條第二項所定優先權之辦理方式如下： 　　一、原住民幼兒及其他依法優先入園登記人數未超過該幼稚園可招生名額：一律准其入園。 　　二、原住民幼兒及其他依法優先入園登記人數超過該幼稚園可招收名額：本公平、公正、公開原則採抽籤方式決定之，並應先行公告抽籤地點及時間。
§6　本法第十二條所定生活輔導人員，以優先遴用專科以上學校畢業，並具有原住民身分者擔任為原則。 　　　主管教育行政機關應定期辦理前項人員之生活輔導知能研習。
§7　本法第十四條第一項所定實施民族教育，以採多樣化方式，以正

式授課為原則，並輔以相關課程及其他與原住民族文化有關之教育活動。

　　本法第十四條第一項所定民族教育資源教室，以學校為單位設立，必要時，得與鄰近數校聯合設立，或與部落合作辦理。

§8 本法第十五條所定民族教育資源中心，其任務如下：

一、民族教育課程與教學之研發及推廣。

二、民族教育相關文物與資訊之蒐集、整理、建檔、展示及推廣。

三、民族教育之諮詢及輔導。

四、民族教育教學事項之協助。

五、其他有關民族教育事項之支援。

§9 各級政府依本法第二十一條規定提供學前教育及國民教育階段之原住民學生學習其族語、歷史及文化之機會時，應規劃、協助並督導學前教育機構及國民中、小學，安排時數，實施教學。

§10 各級各類學校依本法第二十二條第一項規定發展民族教育之課程及選編教材時，得以舉辦公聽會、研討會、問卷調查、實地訪問等方式為之。

§11 依本法第二十三條規定培育原住民族教育師資時，應依下列規定辦理：

一、直轄市及縣（市）政府每年應依實際需求，向中央主管教育行政機關提報所需原住民族教育師資培育名額，納入培育計畫規劃辦理。

二、公費培育之原住民族教育師資於取得合格教師證書後，由原提報名額之直轄市及縣（市）政府，分發學校任教，以履行其服務義務。

§12 地方政府依本法第二十八條第一項規定設立或輔導民間設立之原住民族推廣教育機構，應充分運用社會教育機構、學校、機關之組織及人力，並結合社會資源辦理之。

§13 本細則自發布日施行。

【國民教育階段家長參與教育事務辦法草案】總說明

資料來源：國教司

壹、立法背景：

一、家長的教育權為自然的權利：

「教育身心健全並能適應社會的子女，是父母最高的義務，亦為其自然權利，國家組織應監督其實行。」這是 1919 年素有「人道憲法」之稱的德國威瑪憲法第 120 條所明訂。二次戰後西德基本法更踵事其華，在第 6 條第 2 項規定「撫育與教育子女為父母之自然權利與首要義務。國家應監督其行為。」

國際條約中亦不乏對家長的教育權利作明確的規定。1948 年世界人權宣言第 26 條第 4 項明訂：「父母對其子女所應受之教育，有優先選擇之權。」1966 年經濟社會文化公約第 13 條第 3 項規定：「本公約締約國承諾，尊重父母或法定監護人，為子女選擇符合國家所規定或認可，最低教育標準之非公立學校及確保子女接受符合其本人信仰之宗教及道德教育之自由。」1989 年兒童權利公約第 1～41 條均有更完整的條文，其中第 5 條「締約國應尊重父母或於適用時尊重當地習俗認定的大家庭或社會成員，法定監護人或其他對兒童負有法律責任的人以下的責任、權利和義務，以符合兒童不同階段接受能力的方式適當指導和指引兒童行使本公約所確認的權利。」凡此皆顯示文明國家社會對家長教育參與權的重視。

二、權利之行使有待制度的規範：

我國教育行政向來對家長參與協助學校事務樂觀其

成。早期各級主管教育行政機關也訂有家長會相關的行政規章。惟，均限於消極的配合或局限於部份的意見徵詢，未能發揮家長對教育的積極參與或選擇的功能。

　　教育基本法於民國八十八年公佈施行之後，其第 2 條第 1 項規定：「人民為教育權之主體。」第 8 條第 2 項及第 3 項明訂：「學生之學習權及受教育權，國家應予保障。國民教育階段內，家長負有輔導子女之責任；並得為其子女之最佳福祉，依法律選擇受教育之方式、內容及參與學校教育事務之權利。」其第 16 條更規定「本法施行後，應依本法之規定，修正、廢止或制（訂）定相關教育法令。」，顯然的家長的教育參與權，基本法性質之法律上已有明確規定，並授權次級之法令為技術性，補充性及細節性規定，且有待更明確的[實施辦法]之法規命令規範予以家長行使教育參與權時之程序，方式，內容，保障及監督，始足以貫徹[應適度參與而非過度干預]之理念。

三、家長參與教育事務漸臻成熟：

　　近數年來國內教育改革方股，各種教育法令中，逐漸明文增訂家長及家長會依法參與學校教育事務明顯增加其範圍及項目，如國民教育法明定之校務會議，校長遴選委員會等對學校決策及人事有重大影響力之會議即為著例，地區性及全國性學生家長團體漸增，家長組織之運作漸臻成熟。為使家長及家長團體（含家長會）對參與教育事務能有更正確之方法，程序，並永續朝[一切為小孩，為一切小孩，為小孩的一切] ，以及提升並確保學習品質與學生人格健全及適性發展之方向正常發展，以符合教育改革廣納　議多元發展之旨，確實有制

定全國一致性制度即法規命令規範之必要，不僅有法律概括授權，且在法律[可能文義]範圍內，作補充性，細節性及技術性之規定，自不違反法律保留原則甚明。

貳、立法理由：

一、本辦法係回應及補充教育基本法之規定：

除前開世界各國立法，人權宣言及教育基本法，國民教育法等法令外，行政院教改會在諮議報告書中，期盼對家長教育權予以重視，並具體落實。教育基本法中更規定「教育權主體為人民」，將家長教育權之行使、與對教育機構和學校之期盼，具體的規定在本辦法，是對教育基本法的具體落實及貫徹。

二、符合家長的殷切期望：

近數年來教育改革浪潮沖激，因家長生育率降低且素養明顯提升，漸對教育事務產生參與感，其關切日益深切。本辦法旨在貫徹法律所明定之家長教育選擇權及參與權，進而引進家長及家長會之資源及人力，正符合家長的殷切期望，並藉以達成親師校生共贏之局面。

三、展現教育權利之保護：

由於本辦法之制定，教育基本法第 2 條、第 3 條及第 8 條得以具體實現，對學生學習權或受教權，有周全之保護。對家長之教育選擇權與教育事務參與權，也有相當周到的制度性保障。

四、提供行政的支援體系：

本辦法開宗明義說明，家長參與教育事務旨在「保障學生學習權與受教權之最佳利益」與「促進教育進步發展及專業成長」，包含：學生學習權、家長教育權、教師專業權、行政專業權等均應兼顧。其目的在於提供

行政的支援體系。

五、建立參與的參照架構：

家長參與教育事務在我國起步甚晚，國人對此觀念、見解與做法均不對稱,亦乏方向感，動輒訴諸媒體或民意代表，造成校園動盪，有損校譽，為使家長及家長團體能健全發展，本辦法儘量周延規定，俾使主管教育行政機關及家長團體能有完備的參照架構。

參、立法原則：

一、目的性原則：揭示本辦法以保障學生教育權促進教育正常發展為宗旨。

二、周延性原則：將個別家長參與權利、責任及家長團體之任務，周延的納入辦法中。

三、明確性原則：將權利行使之要件、方法、程序及組織層級，作明確的規定 。

四、授權性原則：因應各地區不同需求，部份運作規則授權地方政府訂定。

五、漸進性原則：課以學校及教育行政機關協助支援家長之責任，漸進的達成參與教育事務。

肆、本辦法架構：全文共 16 條。

【國民教育階段家長參與教育事務辦法（草案）】

條　　　　　　　文
§1 為維護國民教育階段學生學習權及家長教育權之行使，以促進親師合作，健全教育事務發展，依據教育基本法第八條第三項及第十六條之規定，訂定本辦法。 　　除其他法令另有規定外，家長參與教育事務，依本辦法之規定。
§2 本辦法所稱家長，指國民教育階段學生之父母、養父母、法定監護人或依民法第一千零九十七條但書由父母暫時委託實際負擔學生教養責任之人。
§3 學生家長及其依法組成之家長會（團體），得依法令參與教育事務，並與主管教育行政機關、學校及教師共同合作，促進學生適性發展。 　　家長、家長會及家長團體參與教育事務，應以學生之最佳利益為目的，並應促進教育發展及專業成長。
§4 為維護子女之學習權益及協助其正常成長，家長負下列責任： 一、積極參與班級學生家長會、學校學生家長會。 二、積極參與學生家長之教育講習及活動。 三、配合學校教學活動，督導並協助子女學習。 四、和學校及教師保持良好的互動，達成親師合作。 五、為子女選擇、準備妥善之學習環境。 六、注重並維護子女之身心與人格發展。 七、做好輔導與管教其子女事宜，發揮家庭教育功能。 八、其他有關維護子女學習權益及家庭教育之事項。

§5 學生家長考量其子女學習之最佳福祉，得依法令為其子女選擇受教育方式及受教育內容。

　　前項教育選擇之行使，其具體之項目、範圍、要件、限制及程序，由直轄市、縣（市）主管教育行政機關，邀集家長會（團體）代表、學校行政代表及教師會（團體）代表，商議後訂定之。

§6 學校應依法設<u>學生家長會</u>，每位家長應依據相關法令參與學生家長會。

　　學校學生家長會得分為<u>班級家長會、家長代表大會及家長委員會</u>，其相關規定由直轄市、縣（市）主管教育行政機關訂定之。

　　學生家長得以個別身份，依據<u>人民團體法</u>組成家長團體。

　　學校學生家長會或家長團體，得組織地區性及全國性家長組織。在直轄市及縣（市）為地區性家長組織，在全國為全國性家長組織。

　　前項地區性及全國性家長組織之設置與運作，應依據主管教育行政機關訂定之相關法令及人民團體相關法令之規定。

　　直轄市、縣（市）主管教育行政機關、相關主管機關、學校及教師應協助家長成立及參與學生家長會。

§7 學校應提供家長下列資訊：

一、學校校務經營及中長程發展計畫。

二、學校年度行事曆。

三、學校或班級年度課程規劃、教學計畫及教學評量方式與標準。

四、學校輔導與管教方式、重要章則及其相關事項。

五、有關學生權益之法令規定、權利救濟途徑等相關資訊。

六、其他有關學生學習事務之資訊。

　　前項各款資訊之提供，得以分發文件、登報、上網或公告方式為之。主管教育行政機關應責成學校，主動並有效提供。

　　每學年開學後二周內，班級教師應協助成立<u>班級家長會</u>，並

提供相關資訊給班級家長會。每學年開學<u>一個月內</u>，學校應協助成立<u>全校家長代表大會</u>，並提供相關資訊，以協助成立家長委員會。前述學生家長資訊之提供，除依相關法令規定外，並應徵得該家長書面同意。

家長得請求獲得與其子女教育有關之<u>資訊</u>；家長會得請求有關學生學習及家長教育之相關資訊；直轄市、縣（市）主管教育行政機關、學校或教師，除有違反學生權利保障之虞外，不得拒絕。

§8 各級主管教育行政機關應向學生家長會及家長團體提供教育法令規章、年度行事曆、學生學習及家長教育之相關資訊，並應公布於網站。

學生家長會及家長團體，於正當理由下，亦得依法請求各級主管教育行政機關，提供下列資訊：

一、重大教育政策、相關法令及其他資訊。

二、教育經費編列及執行概況。

三、教育評鑑及視導概況。

四、其他有關學生權利之相關資訊。

§9 家長或學校家長會對學校所提供之課程規劃、教學計畫、教學內容、教學方法、教學評量、輔導與管教學生方式、學校教育事務及其他相關事項有不同意見時，得以個人身分或透過家長會，向教師或學校提出意見。

教師或學校於接獲意見時，應主動溝通協調，認為家長意見有理由時，應主動修正或調整；認為無理由時，應提出說明。

§10 家長認為學生在校期間學習權益受損、學校教學或行政處理不當，或對學校的建議處理不滿意時，得向學生申訴評議委員會提出<u>申訴、再申訴</u>。

學校及直轄市、縣（市）主管教育行政機關應設學生申訴

評議委員會，受理學生申訴事件。委員會之成員，應有家長（會）代表、學校行政代表、教師（會）代表、專家學者。

前二項之行使程序，由直轄市、縣（市）主管教育行政機關邀集家長會（團體）代表、學校行政代表及教師會（團體）代表商議訂定之。

家長認為學校或教師對於其子女之措施有不法或不當，致其子女受有剝奪學生身分之處分，或重大權益之損害時，得依法提起訴願或行政訴訟。

§11 學校應在每學期開學前一周至開學後三周內，舉辦家長日。家長日應分別介紹任課教師及學校相關行政人員，並說明有關班級經營計畫、教學計畫或學生學習計畫等。

學校得舉辦學習成果檢討會或發表會，並應邀請家長參加。

§12 家長得以個別身分，參與班級、學校或其他教育事務。

前項參與應尊重一般行政程序，向有關之教師、學校行政人員或直轄市、縣（市）主管教育行政機關提出；其提出方式得以口頭或書面、親自或委託方式為之。

§13 學校學生家長會及各級家長團體得依法令推派家長會（團體）代表，參與同層級之教育事務。

前項家長會（團體）代表，應以家長會（團體）立場參與討論、表達意見及參與表決。

其他學生家長權益之事務，學校及主管教育行政機關亦得邀請家長會（團體）代表參與。

§14 學校學生家長會應依相關法令訂定組織章程、家長會選舉罷免辦法、財務處理辦法、家長會議事規則等各項規章。

學校學生家長會之會務運作及財務處理等，應依相關法令自主管理。

§15	直轄市、縣（市）主管教育行政機關得訂定相關規定，以支援並協助家長會（團體）正常運作。
§16	本辦法自發布日施行。

439	2	何者法令規定國民教育階段家長依法律參與學校教育事務之權力？(1)教師法(2)教育基本法 (3)師資培育法 (4)國民教育法。
440	4	家長教育選擇權正式規範在那一法規中： ①國民教育法 ②兒童福利法 ③教師法 ④教育基本法。
441	D	下述何者為增加教育選擇權的改革措施：（A）教育券（voucher）（B）特許學校（charter schools）（C）在家教育（home schooling）（D）以上皆是。
442	1	下列何者「家長教育選擇權」所植基的基本理念？ (1)市場經濟原理 (2)社會主義的理想 (3)左派重視社會正義的理想 (4)新馬克思主義
443	BCD	依我國目前的現況，家長基於親權，對於未成年子女在學校教育上享有以下哪些權利？ (A)公立學校越區就讀權 (B)教育生涯選擇權 (C)子女在校資訊請求權 (D)父母教育權受侵害時，得主張異議權。（複選題）

【公立高級中等以下學校教師成績考核辦法】

民國 60 年 7 月 21 日公布

民國 94 年 10 月 03 日修正；民國 95 年 3 月 13 日修正

§1 本辦法依高級中學法第二十一條之一、職業學校法第十條之二及國民教育法第十八條規定訂定之。
§2 公立高級中等以下學校編制內專任合格教師（以下簡稱教師）之成績考核，依本辦法辦理。
§3 教師任職至學年度終了屆滿一學年者，應予年終成績考核，不滿一學年而連續任職已達六個月者，另予成績考核。 　　教師在考核年度內有下列各款情形之一者，得併計年資參加考核： 一、轉任其他學校年資未中斷。 二、服役期滿退伍，在規定期間返回原校復職。 　　教師依法服兵役，合於參加成績考核之規定者，應併同在職人員列冊辦理，並以服役情形作為成績考核之參考。但不發給考核獎金。 　　教師另予成績考核，應於學年度終了辦理之。但辭職、退休、資遣、死亡或留職停薪者得隨時辦理之。 　　同一考核年度內再任教師，除已辦理另予成績考核者外，其再任至學年度終了已達六個月者，得於學年度終了辦理另予成績考核。
§4 教師之年終成績考核，應按其教學、訓輔、服務、品德生活及處理行政等情形，依下列規定辦理： 一、在同一學年度內合於下列條件者，除晉本薪或年功薪一級外，並給與一個月薪給總額之一次獎金，已支年功薪最高級

者，給與二個月薪給總額之一次獎金：

（一）按課表上課，教法優良，進度適宜，成績卓著。

（二）訓輔工作得法，效果良好。

（三）服務熱誠，對校務能切實配合。

（四）事病假並計在<u>十四日以下</u>，並依照規定補課或請人代課。

（五）品德生活良好能為學生表率。

（六）專心服務，未違反主管教育行政機關有關兼課兼職規定。

（七）按時上下課，無曠課、曠職紀錄。

（八）未受任何刑事、懲戒處分及行政懲處。但受行政懲處而於同一學年度經獎懲相抵者，不在此限。

二、在同一學年度內合於下列條件者，除晉本薪或年功薪一級外，並給與半個月薪給總額之一次獎金，已支年功薪最高級者，給與一個半月薪給總額之一次獎金：

（一）教學認真，進度適宜。

（二）對訓輔工作能負責盡職。

（三）對校務之配合尚能符合要求。

（四）事病假並計超過十四日，未逾二十八日，或因重病住院致病假連續超過二十八日而未達延長病假，並依照規定補課或請人代課。

（五）品德生活考核無不良紀錄。

三、在同一學年度內有下列情形之一者，留支原薪：

（一）教學成績平常，勉能符合要求。

（二）曠課超過二節或曠職累計超過二小時。

（三）事、病假期間，未依照規定補課或請人代課。

（四）未經校長同意，擅自在外兼課兼職。

（五）品德生活較差，情節尚非重大。

（六）因病已達延長病假。

（七）事病假超過二十八日。

　　另予成績考核，列前項第一款者，給與一個月薪給總額之一次獎金；列前項第二款者，給與半個月薪給總額之一次獎金；列前項第三款者，不予獎勵。

　　教師有教師法第十四條第一項各款規定情事之一或教育人員任用條例第三十一條各款規定情事之一者，應依法定程序予以解聘、停聘或不續聘。

　　第一項第一款第四目、第二款第四目及第三款第七目有關事、病假併計日數，應扣除請家庭照顧假及生理假之日數。

§5　教師在考核年度內曾記大功、大過之考核列等，除本辦法另有規定外，應依下列規定辦理：

一、經獎懲抵銷後，尚有一次記一大功者，不得考列前條第一項第三款。

二、經獎懲抵銷後，尚有一次記一大過者，不得考列前條第一項第二款以上。

§6　教師之平時考核，應隨時根據具體事實，詳加記錄，如有合於獎懲標準之事迹，並應予以獎勵或懲處。獎勵分嘉獎、記功、記大功；懲處分申誡、記過、記大過。其規定如下：

一、有下列情形之一者，記一大功：

（一）對教育重大困難問題，能及時提出具體有效改進方案，圓滿解決。

（二）辦理重要業務成績特優，或有特殊效益。

（三）在惡劣環境下克盡職責，圓滿達成任務。

（四）搶救重大災害，切合機宜，有具體效果。

（五）執行重要法令克服困難，圓滿達成任務。

二、有下列情形之一者，記一大過：

（一）違反法令，情節重大。

（二）言行不檢，致損害教育人員聲譽，情節重大。

（三）故意曲解法令，致學生權益遭受重大損害。

（四）因重大過失貽誤公務，導致不良後果。

三、有下列情形之一者，記功：

（一）革新改進教育業務，且努力推行，著有成效。

（二）對學校校務、設施，有長期發展計畫，且能切實執行，績效卓著。

（三）研究改進教材教法，確能增進教學效果，提高學生程度。

（四）自願輔導學生課業，並能注意學生身心健康，而教學成績優良。

（五）推展訓輔工作，確能變化學生氣質，造成優良學風。

（六）輔導畢業學生就業，著有成績。

（七）對偶發事件之預防或處理適當，因而避免或減少可能發生之損害。

（八）教師本人或指導學生代表學校參加各級主管教育行政機關認定之全國校際比賽，成績卓著。

（九）其他優良事跡，足資表率。

四、有下列情形之一者，記過：

（一）處理教育業務，工作不力，影響計畫進度。

（二）有不當行為，致損害教育人員聲譽。

（三）體罰或以言語羞辱學生，影響其身心健康。

（四）對偶發事件之處理有明顯失職，致損害加重。

（五）有曠課、曠職紀錄且工作態度消極。

（六）以言語羞辱學生，造成學生身心傷害。

（七）班級經營不佳，致影響學生受教權益。

（八）在外補習、違法兼職，或藉職務之便從事私人商業行為。

（九）代替他人不實簽到退，經查屬實。

（十）對公物未善盡保管義務或有浪費公帑情事，致造成損失。

（十一）其他違反有關教育法令規定之事項。

五、有下列情形之一者，嘉獎：

（一）課業編排得當，課程調配妥善，經實施確具成效。

（二）進行課程研發，有具體績效，在校內進行分享。

（三）編撰教材、自製教具或教學媒體，成績優良。

（四）教學優良，評量認真，確能提高學生程度。

（五）對學生的輔導，熱心負責，成績優良。

（六）辦理教學演示、分享或研習活動，表現優異。

（七）教師本人或指導學生參加各項活動、比賽，成績優良。

（八）擔任導師能有效進行品格教育、生活教育足堪表率。

（九）在課程研發、教學創新、多元評量等方面著有績效，促進團隊合作。

（十）其他辦理有關教育工作，成績優良。

六、有下列情形之一者，申誡：

（一）執行教育法規不力，有具體事實。

（二）處理業務失當，或督察不週，有具體事實。

（三）不按課程綱要或標準教學，或教學未能盡責，致貽誤學生課業。

（四）對學生輔導與管理工作，未能盡責，致發生事故。

（五）有不實言論或不當行為致有損學校名譽。

（六）無正當理由不遵守上下課時間且經勸導仍未改善。

（七）教學、訓輔行為失當，有損學生學習權益。

（八）其他依法規或學校章則辦理有關教育工作不力，有具體事實。

前項第三款至第六款所列記功、記過、嘉獎、申誡之規定，得視其情節，核予一次或二次之獎懲。

　　　第一項獎懲報核程序期限，由各主管教育行政機關自行規定，並應於核定之學年度內辦理。

§7 教師獎懲累計方式如下：

一、嘉獎三次作為記功一次。

二、記功三次作為記一大功。

三、申誡三次作為記過一次。

四、記過三次作為記一大過。

　　　前項獎懲同一學年度得相互抵銷。

§8 辦理教師成績考核，應組織成績考核委員會，其任務如下：

一、學校教師年終成績考核、另予成績考核及平時考核獎懲之初核或核議事項。

二、其他有關考核之核議事項及校長交議考核事項。

§9 成績考核委員會由委員九人至十七人組成，除掌理教務、學生事務、輔導、人事業務之單位主管及<u>教師會代表</u>一人為當然委員外，其餘由本校教師票選產生，並由委員互推一人為主席，任期一年。但參加考核人數不滿二十人之學校，得降低委員人數，最低不得少於五人，其中當然委員至多二人，除教師會代表外，其餘由校長指定之。

　　　委員每滿三人應有一人為未兼行政職務教師；未兼行政職務教師人數之計算，應排除教師會代表。

　　　任一性別委員應占委員總數<u>三分之一</u>以上。但該校任一性別教師人數少於委員總數三分之一者，不在此限。

　　　委員之任期自當年九月一日至次年八月三十一日止。

§10 成績考核委員會會議時，須有全體委員<u>二分之一</u>以上出席，出席委員過半數之同意，方得為決議。但審議教師年終成績考核、另予成績考核及記大功、大過之平時考核時，應有全體委員<u>三分之二</u>以上出席，出席委員過半數之同意，方得為決議。

§11 人事人員辦理教師成績考核前，應將各項應用表件詳細填妥，並檢附有關資料送成績考核委員會初核。

§12 成績考核委員會執行初核時，應審查下列事項：

一、受考核人數。

二、受考核教師平時考核紀錄及下列資料：

（一）工作成績。

（二）勤惰資料。

（三）品德生活紀錄。

（四）獎懲紀錄。

三、其他應行考核事項。

§13 成績考核委員會初核時，應置備紀錄，記載下列事項：

一、考核委員名單。

二、出席委員姓名。

三、列席人員姓名。

四、受考核人數。

五、決議事項。

§14 成績考核委員會完成初核，應報請校長覆核，校長對初核結果有不同意見時，應敘明理由交回復議，對復議結果仍不同意時，得變更之。

校長為前項變更時，應於考核案內注明事實及理由。

§15 教師成績考核結果，應於學年度結束後二個月內分別列冊報送主管教育行政機關核定。

教師之成績考核結果，主管教育行政機關認有疑義時，應通知原辦理學校詳敘事實及理由或重新考核，必要時得調卷或派員查核，如認為考核結果不實或與查核所報之事實不符時，得逕行改核，並說明改核之理由。

§16 教師成績考核經核定後，應由學校以書面通知受考核教師，並

附記理由及不服者提起救濟之方法、期間、受理機關。

平時考核之獎懲令亦應附記理由及不服者提起救濟之方法、期間、受理機關。

前二項考核，應以原辦理學校為考核機關。但主管教育行政機關依前條第二項逕行改核時，以該機關為考核機關。

§17 教師成績考核結果應自次學年度第一個月起執行。

本辦法所稱薪給總額，係指次學年度第一個月之本薪（年功薪）及其他法定加給。但職務加給、地域加給，以考核年度最後一個月所支者為準。教師在考核年度內因職務異動致薪給總額減少者，其考核獎金之各種加給均以所任職務月數，按比例計算。

§18 成績考核委員會委員於審查有關委員本人或其配偶、前配偶、四親等內之血親或三親等內之姻親或曾有此關係者之事項時，應自行迴避。

委員有下列各款情形之一者，審查事項之當事人得向委員會申請迴避：

一、有前項所定之情形而不自行迴避。

二、有具體事實，足認其執行任務有偏頗之虞。

前項申請，應舉其原因及事實，並為適當之釋明；被申請迴避之委員，對於該申請得提出意見書，由委員會決議之。

委員有第一項所定情形不自行迴避，而未經審查事項當事人申請迴避者，應由委員會主席命其迴避。

§19 成績考核委員會委員均為無給職。

教師執行委員會委員職務，以公假處理。

對於教師之成績考核，應根據確切資料慎重辦理，辦理考核人員對考核過程應嚴守秘密，並並得遺漏舛錯，違者按情節輕重予以懲處，其影響考核結果之正確性者，並得予以撤銷重核。

§20	成績考核委員會對擬考列第四條第一項第三款或申誡以上懲處之教師，於初核前應給予陳述意見之機會。 　　成績考核委員會基於調查事實及證據之必要，得以書面通知審查事項之相關人員列席陳述意見。通知書中應記載詢問目的、時間、地點、得否委託他人到場及不到場所生之效果。
§21	教師留職停薪借調期滿歸建時，其借調期間及前後在校任教年資服務成績優良者，准予並計按學年度補辦成績考核。但不發給考核獎金。 　　因案停聘准予復聘人員在考核年度內任職達六個月以上者，准予辦理另予考核，其列冊事由並應於備考欄內注明。任職不滿六個月者，不予辦理。
§22	教師成績考核所需表冊格式，由各主管教育行政機關定之。
§23	教育部依法定資格派任之高級中等學校軍訓教官及護理教師，其成績考核準用本辦法之規定。但軍訓教官之晉級及軍訓教官與護理教師之救濟事項，應依其他相關法令規定辦理，不準用第四條第一項第一款至第三款及第十六條規定。
§24	本辦法自發布日施行。

444	3	依據公立教職員成績考核辦法，教師在同一學年事病假併計不得超過幾日始得考列四條一款？（1）七日　（2）十日　（3）十四日　（4）二十一日。
445	C	下列人員何者不是學校中「教師成績考核委員會」之當然委員？（A）教育主任（B）人事主任　（C）教師會長　（D）訓導主任。
446	C	學校教師成績考核委員會開會時，最後決議必須符合　（A）全體委員三分之二以上出席，出席委員三分之二以上同意

		（B）全體委員二分之一以上出席，出席委員三分之二以上同意 （C）全體委員三分之二以上出席，出席委員過半數之同意 （D）全體委員三分之二以上出席，出席委員全數同意。
447	3	下列那一個委員會的成員中沒有家長代表？（1）各國中的教師評審委員會 （2）各國中的課程發展委員會 （3）各國中的教師成績考核委員會 （4）各縣市的教育審議委員會。
448	1	學校教師評審委員會在審議教師教學不力，不能勝任工作，有具體事實或違反聘約情節重大者，應有全體委員多少人以上出席、多少人以上通過，始得決議？（1）2/3 出席、1/2通過；（2）1/2 出席、1/2通過；（3）1/2 出席、2/3通過；（4）2/3 出席、3/4通過。

【學校衛生法】

民國 91 年 2 月 6 日公布

§1 為促進學生及教職員工健康，奠定國民健康基礎及提升生活品質，特制定本法。本法未規定者，適用其他有關法律之規定。

§2 本法所稱主管機關：在中央為教育部；在直轄市為直轄市政府；在縣（市）為縣（市）政府。本法所訂事項涉及衛生、環境保護、社政等相關業務時，應由主管機關會同各相關機關辦理。

§3 各級主管機關及全國各級學校（以下簡稱學校）應依本法辦理學校衛生工作。

§4 各級主管機關應指定專責單位，並置專業人員，辦理學校衛生業務。

§5 各級主管機關應遴聘學者、專家、團體及相關機關代表組成學校衛生委員會，其任務如下：

一、提供學校衛生政策及法規興革之意見。

二、提供學校衛生之計畫、方案、措施及評鑑事項之意見。

三、提供學校衛生教育與活動之規劃及研發事項之意見。

四、提供學校健康保健服務之規劃及研發事項之意見。

五、提供學校環境衛生管理之規劃及研發事項之意見。

六、協調相關機關、團體推展學校衛生事項。

七、其他推展學校衛生之諮詢事項。

§6 學校應指定單位或專責人員，負責規劃、設計、推動學校衛生工作。學校應有健康中心之設施，作為健康檢查與管理、緊急傷病處理、衛生諮詢及支援健康教學之場所。

§7 高級中等以下學校班級數未達四十班者，應置護理人員一人；四十班以上者，至少應置護理人員二人。專科以上學校得比照前項規定置護理人員。學校醫事人員應就依法登記合格者進用之。

§8 學校應建立學生健康管理制度，定期辦理學生健康檢查；必要時，得辦理學生及教職員工臨時健康檢查或特定疾病檢查。 前項學生健康檢查之對象、項目、方法及其他相關事項之實施辦法，由中央主管機關會同中央衛生主管機關定之。
§9 學校應將學生健康檢查及疾病檢查結果載入學生資料，併隨學籍轉移。前項學生資料，應予保密，不得無故洩漏。但應<u>教學、輔導、醫療</u>之需要，經學生家長同意或依其他法律規定應予提供者，不在此限。
§10 學校應依學生健康檢查結果，施予健康指導，並辦理體格缺點矯治或轉介治療。
§11 學校對罹患視力不良、齲齒、寄生蟲病、肝炎、脊椎彎曲、運動傷害、肥胖及營養不良等學生常見體格缺點或疾病，應加強預防及矯治工作。
§12 學校對患有心臟病、氣喘、癲癇、糖尿病、血友病、癌症、精神病及其他重大傷病之學生，應加強輔導與照顧；必要時，得調整其課業及活動。
§13 學校發現學生或教職員工罹患傳染病時，應會同衛生、環境保護機關做好防疫及監控措施；必要時，得禁止到校。 為遏止學校傳染病蔓延，各級主管機關得命其停課。
§14 學校應配合衛生主管機關，辦理學生入學後之預防接種工作。 國民小學一年級新生，應完成入學前之預防接種；入學前未完成預防接種者，學校應通知衛生機關補行接種。
§15 學校為適當處理學生及教職員工緊急傷病，應依第二項準則之規定，訂定緊急傷病處理規定，並增進其急救知能。 前項緊急傷病項目、處理程序及其他相關事項之準則，由各級主管機關定之。
§16 高級中等以下學校應開設健康相關課程，專科以上學校得視需要

	開設健康相關之課程。健康相關課程、教材及教法，應適合學生生長發育特性及需要，兼顧認知、情意與技能。
§17	健康相關課程教師，應參與專業在職進修，以改進教學方法，提升健康相關教學效果。主管機關或學校得視實際需要，薦送教師參加衛生課程進修。
§18	開設健康相關課程之學校應充實健康相關教學設備；必要時，得設健康相關專科教室。
§19	學校應加強辦理健康促進及建立健康生活行為等活動。
§20	高級中等以下學校應結合家庭與社區之人力及資源，共同辦理社區健康教育及環境保護活動。專科以上學校亦得辦理之。
§21	學校之籌設應考慮校址之地質、水土保持、交通、空氣與水污染、噪音及其他環境影響因素。　學校校舍建築、飲用水、廁所、洗手台、垃圾、污水處理、噪音、通風、採光、照明、粉板、課桌椅、消防及無障礙校園設施等，應符合相關法令規定標準。
§22	學校應加強餐廳、廚房、員生消費合作社之衛生管理。　各級主管機關或學校應辦理前項設施相關人員之衛生訓練、進修及研習。　第一項管理項目、方法、稽查及其他應遵行事項之辦法，由中央主管機關會同中央衛生主管機關定之。
§23	學校供應膳食者，應提供衛生、安全及營養均衡之餐食，實施營養教育，並由營養師督導及執行。　高級中等以下學校，班級數四十班以上者，應至少設置營養師一人；各縣市主管機關，應置營養師若干人。　主管機關得因應山地、偏遠及離島地區之需要，補助國民中小學辦理午餐；其補助辦法，由各該主管機關定之。
§24	高級中等以下學校，應<u>全面禁菸</u>；並不得供售菸、酒、檳榔及其他有害身心健康之物質。
§25	學校應訂定計畫，每學期定期實施建築設備安全及環境衛生檢

	查；並應隨時維護教學與運動遊戲器材設備，開學前應澈底檢修。
§26	各級主管機關和學校應按年度編列學校衛生保健經費，並應專款專用。
§27	各級主管機關應對所屬學校辦理學校衛生工作評鑑，成績優異者，應予獎勵；辦理不善者，應令其限期改善，屆期不改善或情節重大者，由主管機關議處。
§28	本法施行細則，由中央主管機關定之。
§29	本法自公布日施行

449	4	依據學校衛生法規定，中小學應實施何種程度的禁煙？（1）可劃定一個吸煙區　（2）可劃定二個吸煙區　（3）可劃定三個吸煙區　（4）應全面禁煙。

【學校衛生法施行細則】

民國 92 年 9 月 2 日公發布

§1 本細則依學校衛生法（以下簡稱本法）第二十八條規定訂定之。
§2 本法第四條所稱專業人員，指具備公共衛生、學校衛生或醫事專業知能之人員。 　　本法施行前已擔任各級主管機關之學校衛生工作而未具備前項專業知能之人員，各該主管機關應自行或委託大專校院、相關機關（構）、法人、民間團體，對其施以學校衛生相關訓練。
§3 本法第六條第一項所定指定單位之人員或專責人員，應參加主管機關舉辦之學校衛生相關訓練。
§4 本法第六條第二項所定學校健康中心設施，應符合中央主管機關訂定之設施基準。
§5 本法第七條第一項所稱護理人員，指經護理人員考試及格，領有護理人員證書，並實際負責學校衛生及護理業務者。公立學校依本法第七條第三項規定進用醫事人員，應依醫事人員人事條例第六條第一項規定，以公開競爭方式甄選之。
§6 本法第八條第一項所定學生健康管理制度，包括下列事項： 一、學生健康檢查。 二、特殊疾病學生醫療轉介及個案管理。 三、輔導學生進入特殊班、特殊學校就讀，或進入教養機構接受照護。 四、學生健康資料管理及應用。 五、健康教育、指導及諮商。 六、協助家長運用社會資源，輔導患有體格缺點或罹病學生接受矯治或醫療。

七、其他各級主管機關規定之事項。
§7 本法第十三條第一項所稱傳染病，依傳染病防治法第三條之規定。
§8 本法第十三條第一項所定傳染病防疫措施，包括下列事項： 一、配合各級衛生及環境保護主管機關、醫療機構實施各種傳染病調查及防治工作。 二、加強環境衛生管理。 三、配合各級衛生主管機關辦理預防接種調查及補種作業。 四、配合各級衛生及環境保護主管機關辦理傳染病防治教育。 五、其他各級主管機關、衛生及環境保護主管機關規定之事項。
§9 本法第十三條第一項所定傳染病監控措施，包括下列事項： 一、傳染病發生或有發生之虞時，學校應配合各級衛生主管機關或醫療機構，辦理傳染病通報、調查學生及教職員工出（缺）席狀況、罹病及接受治療情形，並進行環境消毒、改進衛生設備或配合採取隔離檢疫措施，以防止傳染病蔓延。 二、學校發現或由衛生主管機關或醫療機構獲知，學生或教職員工罹患傳染病時，應立即報告當地教育及衛生主管機關。 三、辦理學生或教職員工之臨時性健康檢查。 四、其他各級主管機關、衛生及環境保護主管機關規定之事項。
§10各級主管機關依本法第十三條第二項規定命所屬學校停課時，得視傳染病發生及蔓延之情形，會商衛生主管機關後為一部或全部停課。
§11本法第十四條第二項所稱完成入學前之預防接種，指完成中央衛生主管機關規定之學齡前預防接種項目及劑次。國民小學一年級新生入學前未完成預防接種者，學校應於開學後一個月內，依本法第十四條第二項規定通知當地衛生機關補行接種。
§12為協助學校依本法第十五條第一項規定增進學生及教職員工急救知能，中央主管機關得輔導直轄市、縣（市）主管機關在特定

學校成立任務性編組之急救教育推廣中心。
§13本法第十七條第一項所定參與專業在職進修,指每二學年至少參加學校衛生相關研習<u>十八小時</u>。
§14學校依本法第十九條規定辦理健康促進及建立健康生活行為等活動,包括下列事項: 一、有關健康體適能、健康飲食、壓力調適、性教育、菸害防制及藥物濫用防制等增進健康之活動。 二、有關事故傷害防制、視力保健、口腔保健、體重控制及正確就醫用藥等提升自我健康照護行為之活動。 三、其他各級主管機關規定之事項。學校應鼓勵學生、教職員工及家長等參與前項活動。
§15高級中等以下學校依本法第二十四條規定全面禁菸,應依菸害防制法相關規定設置明顯警告標示,並加強菸害防制教育及輔導。
§16學校依本法第二十五條規定維護教學及運動遊戲器材設備時,應遵行下列事項: 一、訂定使用安全管理相關規定。 二、指定各項教學及運動遊戲器材設備維護人員。 三、定期檢查保養修繕教學及運動遊戲器材設備。 四、加強正確使用說明與示範,使學生及教職員工能安全正確使用。 五、其他各級主管機關規定之事項。
§17各級主管機關依本法第二十七條規定辦理學校衛生工作評鑑,應訂定評鑑內容、評鑑方法,以作為獎懲之依據。前項主管機關辦理學校衛生工作評鑑,得會同衛生、環境保護主管機關辦理;並得委託相關機關(構)或民間團體辦理。
§18本細則自發布日施行。

國家圖書館出版品預行編目資料

教師甄試：教育法規關鍵報告 / 陳瑄著. --
一版. -- 臺北市：秀威資訊科技, 2006 [民
95]
　　面；　　公分. -- （社會科學；PF0017）

ISBN 986-7080-50-9（平裝）

1. 教育 – 法令,規則等.

526.22　　　　　　　　　　　　95009310

 社會科學　PF0017

教師甄試——教育法規關鍵報告

作　　者 / 陳　瑄
發 行 人 / 宋政坤
執行編輯 / 林世玲
圖文排版 / 郭雅雯
封面設計 / 羅季芬
數位轉譯 / 徐真玉　沈裕閔
銷售發行 / 林怡君
網路服務 / 林孝騰
出版印製　秀威資訊科技股份有限公司
　　　　　台北市內湖區瑞光路 76 巷 65 號 1 樓
　　　　　電話：02-2796-3638 傳真：02-2796-1377
　　　　　E-mail：service@showwe.com.tw

2006 年 5 月　BOD 一版
定價：430 元

讀者回函卡

感謝您購買本書，為提升服務品質，請填妥以下資料，將讀者回函卡直接寄
回或傳真本公司，收到您的寶貴意見後，我們會收藏記錄及檢討，謝謝！
如您需要了解本公司最新出版書目、購書優惠或企劃活動，歡迎您上網查詢
或下載相關資料：http:// www.showwe.com.tw

您購買的書名：_____

出生日期：_____年_____月_____日

學歷：□高中 (含) 以下　　□大專　　□研究所 (含) 以上

職業：□製造業　□金融業　□資訊業　□軍警　□傳播業　□自由業
　　　□服務業　□公務員　□教職　　□學生　□家管　　□其它_____

購書地點：□網路書店　□實體書店　□書展　□郵購　□贈閱　□其他

您從何得知本書的消息？

　□網路書店　□實體書店　□網路搜尋　□電子報　□書訊　□雜誌

　□傳播媒體　□親友推薦　□網站推薦　□部落格　□其他_____

您對本書的評價：(請填代號　1.非常滿意　2.滿意　3.尚可　4.再改進)

　封面設計____　版面編排____　內容____　文／譯筆____　價格____

讀完書後您覺得：

　□很有收穫　□有收穫　□收穫不多　□沒收穫

對我們的建議：_____

_____

_____

11466
台北市內湖區瑞光路 76 巷 65 號 1 樓

秀威資訊科技股份有限公司　　　收

BOD 數位出版事業部

⋯⋯⋯⋯⋯⋯⋯⋯⋯⋯⋯⋯⋯⋯⋯⋯⋯⋯⋯⋯⋯⋯⋯⋯⋯⋯⋯⋯⋯

（請沿線對折寄回，謝謝！）

姓　　名：_____　　年齡：_____　　性別：□女　□男

郵遞區號：□□□□□

地　　址：_____

聯絡電話：(日) _____　(夜) _____

E-mail：_____